中外文明交流
互鉴十五讲

武斌文明史公开课

武斌——著

中国言实出版社

图书在版编目(CIP)数据

中外文明交流互鉴十五讲 / 武斌著 . —— 北京：中
国言实出版社, 2024.8. —— (武斌文明史公开课).
ISBN 978-7-5171-4933-0

Ⅰ . K203；K103

中国国家版本馆 CIP 数据核字第 2024WS7744 号

中外文明交流互鉴十五讲

责任编辑：代青霞
责任校对：王战星

出版发行：中国言实出版社

　　　　　　地　　址：北京市朝阳区北苑路180号加利大厦5号楼105室

　　　　　　邮　　编：100101

　　　　　　编辑部：北京市海淀区花园北路35号院9号楼302室

　　　　　　邮　　编：100083

　　　　　　电　　话：010—64924853（总编室）　010—64924716（发行部）

　　　　　　网　　址：www.zgyscbs.cn　电子邮箱：zgyscbs@263.net

经　　销：新华书店

印　　刷：徐州绪权印刷有限公司

版　　次：2025年1月第1版　2025年1月第1次印刷

规　　格：710毫米×1000毫米　1/16　17.25印张

字　　数：243千字

定　　价：89.00元

书　　号：ISBN 978-7-5171-4933-0

　　武斌，历史文化学者、研究员，北京外国语大学长青学者，北京外国语大学中华文化国际传播研究院特聘教授。曾任辽宁社会科学院副院长、沈阳故宫博物院院长、中国中外关系史学会副会长、辽宁省文联副主席等。

　　主要从事中国文化史和中外文化交流史研究，已出版著作数十种，近年出版的主要有：《沈阳故宫四百年——一部叙事体的文化史记》《中华传统文化传承史纲》《中华文明养成记》《丝绸之路文明史》《文明的力量——中华文明的世界影响力》《孔子的世界——儒家文化的世界价值》《新编中华文化海外传播史》《中国接受海外文化史》《望东方——从古希腊到1800年的西方中国报告》以及随笔集《从歌德的书房向外望去》《柏拉图的夜宴》等。

前　言

　　中华文明是原生的文明体系，也是在与世界各民族文化的广泛交流中成长的文明体系。自从中华文明发轫以来，上下几千年，一直与域外其他民族保持着各种形式、各种内容的交流。横贯欧亚大陆的丝绸之路，为各民族、各文化区之间的交往和交流提供了巨大的载体。中华文明具有全面开放的广阔胸襟和兼容世界文明的恢宏气度。通过丝绸之路，中华文明积极地、广阔地、持续不断地学习和吸收人类文明的一切优秀成果，以不断地丰富自己、充实自己、发展自己。也是通过丝绸之路，中华文明广泛地传播于世界各地，对其他民族文化的发展产生不同程度的影响。

　　中华文明不仅仅属于中国，而且属于世界，成为世界文明重要的组成部分。从世界文化大历史的角度来认识中华文明，首先就是要把中华文明的发展与历史时代的世界文化格局衔接起来，确定中华文明在世界文化总体格局中的位置。在历史发展的不同阶段，中华文明在世界文化格局中都占有显著位置，这当然首先在于中华文明内在的创造动力和丰富内涵，在于其所取得的遍布各个领域的辉煌成就。但是，仅仅如此还是不够的。如果中华文明不与其他民族文化进行广泛的和持久的交流，如果不是自觉地走进世界文化的总体格局中，所谓在世界文化格局中的位置也就无从谈起。对于任何一个民族的文化来说，要持续地发展，持续地保持其生机勃勃的活力，必须拥有健全的开放机制，通过与其他文化的交流，吸收一切先进的文明成果，来补充、丰富和发展自己。一种民族文化，无论它曾经多么丰富、多么先进、多么伟大、多么辉煌，如果把自己封闭起来，完全与外部世界相隔绝，完全不与其他民族文化相沟通、相交流，那么它不仅会使自己的发展失去源头活水和刺激动力，也很难保持自我更新、自我发展的生命力，而且不可能获得世界性的文化价值和文化意义。中华文明源远流长，几千年繁荣发展而不中辍，在很大程度上得力于多方位的、持续不断的中外文化交流。域外各民族的优秀文化成果不断地传入中国，被接纳和融合到中华文明中，激励、刺激、推动中华文明自身的更新、改造和完善，为中华文明的发展提供内在的活力机制。

文化是民族的，也是世界的。一方面，这不仅是指各民族文化都是世界文化的组成部分，都参与了世界文化的创造和发展，也不仅是指各民族文化包含着世界文化的普遍性内容，而且还有这样的意思，就是各民族文化中都吸收了其他民族文化的积极的、先进的成果，将外来文化融合到自己的文化中，使之成为自己的文化。这一过程也就使得民族文化获得了世界文化的意义。在漫长的文化交流史上，自古至今，有多少外来的文化内容、形式或因素被接受和吸收到中华文明的体系之中，因而使得中华文化博大精深、辉煌灿烂！另一方面，中华文明的许多成果传播到海外，为其他民族所接受、所吸收，成为它们文化发展的补充部分或刺激因素，因此这些中华文化成果也就成了它们民族文化的一部分。这两个方面，都使得中华文化不仅是中华民族的文化，也是全球性的、世界性的文化。

与域外各民族的文化交流，首先是丰富了中华文明的内容。我们说中华文明"博大精深"，内容极为丰富，其"博大"和"精深"的来源之一，是在长期的对外交流中，从外"拿来"的。这些从外"拿来"的文化成果，既包括丰饶的物产，也包括先进的科学技术、灿烂的艺术文化和学术思想。长期地对外交往，不断地以外来文化丰富和补充中华文化，使得中华文明不断得到补充、充实、丰富。这样，因为中华文明博大精深，也就使得中华文化包含着丰富的世界文化的内容，具有了世界文化的意义。

"海纳百川，有容乃大。"大规模地输入外国文化，兼容世界上一切先进文化的优秀成果，是中华文明生机勃勃、灿烂辉煌的条件之一。

与域外各民族的文化交流不断地开阔着中国人的世界眼光，不断增强着中国人的世界意识。中国人的世界眼光、中国人的世界观，是一个不断扩大的过程。中国人的世界眼光、世界观的扩大，与中国疆界的扩大有关，与中国与海外交通的拓展和扩大有关，与各民族之间的交往和交流有关，更与中国人自己走向世界的步伐有关。中国人对于海外文化的认知、了解和接受，不断地丰富着和发展着中国的文化体系，同时也不断地开阔着自己对于外部世界的认识，扩大着自己世界眼光和文化胸怀。汉代是对外文化交流的第一个高潮，就是在这时，陆上、海上交通技术的发展，一下子打开了中国人的视野，拓展了中国人的"世界"，并真正地在中国思想界产生了有意义的影响。到了近代，中国人的"世界知识"，中国人所说的"世界"，就大体上是真正的世界了。

对外交往的扩大，对外部世界了解的增多，视野的扩大，对于人们思想的冲击是巨大的，对于促进本土文化的发展也是极有意义的。在中国历史上，许多有重大意义的变革，首先都是与外部世界的认知有关。对外开放的扩大促进了自身内部的变革。近代中国以"西方"为参照，对传统文化进行反省和批判，实现了走向现代化的变革。同样，欧洲也是以中国为参照，对传统基督教神学和封建专制制度进行批判和反省，激发了声势浩大的启蒙运动。

不断地吸收世界上其他民族先进的文化成果，不断地扩大自己的世界眼光，使得中华文明具有了"与时俱进"的能力，始终与时代同行，保持自身文化的时代性与先进性。广阔的对外文化交流是促进文化发展的强大动力。

文化交流是一个相互的过程。各民族之间的文化交流，也就是文化之间的相遇与互动。各民族、各文明间的相遇、对话、交流、互动，是全球化体系得以形成的条件，也是这个全球化体系的基本内容。考察中外文化交流史，就是在不同时代的"世界体系""全球化体系"中，重新认识中华文明与其他文明的交流与互动。

文明因交流而多彩，文明因互鉴而丰富。党的十八大以来，习近平总书记积极倡导推动不同文明交流互鉴，倡导弘扬全人类共同价值，提出全球文明倡议，为推动人类文明进步、应对全球共同挑战贡献中国智慧、激发精神力量。新时代新征程，学习贯彻习近平文化思想，必须坚定文化自信、秉持开放包容、坚持守正创新，以更加积极主动地借鉴人类优秀文明成果，为建设中华民族现代文明提供丰沛养分，为构建人类命运共同体做出应有贡献。

目 录

第一讲

文明初期的中外交流

一、早期文明的相遇与对话

在文明发展的早期，在那片至今看来仍然是极为广袤的欧亚大陆上，实际上已经发生着频繁的、多方面的物质和文化交流。这种交流发生在从西到东的广阔草原上，发生在那些草原民族之间，也发生在草原民族与农业民族之间。这样，就在中华文明的源头，在中华文明的史前时期和发生时期，注入了其他民族所创造的文化因素和文化成果。同时，中华文化的一些成就也或多或少影响着其他民族的产生与发展。

这一点与我们以往所了解的中华文明的独立发生和发展的历史现实是不相矛盾的。从欧亚大陆上的几大文化板块来说，处于这个大陆东端的中华文明，是在一个相对隔绝的情况下独立生长的。但是，独立生长并不意味着和其他民族文化不相接触、不相交流。实际上，在这个时期，中华文明从其他文明中吸取了很多东西，学习了很多东西，并且把它们接受和融合到自己的文明之中，成为中华文明的组成部分。几千年过去了，我们在有的情况下已经很难区分哪些是中国先人最初的原生型文化，哪些是从其他民族中学习吸收过来的，还有哪些是学习了外族的文化形式后，再加上了自己的继续发展和再发明、再创造。

这就是说，在文明发生期，生活在世界各地的各个民族都进行着自己独特的文化创造。我们把发生期文明说成是几大文明区，这样的划分实际上也只具有相对的意义。在这样一片广袤的大地上，潮起潮落、此起彼伏，涌现出无数个民族和部落，它们都创造了属于自己的原生型文化，只不过由于地理环境的原因，彼此相近的民族文化具有更多一些相同或相似的因素。与此同时，它们又学习着其他民族的东西，丰富着自己的文化和生活。这样，在世界文化的发生期，每个民族都有自己的贡献。每个早期民族都选择了适合自己生存环境的文化形式，在自己的文化土壤上创造出属于自己民族特色的文化内容。这些不同民族之间的交光互影、纵横交错，共同创造了文化初期的世界图景。

我们中华文明地处欧亚大陆的一端，不断地受到来自中亚、西亚和南亚以及北方草原文化的影响。中国古文化是土生土长的，又是在与周边民族文化交流中发展的。如果不是深入地研究，很难想象，我们自己以为已经属于中华民族传统的许多东西，其文化的源头，或者说其创造的启发因素，竟然来自遥远的甚至今天已经不知其名的民族。也很难想象，我们每天须臾不可离开的小麦，竟然是 5000 多年前从遥远的地方传播过来的；我们常常说起的"六畜兴旺"，其中马、牛、羊的祖先竟然在西亚和中亚。我们常常自豪地说中华文明源远流长、博大精深，其实在这源远流长的"源"上，在这博大精深的"博"上，就已经包含着我们祖先学习的、接受的其他民族文化的东西。这正是我们值得自豪的一个理由：在文化的初创时期、在文明的发生期，我们的中华文明就具有博大的开放的胸怀和品格，我们的祖先就是一个善于学习的民族。与此同时，中华先民的文化创造也越过千山万水，传播到遥远的地方，对那里的文化起到了丰富、补充和激发的作用。如中国的稻作文化、粟作文化也都先后通过不同的路线传播到朝鲜、日本、东南亚以及西亚，甚至欧洲，丰富了那里居民的农业文明，同时也对当地文化的发展起到了不同的影响。

说到那个时期的文化交流，我们的眼前不免会出现这样一幅宏阔的历史画面：在那个遥远的年代，崇山峻岭，江河滔滔，大漠流沙，万险千难，而各民族的先民们克服重重困难，开辟出一条条连接各民族、各文化的交通大道。我们现在所说的古代文化交流的大通道——丝绸之路，包括草原丝绸之路、绿洲丝绸之路，以及从中国南方通往印度的西南丝绸之路，在这个时候都已经开通了，都有了各民族往来的身影。如果我们想到那个时候的技术条件，就会感受到，那是多么艰难的路程啊！然而，正是在那个艰难的路程上，各民族的先民们开辟出了几千年世界文化交流的壮丽而宏阔的图景。

今天，回望早期的中华文明，我们看到，在那个遥远的时代，我们的先人，在开辟中华文化历史源头的同时，又敞开胸怀，学习、接纳和汇聚了来自其他民族的文化成果。所以，中华文化从发生期开始，就塑造了自己开放和宏阔的品格，并在此后漫长的发展过程中，始终能以这样的品格面向世界，始终能够从世界一切先进文化中获得持续不断的源头活水，进而使自己如万里江河，生生不息。

二、黄帝西巡与"彩陶之路"

在中国古史传说中的五帝时代，就已经有了中国人与域外文化联系的早期踪迹。据记载，中原的黄帝、炎帝与南方的蚩尤以及黄帝和炎帝之间发生了三大战争。战后，黄帝部落得到大发展，又向南进行了多次战争，征服了许多部落，即所谓"五十二战而天下咸服"。这些战争，实际上可以看作早期先民扩张、碰撞和文化融合的过程。

在这些古史传说中，还有不少关于对外交流的记载。如许多史籍中都提到黄帝西巡的事迹，说他到过昆仑和崆峒。尧、舜也有西巡的记载。关于黄帝西至昆仑和崆峒，以及尧、舜等与西域的关系，大概是中国先民最早向西联系的证据。中国的古籍中还有关于神农、颛顼、尧、舜等"南抚交趾"或"南至交趾"的传说，可以看作中国先民向南的开拓。另外，禹也有"南抚交趾"的传说。尧、舜等"南抚交趾""南巡狩"，似乎可以认为是为了开拓中原与交趾、抚南的交通通道。

中国古典文献中有一处记载，说尧将共工、驩兜、鲧、三苗分别流放到四夷，让他们以中原的风俗文化改变四夷原有的风俗。据说很有成效，"天下咸服"。这个记载可以看作五帝时代中原文化向周边的一次有计划的传播活动。

这样的文化联系得到了考古学的证实。1921 年，瑞典地质学家安特生（Johan Gunnar Andersson，1874—1960）在河南省渑池县仰韶村发现了彩陶。这些出现在黄河流域的大量彩陶，是中国先民在新石器时代创造的闪烁着人类智慧的重要器物，是中国史前文化成就的重要标志。安特生将在仰韶村发现的彩陶与东南欧的特里波里、中亚安诺等遗址发现的彩陶相比，发现它们有许多相同的地方。他认为，仰韶文化的彩陶和西方各地的彩陶十分相似，说明新石器时代的居民是相互往来、有一定联系的。为了探寻彩陶的传播路线，安特生寻踪西进，由西安到兰州、再到西宁。经调查，他认为甘青地区发现的大量陶器都产生于新石器时代，可归入仰韶文化，同时认为它们都是由西方传入的。

许多中国学者不赞成安特生的"西来说"。他们经过深入的考古调查和研究，认为彩陶文化不是从西到东传播，而是从东向西传播的。从中原经过陕甘地区再到新疆，有一条彩陶文化西进的交通线路，他们将其命名为"彩陶之路"。"彩陶之路"是以彩陶为代表的早期中国文化以陕甘地区为根基自东向西的拓展传播之路。

"彩陶之路"是一个比喻性的概念，其要说明的是，新石器时代已经有了一定范围的人类迁徙和文化交流，并且形成了比较固定的交通路线。因而各地的新石器文化也有着互通信息的可能性，有着相互的了解、交流和影响。

我们的先民可能很早就通过这些交通路线，与北部和西部的其他民族交流往来，互相交换物质文明的成果和文化信息了。所以，在中国新石器时代文化中，不仅有南北不同地区文化的相互交流和影响，也有与域外文化，特别是与欧亚大陆上其他新石器文化交流和影响的痕迹。通过这些路线，源自中国腹地的彩陶等农业文化因素渐次西传，西方的麦、羊、马、车以及青铜器和铁器冶炼技术等逐渐传播到中国广大地区。交换和交流的是一个大的文化丛，包含着植物、家畜、石器等方面的传播，实质上也是游牧文化与农业文化的一次大交流。

除了彩陶文化之外，中国的新石器文化与西方的新石器文化还有一些相同或相似之处，可以看出当时不同文化间相互影响或联系的痕迹。

比如，中国西北地区出土陶器上的"卍"形纹饰，最早的年代可以追溯到公元前2000多年，而同样的纹饰在亚洲其他地区和非洲、欧洲等地也大量出现。从年代和地域上看，中国发现的"卍"形符号极有可能是从西域传入的。有学者研究，"卍"形符号代表着某种抽象的意义，据说有的代表太阳的光芒四射，有的是女性的标志，有的代表雷电或其他自然现象，其中都表达着先民们某种心理和观念。

在中亚和西亚都发现过一种类似于黄河流域常见的三足陶鬲。根据调查得知，这种陶器是公元前2000年末期突然出现在东迄巴基斯坦北部，北经伊朗北部的里海南岸，迄伊拉克北部的广大游牧地带。作为黄河流域文化特征的陶鬲，有可能是经游牧民族的介绍，经过间接的传播而影响到中亚乃至西亚的。

在广大欧亚地区的新石器文化中，都有陶塑的裸体女像。在辽宁喀左县的红山文化遗址中出土的女神裸体像，考古学界认为是中国最早的女神像。这种史前裸体女像，在西到比利牛斯山、东到贝加尔湖的广大欧亚地区有不少发现，人们通常称之为"早期维纳斯像"。可以认为，女性裸体陶塑造型艺术和表现出来的生殖崇拜文化观念在广大地区互相传播和交流。

通过上面的描述，我们大致可以得知，在新石器时代，在广袤的欧亚大陆上，就有了某种程度的流动、迁徙、交换和交流。在这样的流动和交流中，中华大地的远古文化已经和欧亚大陆另一端的文化有着对话与互动，并且引进了其他民族的许多文化因素。正是这样的迁徙和交流，奠定了欧亚各民族文明时代的生活基础。

三、激动人心的物种大交换

物种的交换、食物的交换，是新石器时代欧亚大陆上文化交流最重要的成果之一。

新石器时代的标志性实践，就是由采集食物转变为"生产"食物，即开始人工驯化培育作物和动物，亦即农业的产生。农业和家畜饲养业便取代了采集和狩猎的地位，成为首要的生产部门。人类由食物的"采集者"变成了食物的"生产者"。

世界上有三大独立起源的农业文明中心区：两河流域西亚农业起源中心区、中国农业起源中心区、中南美洲农业起源中心区。西亚独立起源的农作物代表主要是小麦、大麦和豆类，驯化出的动物包括山羊、绵羊和牛。在这一农业体系发展和传播的基础上，先后产生了美索不达米亚文明、尼罗河文明和印度河文明。中南美洲是玉米和南瓜等首先被栽培的地方，在它的基础上后来产生了玛雅文明和安第斯文明。在中国起源的农作物包括稻、粟、大豆、荞麦等，驯化出的动物则是狗、猪、鸡等。

农业文明的起源对以后的文明发展有着极为重要的影响。世界上第一批原生文明，都是建立在原始农业发展基础之上的，而且是建立在以谷物种植为中心的农业发展基础之上的。原始农业不但为文明起源提供了物质基础，而且极大地影响以至规定着文明起源的途径和模式。

在早期人类的交往和交流中，物种的交流、动植物的交流，是相当重要的组成部分。作为农作物的植物和作为家畜的动物，是早期人类在生活生产的长期实践中逐渐对野生物种驯化的结果。不同的民族面对不同的自然条件，所接触和驯化的动植物并不相同，但通过早期的交流，逐渐成为各民族共同的财富，满足和丰富了不同民族的生活内容和生活条件。直到近代以前，世界性的物种交流一直在继续。物种传播和交流一直在突破民族、政治、地域和文化等界限，从而成为跨文化互动进程中最生动有力的内容，具有极其深刻的影响。

与其他文明的物种交流，包括引进外来植物、动物物种以及向外传播中国本地的物种，是中外文化交流的重要内容。比如，在汉代西域交通大开的时候，就有来自西域的许多物种被引进中国，直到明清之际，我国引进了玉米、红薯、南瓜等南美洲的农作物，才基本上完备了我国的农作物结构。而我们今天所吃的苹果，是直到19世纪后期才引进的。作为中国极具代表性的物种——茶叶的种植技术，是在19世纪后期被传播到南亚、非洲以及俄罗斯的。

在新石器时代，世界上发生了一次食物的全球交流。在这次大交流中，中国起源并独立培育的粟到达了欧洲，中国起源的水稻传播到了日本、朝鲜和东南亚；西亚起源的小麦到了中国。这是一个激动人心的时代，是一个食物全球化过程展开的时代。而物种的传播也包括相应的生产技术、生活方式的传播。所以，食物的交流是一种涉及多方面的文化交流。法国历史学家布罗代尔（Fernand Braudel，1902—1985）认为，物种的传播也是一种文化现象。每当一种植物在一个社会中取得传播的成功时，该社会的"骨干技术"必定曾参与其事。

粟是欧亚大陆最古老的谷物之一，中国被公认为粟作起源的中心。根据最新研究结果，在距今8000年前后的兴隆洼文化时代，小米已经成为当地人日常食用的谷物。在不晚于距今6500年的仰韶文化时代，小米成为中国北方人口的主粮。粟在北方被驯化后即向中国南方在内的各个地方传播，是对中华文明历史进程有影响深远的重要农作物之一。粟从我国北方向南传播，最迟在距今4000年时便到了南亚和东南亚地区，同时经山东半岛或辽东半岛传入朝鲜和日本。另外，主要是从草原通道，粟经过畜牧民族世世代代的接力传播，进而到达欧洲。

中国长江流域下游是亚洲稻作农业的发源地，之后传入朝鲜和日本。起源于中国的稻作文化，对朝鲜半岛和日本列岛的民族生存和文明发展起到了不可估量的巨大作用。同时，稻作文化南传到东南亚地区，对东南亚农业发展也产生了深远的影响。

小麦起源于西亚，大约距今4500年前传入中国黄河中下游地区，这是中国在新石器时代就与西亚有间接交往的一个典型实例。小麦从西亚向东方的传播至少包括了三条路线：主体为北线的欧亚草原大通道；中线为河西走廊绿洲通道；南线是沿着南亚和东南亚海岸线的古代海路。大概在殷商时期，华北地区的居民就已经逐渐将麦子作为食物了。周代小麦就被列入"五谷"之中，成为我国北方栽培的粮食作物之一。小麦在中国的成功传播是一个文化传播的过程。小麦最初并没有进入祭祀的祭品，后来进入中国的"五谷"，反映了小麦在中国经历了一个逐渐被认知、被接受和被重视的过程。在这个过程中，小麦进而成为改变中国人饮食结构（生活方式）的一个十分重要的因素。

与农业同时发展起来的是畜牧业。"六畜"概念始见于春秋战国时代文献。宋代王应麟《三字经》把中国的六畜分为两组："马牛羊，鸡犬豕。此六畜，人所饲。"猪、狗、鸡起源于东亚本土，常见于新石器时代文化遗址中，与定居农业生产方式相关。驯养的牛和羊在西亚的出现早于东亚数千年；马的最早驯化地是中亚，与游牧民族的生活方式有关。在中国，马、牛、羊的遗骸多见于青铜时代文化遗址中。4000多年前的齐家文化中，畜牧业已经相当发达，遗址出土大量猪骨，还出土了不少完整的羊骨、牛骨和部分马骨，在考古图谱中使东亚大地首次出现了"六畜"齐全的局面。

中国自古讲究"五谷丰登"和"六畜兴旺"，并将二者作为生活富足和社会繁荣的基本条件。"五谷丰登"和"六畜兴旺"是我们的先人与欧亚大陆其他民族交流的结果。由于早期人类的交往和交流，"五谷丰登"和"六畜兴旺"基本上奠定了中华民族生存和发展的基础。

四、青铜文化与东西交流

在考古学上，继新石器时代之后的时代被称为青铜时代。大约 5000 年前西亚和中亚部分地区进入青铜时代，大约 4000 年前东亚开始进入青

魏晋墓壁画《牧羊图》

铜时代。夏、商、周三代，大体上属于青铜时代，是中国文化传统形成的关键时期。

青铜文化是世界范围的一个普遍文化现象。中国的青铜文化起源于黄河流域，始于公元前 21 世纪，止于公元前 5 世纪，大体上相当于文献记载的夏、商、西周至春秋时期，经历了 1500 多年的历史。商代晚期至西周前期，约当公元前 13—前 10 世纪，中国青铜时代达于鼎盛，青铜铸造工艺相当成熟，出土大量的精美青铜礼器、武器与工具。这时的青铜文化以安阳殷墟为代表，这里是商王朝的政治统治中心，也是青铜铸造业的中心。商代传世青铜器后母戊鼎，重达 832.84 公斤，高 1.33 米，是已知中国古代最重的青铜器。以后母戊鼎为代表的殷墟青铜器，采用复杂的铸铜工艺，达到了古代东方青铜铸造技术的高峰。

中国古代青铜器的生产代表了当时社会生产力的最高水平，其器物的组合、造型、装饰与当时的生活习俗、社会风尚、文化特质、民族审美心理等密切相关，种类繁多、形制瑰丽、花纹繁缛、制作精湛，充分体现了中国青铜器特有的艺术魅力和鲜明的民族风格，构成了中国无与伦比的青铜文化。中国商周时代所创造的灿烂的青铜文化，在世界文化遗产中占有独特的地位。英国科学技术史家李约瑟（Joseph Terence Montgomery Needham，1900—1995）曾说：没有任何的西方人能够超过商、周两代的青铜器铸造。

从全球范围看，世界不同地区进入青铜时代的时间并不相同。安列托利亚半岛是最早冶铸青铜器的地区，目前发现有公元前 6000 年的青铜器。两河流域的美索不达米亚地区在公元前 3000 年进入青铜时代，已发明范铸法和失蜡法，不同比例的砷青铜、锡青铜、铅青铜或铅锡青铜也相继发明。在此之前还有一个上千年的铜石并用或红铜时代。公元前 2000 年之前，西亚已进入青铜时代的鼎盛时期，主要的青铜冶铸技术均已发明，并对周围世界产生了重大影响。在此后的数千年间，随着西亚文化的扩散，冶金术随之外传，进入东南欧的多瑙河中游、高加索和中亚的广大地区，乃至欧亚交界的乌拉尔一带，并继续东渐，进入新疆和河西走廊一带。古代中国使用铜、青铜以及进入青铜时代的时间晚于其他古典文明。但我国很快就发明了铜—锡二元合金和铜—锡—铅三元合金，形成了一整套从冶炼、熔炼到铸造的独特技术路线，很快就走到了世界各国的前列。

因此，有一些学者主张青铜冶炼铸造技术由西向东传播，认为金属冶炼技术在公元前 2000 年左右传入中国。他们认为，冶金术这样重大而复杂的发明在人类发展史上不可能是多元起源，就像水稻起源于中国一样。就目前的考古材料而言，中国早期铜器很可能是通过草原通道进来的。"鄂尔多斯式青铜器"可能就是西亚青铜器与中原青铜器交流的一个交汇点。

实际的情况可能是，北方草原文化带来的青铜文化在中国与本土文化相结合，进一步得到改进和发展，形成了中国特色的青铜文化。在这个过程中，很可能有法国历史学家布罗代尔所说的物种交流的情况，有本地文化"技术骨干"的参与。我们在许多地方都看到过相似的情况，即一种新文化进入中华文化系统之后，往往又有一个继续的改进、再创造和再发明的过程。

商周之际，中国青铜文化达到鼎盛时期，在青铜铸造方面取得了辉煌的成就，在工艺美术方面更有独到之处。青铜鼎、鬲、爵、戈等是中国人偏爱的器物，很可能是中国的创造。商代后期青铜器的制作，其技术水平超过了在它以前进入青铜时代的埃及和巴比伦，并以中原地区为中心，向四邻地区扩散。广泛分布于欧亚大草原的青铜鍑亦可能源于中原，且被认为是除马具、野兽纹、兵器三大特征之外的第四个反映游牧文化的显著特征。在这一过程中，游牧民族起到了桥梁作用，并且从中充实和改进了自己的技术装备。

中国的青铜器有一种突出的、值得注意的特点，那就是其形制多为鼎、鬲、簋等祭祀用器，纹饰多为凤、夔、饕餮等，并非实有而属想象创造的动物。青铜农具甚为罕见，甚至阙如。这一特点说明，在中国"国之大事，在祀与戎"，青铜多被用来制造祭祀和打仗的用具和武器，而甚少用来制造生产工具。形制和纹饰都同政教合一、官巫合一的体制关系密切，祭器和动物都是巫师用来通神和治人的。中国青铜器的这种巫教特征，反映了一种巫教意识形态和文化底层。这说明，中华文明产生的财富积累和集中的程序是政治程序，而不是像巴比伦、希腊、罗马古文明那样是通过技术、贸易程序。这种最初的"程序"的不同，也决定并导致了以后的两种文明和文化的歧异性发展，以致越来越增加了不同和分歧。

三星堆是我国另一个青铜文化中心，显示了商朝时期中国青铜时代的文化多样性。三星堆是一个拥有青铜器、城市、文字符号和大型礼仪建筑的灿烂的古代文明。三星堆文明既有自己悠久而独立的始源，又受着中华文明内部不同地域之间文化，乃至东方文明不同地域文化或明或隐，或直接或间接的影响。与此同时，它还可能通过蜀身毒道与印度文化有某些联系。三星堆出土的金杖、金面罩、青铜人物全身雕像、人头像、人面像、兽面像等，这些文化因素很可能源于古代西亚文明。

青铜文化的东西交流，说明在文明的初期，东西方之间已经有了比较深刻的影响。有的西方学者提出了"青铜时代世界体系"（Bronze Age World System）概念，认为欧亚大陆内部东西方在青铜时代就有了接触和交换，形成了古代世界体系。在 5000 年前的青铜时代，中国与西亚之间就开展了以青铜、牲畜和粮食为主要符号的文化大交流，形成了青铜时代的"世界体系"。这个概念当然还可以讨论，但它的启发意义在于，其把中国的早期文明放到一个世界体系的框架中来理解。夏、商、周三代文明不是孤立发生的，而是在与欧亚大陆其他文明相互交流、联系与互动中发生发展的。夏、商、周三代的许多新文化因素，都与这样的交流与互动有关。从这样的角度来看早期文明，有助于更深刻地理解中国与世界的关系，以及中国乃至东亚的民族形成与历史进程。

商朝晚期青铜礼器四羊方尊

第二讲
西域、丝绸与丝绸之路

一、"西"与"东"：中华文化的外部世界

在中国的历史文献中，西域是一个与中西文化交流关系非常密切的地理概念。所谓西域，是相对于中国而言的，即指中国的西方。之所以说"在中国的西方"，与历史上中国人关于"西方"的认知有关，是中国人所知道的"西方"，是与中国打交道的"西方"。而人们的地理眼光、打交道的范围是不断扩大的。历史上，各国的版图和疆界是不断变化的，所以关于西域的概念也是不断变化的。

欧亚大陆是人类文明的主要活动舞台，而中国地处欧亚大陆的东端。由于这样特殊的地理位置，中国主要的交通通道是自东往西的，中国在历史上与其他民族的交流与交往，也主要是面对西方，主要是与西方的国家和民族交往及交流。当然，中外的交流也不仅仅如此，如在我国的东边还有朝鲜半岛和日本，南边还有越南和东南亚。中国与这些地区的文化交流也比较频繁。但从文化交流的基本态势来看，这些地区的文化属于广义的中华文化圈范围。对于中华文明来说，与外来文化的交流主要还是来自"西方"。

所以，自古以来，中国人对"西方"就给予了更高的重视。中国向"西方"的寻求，经历了几千年不曾改变。中外交往史上，以西域的陆路交通居主导地位，也经历了上千年不曾改变。

但是，对于中国来说，"西方"是一个历史概念。随着交通的逐渐发达，随着人们对于世界认知的不断扩大，中国人所说之"西方"也是不断延伸、不断变化的，是一个不断发现的"西方"。

秦汉及以前的"西方"，主要是指西域，即中亚一带。那时候的中外文化交流中，与西域的交流占了很大的比重。在当时的中国人眼中，西域是一个很大的外部世界，张骞通西域被认为是一个了不起的文化创举。到唐朝时，中国人所说的"西方"主要是指印度、"西学"指来自印度的佛学，虽然唐代与波斯和阿拉伯也有很多的交通往来。那时候，人们把印度看作文化的圣地，一代又一代的僧人到"西天"取经，形成了如梁

启超所说的第一批海外"留学运动"。他们取回的不仅是佛教经典，还有印度医学、天文学等科学文化知识。宋元时代已经和欧洲有所交流，但此时的"西方"主要是指阿拉伯和波斯，

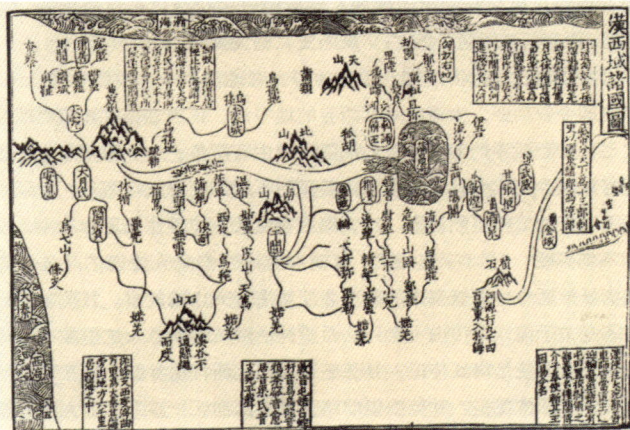

南宋《汉西域诸国图》（首都图书馆藏）

此时对中华文化影响最大的是阿拉伯文化。在元代中国社会文化舞台上活跃着很多的色目人，其中大部分是波斯人和阿拉伯人，他们充当了那个时代中西文化交流的主角。明初时郑和所下的"西洋"，指的是印度洋至波斯湾、北非红海一带的海域和国家。这是中国人在大航海时代以前最远的"西方"了。

晚明欧洲传教士来华后，为了与中国人心目中指称印度、阿拉伯等国的传统意义相区别，他们自称为"泰西"（太西）、"大西"、"远西"和"极西"，以示其所在的国度和地区才是真正的"西方"。起初，为了照顾中国人原有的"西方"观念，他们还特意将印度洋地区称为"小西洋"或"小西"，相对于他们自己所在的"大西洋"或"大西"而言。但到了后来，中国人世界观念里的"西洋"和"西方"指的就是欧洲，直到19世纪又加上了美洲，这就是我们今天通用的"西方"的概念了。

"西域"一词，最早见于《汉书·西域传》。匈奴早期在对西域地方的控制中具有优势地位，于是，有"匈奴西域"的方位代号，史称"皆在匈奴以西"。汉武帝时代于匈奴的实力对比扭转以后，汉帝国的西域"阨以玉门、阳关"。

一般说来，西域的所指有广义和狭义之分。汉代狭义的西域是指今

西安丝绸之路群雕（局部）

甘肃敦煌西玉门关、阳关以西，葱岭以东，昆仑山以北，巴尔喀什湖以南，即汉代西域都护府的辖地。所以，狭义的西域是指中国境内的西部疆土，主要是指新疆一带。不过，在汉唐时代，中国的西部疆土要比现在的版图远为广阔。唐代比汉代的西疆更远，直到黑海岸边，设有北庭护都府，管理军事行政，建立屯田制度。在西域包括昭武九姓的领地，在唐代都属中国，设有羁縻州。因此，就狭义来说，中国历史上的西域可说是相当于今日的中亚地方。

从狭义的西域来看，这一带在可考历史中于前5世纪左右形成国家，并开始独立发展。《汉书·西域传》记载，当时已有30余国分布在西域地区，故有"西域三十六国"之说。在张骞打通西域之前，匈奴一直是支配西域各国的势力。到汉代，"西域三十六国"为"西域都护"管辖的地区。东汉末年，西域各国相互之间不断兼并，至晋初形成了鄯善、车师等几个大国并起的局面。南北朝时期，西域局势再度变化，新兴的高昌国相继击败西域诸个国家，建立了一个地跨新疆大部的强国，除少数国家外西域诸国国土西迁，为中亚地区带来了繁荣的文化。

广义的西域包括葱岭以西的阿富汗、中亚地区、伊朗、阿拉伯国家以及更远的地方，至地中海沿岸一带，有时连印度、巴基斯坦、尼泊尔等国以及非洲东北部的一些国家和地区也都包括在里面。

从现代地理学的观念来看，中亚和西亚地区是古代中西文化交流的最重要区域，是世界上几大文化圈都曾波及的地方，是希腊、波斯、阿拉伯、印度和中国古文化的交汇地，也是东西方文化交流的中心与枢纽。

中外文明交流互鉴十五讲

各种文化传统在这里进行大规模、广泛的接触、碰撞、吸收和融合，形成人类文化交流和传播史上的一大奇观。

二、张骞"凿空"与丝绸之路

中国与西域的交通往来很早就开始了。文明初期的中外交流，包括黄帝西巡、彩陶之路、物种大交换、青铜文化的交流，都是中原与西域交往交流的重要事项。民间商贸交流和人员往来自古不断，中西之间的文化交流都留下了历史的踪迹。不过，直到汉代以前，中国与西域的交往和文化交流，主要还是通过民间的商旅往来。张骞之前的民间交往，只不过是一出历史正剧的序幕、一场文化交流的美妙交响乐的前奏，真正的开始还在后面。因为，一方面，中国在汉以前，边患频仍，战事不断，自身经济的、军事的、文化的力量，尚未充足到更自觉、更有计划和更有目的地向西拓展；另一方面，西方向东发展、接触、推进的势头也还不够强劲。这就是所谓"传播"和"引导"两方面的力量都还有待加强。就人类文明发展史的总体状况看，也还有待进一步的发展，需要等待物质的和精神的更成熟的条件。

这一情况，直到张骞的出现，才有了彻底的改变。汉武帝派张骞出使西域，开始建立起中原王朝与西域的官方关系。古史称张骞之西使为"凿空"，意思是自张骞通西域始正式开通了中西交通大道。但这不是一般意义上的"开通西域道"，而在于说明此为中原王朝向西域诸国首次派遣的官方使节，从此开始了与西域诸国的正式联系。

汉武帝遣使西域，其直接目的是对付匈奴人的侵扰。匈奴长期以来是中原王朝的主要边患。汉初时，汉朝一直对匈奴采取忍让妥协的政策，但匈奴仍自恃强大，每每策骑南侵，掳掠汉边民和财富，给汉朝的安定造成很大威胁，同时压迫西域各国，阻遏汉与中亚各国的商业往来。汉武帝改变了对匈奴的政策，积极抗击匈奴的侵扰。武帝得知原居住在河西走廊一带的大月氏人被匈奴驱赶出故地，而且匈奴单于杀了大月氏王，大月氏人常思报仇。武帝决定派遣使节出使大月氏，劝说大月氏人和汉朝联合起来共同击败匈奴。不仅如此，汉武帝的决定可能还有更深层的原因，即出于文化上的考虑，已经国力强盛的大汉王朝需要打开一个向西方开放的窗口。

张骞此行并未达到联大月氏以抗匈奴的目的。此时的大月氏已立新王，吞并了大夏，安居乐业，且与中国相距遥远，所以大月氏王对张骞提出的与汉联盟共破匈奴的建议并无多大兴趣。但张骞之西使的意义远远超出他的直接使命。作为汉朝的官方使节，张骞实地考察了东西交通要道，是中国官方开拓通往西域道路的第一人。张骞之"凿空"，意味着东西交通大干线的正式开辟。

现在，人们把这条交通大干线称为"丝绸之路"。

在中西文化交流史上，"丝绸之路"是一个使用非常频繁、影响非常广泛的概念。这个概念最早是 19 世纪末由德国地理学家李希霍芬（Ferdinand Paul Wilhelm Richthofen，1833—1905）提出来的，起初指的就是汉朝时从都城长安经过河西走廊、穿过天山脚下进入中亚的交通路线，也就是张骞通西域所走过的路线。后来，人们扩大了丝绸之路的含义，把这条路线延伸到通向地中海地区的路线。这是一条贯穿欧亚大陆的交通大通道。这条交通大道犹如连接东方和西方的金丝带，从汉代至明代历经 1500 余年，一直承担着中国与欧亚国家政治、经济、文化联系的重要职能。正是通过这条大道，欧亚大陆两端的居民有了接触和往来，有了物质和文化的交流，因而也就有了东西方文明的发展。无数的人们行走在丝绸之路上，承载着东西方文化交流的使命，成为世界文明史上的重要景观。

不同民族、不同社会之间的文化交流和文化传播，首先的前提就是交通问题。交通是人类生活的基本前提之一，也是文化交流传播得以实现的最根本的条件。交通状况决定和制约了文化交流的规模和程度。反过来说，文化交流的繁荣与否，也对交通状况起着促进或滞碍的作用。

有了交通，就有了物质和文化方面的交流，就有了相互之间的你来我往、相互之间的认识和了解，就有了文化上的传播和接受，形成了世界文化交流的大图景。自古以来，生活在欧亚大陆的各民族，都在不断地突破各种技术障碍，为开拓大陆的交通做出不懈的努力。为此，人们不断地发明和改进交通工具，探索交通路线，甚至可以说，交通工具的发明和改进是人类主要的技术创新之一。丝绸之路就是东西方各民族共同努力开发的成果。它既有中国人积极的向外探索和开拓，也有西方人自西徂东的冒险与开发，更有草原民族为开辟和发展草原之路所做的贡献。可以说，丝绸之路就是人类文明的一种伟大创造，丝绸之路发展繁荣的历史，也就是人类文明发展的历史。

丝绸之路是在历史上形成的从东到西贯通于欧亚大陆的交通大道。现在通常把丝绸之路的主要干线，分为陆上丝绸之路、草原丝绸之路和海上丝绸之路三大干线。又有学者把古代从四川、云南经过缅甸通往印度的道路称为"西南丝绸之路"。这条道路也很重要，因为到达印度，就可以走到印度洋的岸边，这里的港口很早就与地中海和波斯湾通航。还有的学者把东南沿海地区包括山东半岛的港口通往朝鲜半岛和日本的航道称为"东方海上丝绸之路"，把通过陆路前往朝鲜半岛的交通称为"东北亚丝绸之路"，这样也把与朝鲜和日本的交通纳入丝绸之路的广义概念之内了。

这样，丝绸之路就不是单一的自东徂西的路线，而是遍布欧亚大陆的纵横交错的交通网络。这个交通网络，既有从东到西的几条干线，也有围绕这些干线形成的许多支线，还有从北到南的若干线路；既有踏过流沙、翻越雪山的陆路，也有万顷波涛的海路，还有纵横万里的草原之路。这样的交通网络，就把整个欧亚大陆联系起来了。有了这样的交通网络，就实现了各民族最早的联系和交流，实现了各文化间最早的互联互通和文明共享。

在现代学术界，"丝绸之路"已经成为一个国际通用的学术名词，远远超越了"路"的地理学范畴。联合国教科文组织曾给丝绸之路下了一个定义，说："丝绸之路是对话之路。"这是东西方文明的对话，是欧亚大陆各个民族文化的对话，是人类的对话。丝绸之路就是人类文明交流和互鉴的产物，是世界各民族文明对话的路。

自从张骞通使西域，丝绸之路这条交通大道正式进入中国官方的视野，开始了中原王朝与西域诸国的正式往来，把西域纳入王朝的管辖疆域或势力范围。此后的历代王朝都认识到丝绸之路对于国家经济贸易、国家安全和国际地位的重要性，把经营丝绸之路作为一项重要的国家战略。也正是从这时开始，丝绸之路确实比以前更繁荣、更通畅了，国家之间的往来更频繁了，商贸的交流更加丰富了，文化交流也更加深入了。

三、丝绸：中华文化的一个代表性符号

贯穿欧亚大陆的交通大道，中华文化向海外传播的大通道，以"丝绸之路"来命名，自然与丝绸有十分密切的关系。丝绸之路概念突出了丝绸这个古代东西贸易的核心。丝绸之路上的贸易，在更多的情况下是以中国的丝绸为主要内容的，是以丝绸的交换为中心的。正是丝绸贸易，促进了中外交通的开辟和发展，促进了中华文化向海外的传播。所以，正是绚丽多彩的中国丝绸，把整个欧亚大陆连接了起来；也正是因为丝绸，才有了东西交通的大通道，就有了"丝绸之路"这个美丽浪漫并令人产生无限遐想的名称。

桑蚕丝绸是中华文化的一项伟大发明，是中华文化的特征之一。中国是世界上最早饲养家蚕和缫丝制绢的国家，长期以来曾经是从事这种手工业的唯一国家。或许可以认为，丝绸是中国对于世界物质文化最大的一项贡献。

中国人养蚕、缫丝和织绸，可能在几千年前的新石器时代就已经开始了。传说中黄帝的后妃嫘祖发现桑树上蚕吐的丝柔软细长，可以用来编成织物遮体御寒。于是，她教导人们把蚕养起来，缫丝织绸，以制衣

汉晋"五星出东方利中国"织锦（新疆民丰尼雅出土，新疆维吾尔自治区博物馆藏）

裳。这个传说的本质意义在于把丝绸的起源追溯到与中华文明起源一样遥远而古老，是中华文化发生期所创造的文化成果之一。或者说，丝绸的起源实际上是与中华文明的起源同步的，丝绸的发明是中华文化形成期的一项重要内容，具有与青铜器、玉器同等重要的意义。

据现代考古发掘的结果，一般认为中国丝织物开始出现于中国东南地区距今 5000 年前的良渚文化时期。这时的中国先民已经成功地驯化了野生桑蚕，使其成为可以饲养的家蚕，并利用蚕所吐的丝作为原料，织造丝绸之物。到商代，中国丝织物便已达到很高的水平。当时除了平织的绢以外，已经有了经线显花的单色绮和多彩的刺绣。至迟在殷商时代，我国人民已充分利用蚕丝的优点，并且改进了织机，发明了提花装置，能够用蚕丝织成精美的丝绸。《诗经》中有不少桑事织衣的诗篇，这是商周时期中原地区丝织发达、分布之广的一个记录。

到了汉代，生产机具的改进和生产技术都有很大的提高，大大提高了生产效率，丝织业有了相当大的发展，生产规模很大，花色品种繁多，产品数量也很大，出产了丰富多彩的丝织品，如，锦、纱、罗、绫、缎、绸、绒、缂丝等。汉代中央政府设有管理丝织生产的官方部门，地方也有专门管理织造的机构。民间从事丝织生产的人也相当多。丝绸生产是人民生活的重要组成部分，凡宜蚕之地，每家每户均树桑养蚕，并以绢作为赋税。皇室和官府对丝织品的需求量巨大，丝绸常常被用来作为赏赐的物品，数量动辄上万匹，可见当时纺织业的兴盛状况。大批量生产的各色丝绸，不仅满足王朝贵族们的需求，而且成为社会各阶层都能消费的衣料。

丝绸是一种物质产品，也是一种文化成果。丝绸还与其他中华文化要素有密切的联系，比如中国的礼仪制度、文化艺术、风土民俗、科学技术等。它的精湛技艺和富有想象力的艺术图案，一直作为中国美术的一个重要门类。丝绸作为古代中国最重要的发明之一，它的出现对以后的中国经济、文化和科技的发展都产生了巨大的影响。

丝绸是中国人对于世界物质文化的一项伟大贡献。精美绝伦的各色丝绸，为人们提供了舒适的衣料和优美的装饰物，丰富了人们的日常生活。所以，中国丝绸传播到任何地方，都受到热烈的欢迎。在商代，丝绸已经开始成批量地外销。周穆王西征时，带有精美的丝织物作为礼品赠予西王母，这是中国丝绸西传最早的文字记载。汉代西域通道大开，出现中国丝绸大量输入西域的盛况。在西域的广大区域内，包括现在新疆地区和帕米尔以西的区域内，陆续出土了大量汉晋时代甚至之前的丝绸制品。

在汉代，朝廷以丝绸作为礼品向其他民族赠赐、以丝绸与各民族进行以物易物贸易，以及奔走在丝绸之路上各国商人的贩运，都使中国丝绸大量外传。汉代运丝的商队通常由政府官办，称为使节，实际上是官办的贸易队伍。汉朝每年都派出成批使团随带大量缯帛前去贸易。中国商队最远曾到达地中海东部地区。波斯和叙利亚的商队也由此东行，进入葱岭，至新疆境内交换货物，尤其是成批转运从内地西运的丝绸。

就大多数情况而言，中国丝绸的西传是分段进行的，当时的丝绸贸易实际上是一种有多国多民族参与的国际性贸易。而这种跨文化的国际贸易，形成了一个巨大的贸易网络，把整个欧亚大陆连接了起来。参与丝绸贩运的，有大夏、波斯、阿拉伯和希腊等国的行商。这些行商像接力一样，从一个国家到另一个国家转输交易。

在这种分段进行的国际性丝绸贸易中，西域各国位于丝绸之路要冲，在东西交通中居于重要地位，中国丝绸多经过它们之手转运。通过西域民族进行的丝绸贸易数量是相当巨大的。波斯在经营丝绸贸易方面占有重要地位。统治波斯的安息（帕提亚）王朝的国王和贵族，都穿戴中国丝绸制作的衣物。安息商人不但将中国丝织品运往本国，同时还将其转运至西方，并且长期垄断了中西之间的丝绸贸易。

长途贩运的国际丝绸贸易，是一项获利巨大的事业，所以才会有多民族参与其中，上千年间不绝于途，形成了古代世界一个庞大的国际贸易体系。经过长途贩运和数次转手，中国丝绸在交换中的价格，已远远超过了它的价值。所以，在古代丝绸贸易中，丝绸不仅是一种货币的等价物，也是一种价值尺度，而它本身也一度是一种货币，被赋予世界货币的特殊功能。帛绸往往在当时的国际贸易中作为流通手段和支付手段。

丝绸是中国最早的、持续时间最长的、分布地区最广的大宗出口货物，而且直到明清时代，一直是向海外输出量最大的并且是最受欢迎的中华物产之一。在欧洲与中国的大航海贸易中，丝绸与瓷器、茶叶并称为"三大贸易"。经丝绸之路运往中亚和西亚乃至欧洲的中华物产在很长一段时间里以丝绸为主。在漫长的历史时期内，在经销的数量之大、范围之广、持续时间之长久和影响之深远方面，世界上没有任何一种产品能与中国的丝绸相比。

丝绸的大量外销，不仅具有经济贸易交流的意义，而且具有很重要的文化意义。丝绸持续不断地传播到世界各地，被人们为"东方绚丽的朝霞"。它以其美轮美奂的色彩和风情万种的姿韵，征服了全世界各个民族，成为全人类都喜爱的织物和艺术佳品。在世界各国人民的心目中，丝绸是最有代表性的中华文化符号。西方世界最初就是通过传到那里的丝绸而知道中国、认识中国的。

四、"殊方异物，四面而至"

张骞"凿空"之后，通往西域的丝绸之路大开，汉王朝与西域各国使节往来不断，民间商旅更是相望于道，贸易十分频繁活跃，中西文化交流进入了第一个高潮时期。

武帝时，汉朝向西域遣使十分频繁，每年都要派遣五六批乃至十余批，每批由数百人至百余人组成的使团。这些使节往返一次常常要八九年，近的也要几年。汉朝使者不仅到乌孙、大宛、大月氏等，更远者到达安息、奄蔡、犁轩、条支、身毒。这些使节都具有贸易的目的，汉的缯帛、漆器、黄金、铁器是各国所欢迎的产品。汉与西域的交流，经贸往来是其中的主要内容。与此同时，西域诸国也频繁向中国派遣使节。西域诸国与汉交往的目的，首先是经济的，即所谓"欲通货市买"。更多的是西域各国的民间商旅，这是当时行走在丝绸之路上最大的群体，所谓"驰命走驿，不绝于时月；商胡贩客，日款于塞下"。

实际上，丝绸之路最初是因为商贸活动而开辟的。各国各民族的商旅是丝绸之路上人数最多、延续时间最长，也是贡献最大的一个群体。丝绸之路沿线的许多城镇都是因他们的活动而繁荣，甚至就是这些商人建立起来的。也正是因为这些商人持续千百年行走在丝绸之路上，实现了物种的大交换、商品的大交换，让各民族充分分享了文明的先进成果。商人们不仅传播着物质文化的成果，还在各民族之间沟通文化信息，成为各民族相互了解和认识的最初渠道。

西域与中原的文化交流，首先的而且主要的，是物产、植物和动物的交流。论及中外文化交流，首先都要说到双方的贸易关系，说到物质文化方面的交流。这是整个文化交流最初的方面、基本的方面。首先是有双方对彼方物产的需求，进而产生了贸易活动，并且进而有了交通、人员的接触和往来，有了相互的认识和了解，有了进一步的深层的文化接触和碰撞、传播与交流。所以，物质文化的交流是人类文化交流的基础部分。

物产往往是了解和想象异域绝国的第一媒介。这些绝域殊物的输入，不断地扩大着我们对远方异国的了解和想象。早期中国的史书在提到与异族的交往和对异族的征服时，往往会提到所取得的物质成果。随着版图的扩大，不同民族的交往开始增加，因此而对异族生活方式、不同物产的了解越来越丰富。随着丝绸之路的开通，中西贸易往来十分频繁。在当时的中国与西域的贸易中，丝绸是从东往西贩运的大宗商品。此外，还有漆器、铁器、软玉、麻织品、釉陶和各种装饰品。而从西向东，主要是西域乃至从地中海地区、波斯甚至印度转运到西域的各种特产。在《史记·大宛列传》以及以后的中国史籍中，有不少关于西域诸国物产的记载。这些记载，有些是得自传闻，但大多数都是已经传入中国的。所以，许多研究者都很注意这些中国史籍中关于国外物产的记载，甚至把它们看作是国外输入中国物产的货物清单。根据这些清单，我们可以了解到，汉代从西域输入中国的货物有琉璃、地毯、毛织物、蓝宝石、宝石、象牙、金银器、玛瑙、琥珀、沉香、毛皮，以及狮子、犀牛、鸵鸟等奇兽珍禽。还有良马、骆驼、驴和骡等家畜，成为中国的驯养动物和

敦煌莫高窟第 296 窟壁画《丝绸之路商旅图》

交通运输工具。《汉书·西域传》说，其时是"殊方异物，四面而至"。《西都赋》也说，长安集中了四方奇物，"殊方异类，至于三万里"。

由于各种西域物产和珍禽异兽大量地传入中国，其结果是，在长安开始流行珍视外国式样商品的异国趣味。汉武帝的上林苑更是聚集了天下的奇珍异宝。不仅宫廷盛行异国趣味，贵族宅邸也是如此。在长安九市中，有专门经营西域商品的肆市店铺，和田美玉、埃及十色琉璃、罗马火浣布、印度琉璃马鞍、千涂国的火齐屏风、琥珀、夜光璧、明月珠、珊瑚、琅玕、朱丹、青碧以及奇禽异兽等，都有在九市交易，"环货方至，鸟集鳞萃"。

在汉代文学中，有一部关于西域的想象类志怪小说《汉武帝别国洞冥记》。这部小说旧题东汉郭宪撰，也有人认为是后人托伪之作。书中记载了与汉武帝有关的神怪传说、奇闻逸事、神山仙境、单方灵药，以及外国异方风土物产等。《汉武帝别国洞冥记》记载了许多"殊方异物"，包括奇兽珍禽、奇花异草、珍玉奇石、香料果品，以及其他人工制品等。在其中的记载，有许多属于奇异想象的范畴，所记事物充满了神秘、神奇、荒诞和奇异。各种奇异的事物，尽管看起来荒诞不经，但可能都有现实的影子。所以，尽管《汉武帝别国洞冥记》的记载不可以作为关于西域物产在中国传播的实际根据，但仍然是一份有启发价值的物品清单，虽然这个清单可能被歪曲、扭曲和神话化了。

在新石器时代，曾出现一次物种的大交流。到汉代，随着丝绸之路和南海交通的开辟，西域的许多奇花异草、名果异木通过不同的途径传入中国，在中国移植栽种，出现了中国农业发展史上的一个引种高潮。这些物种的传入，给中国增加了新财富。

中国历代都对引进域外植物采取积极的态度。汉武帝修上林苑，引种的植物种类非常多。从西域移植的有安石榴、苜蓿、葡萄、玉门枣、胡桃，还有胡麻、胡豆、胡荽、胡蒜、酒杯藤等，"名果异卉""数不胜数"。《西京杂记》记载说，上林苑栽植奇花异木 2000 余种，《三辅黄图》则说是 3000 余种。据有关学者考证，现存各种文献载有上林苑植物名称

264 个。

西域的这些植物传入中国后，丰富了当时的作物品种和种类，经过中国人民千百年来的种植、选育，成为中国蔬菜、水果、油料等农业作物的重要组成部分，对中国农业、畜牧业等产生了深远影响，也改变了中国人的饮食结构，极大地丰富了中国人的饮食文化。

五、佛教东传与文化交流

佛教在中国的传播，是中外文化交流史上的一件大事，也是世界文化史上的一件大事。佛教在中国的传播，其影响所及，不仅在中国，而且在整个东亚社会，都是巨大的、前所未有的。可以说，在中国乃至东亚的文化结构中，佛教文化都占有极其重要的地位。

佛教最初传入中国，大约是在东汉时期，而真正开始大规模传播，则是在两晋南北朝时期。

宗教的传播是与广泛的文化交流的大趋势分不开的。汉武帝时，张骞通使西域，丝绸之路大为畅通，中国内地与西域的交通和商贸交流日益频繁。这就为佛教的东传创造了客观上的便利条件。在佛教东传的过程中，西域发挥了极为重要的作用，是大佛东行的主要通道。西域曾被佛教僧侣视为"小西天"，或誉为佛教的第二故乡。

自印度佛教传入西域后的几百年间，西域佛教有了长足的发展，佛教图像、寺庙和石窟等佛教建筑开始在西域大地出现，佛窟成群，塔寺林立，浮雕、立雕的大小佛像琳琅满目，雕塑艺术达到了很高程度，佛教的绘画、音乐、舞蹈、文学等艺术和演讲辩论都达到了很高的水平。到了魏晋南北朝时期，佛教在西域进入了鼎盛发展时期，各国佛事频繁、高僧辈出，年年举行盛大的佛会。同时，西域佛教也在不断发展演变，产生了不同佛教宗派。西域佛教兴起以后，就开始向内地传播。西域各国派往中原王朝的外交使节以及商人中就可能有一些佛教信徒。此后，常有内地僧人到西域取经求法，赴内地的西域高僧也将自己的思想、学风等带到了中原，与中原地区的高僧共同相处，探讨佛学真谛，为中国佛教的传播和佛学发展做出了贡献。

这样，从印度到西域、再到中国的西部，从敦煌进入中国内地，就形成了一条"佛教之路"，一条佛教由印度经西域向中国传播的路。在这条充满着艰险又同样充满着信仰激情的大路上，东来传教的西域高僧，西去求法的中国僧侣，相望于道，不绝于途。而同样是在这条大路上，遗存着无数的佛教东传的历史遗迹，有寺庙的遗址、精美的壁画、荒芜的塔冢，有大漠孤烟、千里流沙、古城残垣，以及壮观无比的遍布沿途的佛教石窟。通过这条大路，佛教、佛经以及佛教绘画、建筑、音乐艺术，以及佛教所携带的、所裹挟的印度和西域民族的艺术、医学、天文学、哲学和逻辑学等，源源不断地、持续地传播到中国，给中国文明以深刻的影响，给中国文明的发展以巨大的刺激，给中国人以丰富的精神滋养。所以，这又是一条文明之路、文化传播之路。

早期佛教在中国的传播，主要是印度和西域的僧侣深入内地来进行的。在当时的交通条件下，从那么遥远的地方来到中国，其路途是十分艰险和艰苦的。他们不畏艰险、翻山越岭、穿越流沙，来到他们完全陌生的地方，为的只是传播他们的信仰，把他们认为的生活真理介绍给这里的人们。他们也多是知识渊博、学养高超的人，是掌握了相当丰富印度或西域文化的大学问家。他们有意识地利用自己的学问作为传教的辅助，积极地向中国介绍陌生的外来文化成果。实际上，他们在中国传播佛教的过程可能也是充满困难的，语言不通、生活不适，频频遭到人们的误解甚至迫害，这些在文献上都没有记载，但是完全可以想象的。他们如同创榛辟莽、筚路蓝缕，这种为传播信仰而舍身的精神体现了他们对信仰的自信、文化的自信，以及高度的文化自觉。文化传播总是要通过人来进行的，在相当多的情况下，这种传播都是不自觉的，而宗教的传播却在相当大的程度上是靠僧侣们自觉自愿的行动来实现的。在佛教传播的过程是这样，晚明乃至近代西方传教士来中国传播基督教，也是

中外文明交流互鉴十五讲

这样。这在文化交流史上是一个值得注意的现象。

在佛教初传这个时期，亦即汉末魏晋时期，中华文化经历了春秋战国时期的文化突破，实现了全面独立发展的态势，经历了秦汉时代的辉煌时期，进入中华文化的成熟之境，同时也面临着新的选择、寻求新的发展的变革局面。魏晋及之后的南北朝时期，社会发展进入了一个思想解放、学术自由的时代，思想学术界在一定程度上再次出现了"百家争鸣"的局面。在这样的情况下，佛教挟裹着巨大的文化群浩浩荡荡从西方传来，带给中国人一种全新的文化信息、文化内涵和文化体验，为中华文化的发展提供了新的刺激和发展的动力。

从世界文化交流史的一般规律来看，一种文化进入另一种文化，要取得显著的影响，有多种因素。其中，最主要的有两种：第一种是所传播的文化为高势能的文化，这取决于这种文化与所传播地区原有文化之比较。对于当时的中国宗教文化来说，佛教就是这样一种高势能的文化。第二种，也更重要的是，接受这种传播的文化区正处在大变革的时代，正在寻求文化突破，新的文化传播过来以后，为本土文化提供了新的刺激、新的因素、新的思考方向。从印度传播来的佛教之所以能在中国得到广泛传播，并且对中华文化的发展产生重大影响，正是因为这个时代需要这样一种新的文化因素。

佛教向中国的传播是以一种自觉的、主动的、以和平方式进行纯粹意义上的宗教传播。而中国人接受佛教主要出于探索真理、寻求精神解脱的纯文化动机，这在历代赴印求法的高僧身上有充分的体现。可以说，佛教在中国的传播基本上摆脱了政治上的功利主义影响，而中国人也以一种超功利的文化态度来接受印度佛教。佛教的传播是一种真正意义上宗教的传播、文化的传播，而这种传播又是在和平与平等的对话中进行的。来华的外国僧侣怀着对宗教的热忱传播佛教，却没有文化的傲慢；中国的佛教学者虚心求教求法，以高度的文化自信参与对话。这在世界文化交流史上也是值得特别提起的。

佛教在中国的成功传播，在于它同时兼顾了文化的大传统和小传统，

明·丁云鹏《白马驮经图》（台北"故宫博物院"藏）

即在上层社会精英阶层以其深奥的佛教义理受到欢迎，又以通俗的方式在民间传播信仰，受到下层社会普通民众的接受和理解。这样，佛教的影响就深入中国人的日常生活中，成为中国人日常生活的组成部分。而这才是它所具有的强大的生命力所在。

和许多大的宗教一样，佛教本身除了信仰系统之外，还是一个巨大的文化群、文化丛，是一个包含着丰富内容、多种形式的文化集合体。这个文化群、文化丛或者说文化集合体，主要包含两个方面：一方面是佛教本身所要呈现、所要表达的艺术形式，如造型艺术、音乐艺术、文学艺术等，本身就是传播佛教的手段或方式；另一方面是与佛教一起传播进来的印度文化和西域文化，如印度的天文历法、医药科学等。这样的区分并不具有严格的意义。它们本身都是一体的，都是在佛教大系统下的小系统或支系。这些随着佛教传入而来的各种文化要素、文化内容，都在中华文化中产生了重大的影响，影响到中国文化各个方面的变化和发展，进而扩大了中国人的知识系统，改变或重塑了中华人的认知方式，也大大开阔了中国人的世界视野和文化眼光。佛教给中华文化带来的东西是极为丰富的、宝贵的、新奇的，在许多方面都提供了极为丰富和辉煌灿烂的内容。

佛教在中国的成功传播，中华文化对佛教的理解和接受，深刻地说明了中华文化的开放性和包容性。当然，作为一种外来文化，佛教在中国的传播，同时受到过本土文化的排斥和对抗，同时受到过部分儒家知

中外文明交流互鉴十五讲

识分子的质疑和道教人士的诋毁，甚至演变成"三武一宗"的政治性毁佛行动。但总体上来说，中国传统文化对于佛教是接受和容纳的。佛教在中国的传播，不是一个被动的过程，而更多的是中国人主动接受和吸取的过程。因此，有许多高僧到西域和印度"取经"，有许多佛教知识分子投身于佛经翻译的文化事业当中，将大批的佛教典籍翻译成汉文，有许多高僧去钻研、去探索和注疏佛教经典，形成了对佛教思想的独特理解和解释，形成了中国人自己的"六家七宗"和各种"师说"，为建立中国化的佛教宗派奠定了基础。梁启超把当年去西域取经的高僧与近代的留学运动相比较，认为他们出于对宗教的热诚，更出于求知的渴望、出于追求真理的精神，而不畏艰难、前赴后继，是后代学人的典范。

在佛教东传的过程中，从一开始就有中国知识分子的介入和参与。初来的西域僧侣的译经活动，得到了中国文化人的帮助，后来又有牟子的《理惑论》这样的理论性著作。又往后，知识分子对佛教的热情越高，参与的程度越深。南北朝时名士与高僧的交游、唐代士人与高僧的交游，他们不仅仅是个人之间的友谊，更主要的是对于佛教的接受和热情。而在佛教僧侣的队伍中，更有一大批高级知识分子。正是他们西行求法、翻译佛经、阐述佛学，为佛教在中国的传播与发展做出了巨大的贡献。知识阶层接受外来文化（包括外来宗教文化）在中华文化发展史上具有重大意义。佛教在中国传播的历史证明：任何一种外来文化的移植，首先必须在本土文化精英（知识分子）中取得认同，使它成为本土文化精英的自觉事业，不然，它必将仍然长期处于文化表层，而在文化深层结构中无立足之地，处于被批判、被阻碍、被排斥、被挑战的地位。祆教、摩尼教和景教都曾在唐代流传一时，但由于没有取得广大知识分子阶层的认同，因而最后昙花一现，没有在中华文化的历史上留下特别重要的影响和痕迹。而明清之际基督教入华的时候，利玛窦等传教士首先在高层知识分子中活动，主要做知识分子的工作，则是一条与中华文化相适合的传教策略。

　　佛教在中国的传播是成功的，可以说是世界文化史上一个跨文化交流的成功范例。正是因为有了佛教东传及其中国化，才有了中国传统文化的完整面貌，也才有了今天这样五彩斑斓、丰富多彩的文化景观。

第三讲

中华文明与
古希腊罗马的交流

一、希腊：一个飘忽的魅影

古希腊是欧洲文化的源头。古希腊鼎盛时期，相当于中国的春秋战国时代，也就是德国哲学家雅斯贝尔斯（Karl Theodor Jaspers，1883—1969）所说的"轴心时代"。"轴心时"两大主要表现，就是古希腊哲学的兴起和中国的百家争鸣。

欧洲的希腊城邦与东方的中国，相距十分遥远，很难通达信息。但考古资料已经证明，早在公元前5世纪，中国的丝绸已经越过阿尔泰山，来到了中亚地区，很可能经过草原民族的媒介，进而运抵希腊城邦。在雅典西北陶工区的墓葬中，有一座雅典政治家阿尔希比亚德斯（Alcibiades）家族的墓葬，在发掘中找到了6件丝织物和一束可以分成三股的丝线。经鉴定，这些丝织品是中国家蚕丝所织，时间在公元前430—前400年之间，相当于中国战国的初期，在伯罗奔尼撒战争前后。

在古希腊女神的雕像中，在绘画和其他雕塑艺术作品中，也可以若隐若现地看到中国丝绸飘忽的影子。古希腊雕刻和陶器彩绘人像有的所穿衣服细薄透明，因而有人推测在公元前5世纪中国丝绸已经成为希腊上层人物喜爱的服装。公元前530—前510年雅可波利斯的科莱女神大理石像，公元前438—前431年巴特农神庙的命运女神浮雕，公元前5世纪埃里契西翁的加里亚狄雕像，它们都身穿透明的长袍，衣褶雅丽、质料柔软，体现了丝织衣料的特点，而希腊人常用的亚麻或羊毛织物很难有这种感觉。公元前5世纪雅典成批生产的红花陶壶上已有非常细薄的衣料，公元前4世纪中叶的陶壶狄奥希索斯和彭贝更是表现得比较明显。克里米亚半岛库尔·奥巴出土的公元前3世纪希腊制作的象牙版上的绘画《波利斯的裁判》，将希腊女神身上穿着的纤细衣料表现得十分完美，透明的丝质罗纱将女神乳房、脐眼显露出来。这种衣料在当时只有中国才能制造，绝非野蚕丝织成。

希腊雕塑绘画中表现的丝质衣料，使人们相信中国的丝绸已经越过千山万水，来到了希腊人的生活中间。但是，在今天看来，这种关于丝绸的想象还是飘忽不定、若隐若现的魅影。与此同时，在中国文化中，古希腊的信息也是若隐若现，中国人也断断续续地获知了希腊文化的某些风采。中国的丝绸一路向西，最后来到了希腊城邦，而希腊人也早就有向东方发展的想法。一位希腊雄辩家就曾说："让我们把战争带给亚洲，把财富带回希腊。"

希腊人的这个愿望在亚历山大大帝那里实现了。公元前334年，即相当于中国的战国时期，希腊马其顿国王亚历山大大帝开始了远征东方的行动，建立了一个地跨欧、亚、非三洲的帝国，其疆域东自费尔干纳盆地及印度河平原起，西抵巴尔干半岛，北从中亚、里海和黑海起，南达印度洋和非洲北部。亚历山大大帝的东征几乎叩到了中国的大门。庞大的亚历山大帝国的东部疆界已经延伸到中亚地区，与中国咫尺相邻了。他在东方建立的几十座城市，都逐渐发展成为商业中心，亚历山大帝国成为当时东西方贸易和文化交流的交会路口。

巴克特里亚是亚历山大帝国及其后继者塞琉古王国最东部的一个重要省份。在巴克特里亚境内有10多个希腊人建立的城市。这些城市成为中亚的心脏地带、希腊文明的"绿洲"。它们都是完整的希腊式城市，都是向四方放射希腊文明的中心。公元前255年，巴克特里亚的郡守希腊人狄奥多特斯（Diodotus）宣告独立，而中国人把这个地方叫作大夏。

那么，当亚历山大大帝东征大军抵达中亚地区的时候，当成千上万的希腊人定居在巴克特里亚（大

古希腊雅典陶壶人物丝服

夏）的时候，一定听说过有关东方中国的某些消息，一定见到过运抵这里的优美的中国丝绸和中国其他物品。中亚的希腊征服者和他们的后裔比他们的前辈更多地了解东方。他们把东方的消息传回欧洲，使欧洲本土的同胞对东方的兴趣大增。

此外，这时的中国人可能也已经获得了某些希腊的信息。有研究者指出，中国西汉王朝与中亚的希腊人肯定有过接触，将此地的希腊化信息较为清晰地传回中国。张骞通使西域时，第一次是公元前128年。此时距亚历山大大帝东征到中亚的公元前330年，仅有200多年的时间，而在张骞的时代希腊人的城邦依然存在。虽然这些希腊国家已经在不久前被大月氏人征服，但大月氏人来到大夏后，是作为统治阶层定居下来的，在文化上他们继承了希腊（大夏）王国的遗产，在书写中采用了希腊文字。希腊文化仍然在大月氏人的物质、艺术和精神文化中扮演着重要的角色。

那么，张骞到达大夏，也就是已经臣服于大月氏的巴克特里亚这个希腊化的王国时，就很有可能接触的是这里的希腊人。至少，也一定听说过有关亚历山大大帝以及希腊文化的某些消息，见到过希腊文化的遗存。张骞回国后，曾给汉武帝提供了一份详尽介绍西域之行所见所闻的出使报告。在他介绍的这些国家中，大宛就在当年希腊人巴克特里亚的势力范围之内，大夏、条支和身毒的一部分都是亚历山大帝国的故地，张骞抵达时，条支即塞琉古王国依然残存，安息即帕提亚波斯则长久受到希腊文化的深刻影响。所以，张骞在这些地方的所见所闻，完全有可能包含着希腊化文化的信息。这种文化信息在张骞的报告中也有所反映。

比如，张骞的报告提到安息盛产"蒲陶酒"，大宛及其周围地区也以"蒲桃"为酒。学术界普遍认为，葡萄的引进应在张骞那个时代。希腊人与葡萄、葡萄酒有着久远的、深厚的文化情结，很有可能，西域地方的葡萄种植和葡萄酒酿造技术是随亚历山大大帝东征的希腊人传播过来的。张骞带回的"蒲陶"一词，有学者认为来自希腊语表示"一串蒲陶"的"βοτρvs"（botrus）。葡萄和葡萄酒以及葡萄栽培技术和葡萄酒酿造技术，从西域传到了中国内地，使之成为中国人喜欢的水果和饮料。这样，中华文化就和遥远的希腊接上了端绪。

张骞还提到了希腊人在中亚地区所建的城市和希腊的钱币，以及以皮革作为书写材料、横着书写文字等文化事项。总之，在张骞的出使报告中，已经提供了一些有关希腊文化的信息，虽然这些信息是片段的、零碎的，但毕竟是中国人第一次以耳闻目睹的形式在希腊化国家的故地所接触到的信息。

无论如何，亚历山大的东征确实使古老欧亚大陆的交通大开，位于这一大陆两端的欧洲人和中国人几乎可以面对面地进行对话和交流了。

二、希腊文化：经印度而中国

公元前 327 年，亚历山大率领军队离开中亚，南下侵入印度，在印度河谷建立两座亚历山大城，迅速占领了西北印度的广大地区。从这时开始，希腊人对印度部分地区，主要是印度西北部的统治或控制断断续续地长达约 300 年。在大夏国王欧西德莫斯（Euthydemus）及其儿子德米特里（Demetrius）统治之时（约公元前 2 世纪初），巴克特里亚的希腊人侵入印度，不仅攻占了原来亚历山大征服过的印度河流域，甚至还有可能向恒河流域进发。之后，巴克特里亚王国的印度部分与王国主体分裂，在古印度西北部和北部建立起许多松散的且分属不同王朝的小国，统称"印度—希腊王国"（Indo-Greek Kingdom），疆域横跨今日的阿富汗、巴基斯坦和印度各一部分。在从今日阿富汗南部到印度的旁遮普地区，都有印度—希腊人国王在统治。其中最有名的是米南德（Menander，约活动于公元前 155—前 130 年，汉文史书称"弥兰陀""弥南王"），他在势力全盛时几乎占领了整个印度西北部。他的大本营应该是在犍陀罗地区。张骞大约是在公元前 128 年抵达大夏，他所耳闻的"临大水"之国"身毒"应该就是米南德王国全盛时期的印度西北部。

经历两个世纪的统治，印度—希腊王国在语言、符号、宗教艺术和建筑上把古印度、古希腊两个丰富文化融合在一起，从而产生了许多具有希印文化特征的文明成果。其中最著名的是以米南德为代表的印度、希腊人开始诚心接受印度的佛教，从而最终促使以希腊造型艺术形式来表现印度佛教内容和精神的犍陀罗艺术的诞生。

巴克特里亚的希腊人王国成为希腊艺术、思想进入印度的中转站和推动者，对印度的文化产生了极大的影响。希腊风格深深影响了印度的雕塑、绘画和建筑，印度的各种哲学思想也与希腊哲学有密切的交流。在本书中，将有多处论述印度文化包括佛教在中国的传播及其影响。那么，由于印度文化与希腊文化的联系，所传到中国的印度文化就已经包含了希腊文化影响的痕迹或内容，只不过其中的希腊文化因素已经被印度文化吸收和融合，是以印度文化的面目出现的。因此，可以说，印度文化成为希腊文化向中国传播的一个中介或桥梁，希腊文化的某些因素也通过印度传播到了中国，只不过这种传播是间接的，是与印度本土文化捆绑在一起的，是模糊不清的。

在中国艺术史上，"犍陀罗艺术"是一个经常被提起的概念。犍陀罗（Gandara）是一个地名，位于巴基斯坦的白沙瓦。在印度史上，犍陀罗是吠陀时代十六大国之一。印度孔雀王朝时期，阿育王曾派僧人来这里传布佛教。公元前4世纪，犍陀罗成为亚历山大帝国的一部分。公元前190年，它又归属于希腊人建立的巴克特里亚王国。巴克特里亚诸王全面推行希腊化政策，影响了这一地区文化艺术的面貌。

公元60年，贵霜王占领了犍陀罗，犍陀罗艺术进入繁荣时期。贵霜王朝最著名的迦腻色迦（或伽）王大兴佛教，并迁都富楼沙后，犍陀罗地区成为西北印度的佛教中心。犍陀罗的艺术家们模仿希腊神像，创作大量具有希腊、罗马艺术特色的佛像作品，后世的考古学家即以它的出土地点命名为"犍陀罗艺术"，也有人把它称为"希腊式佛教艺术"。

犍陀罗艺术是一种在当地民族艺术传统的基础上，汲取希腊、罗马以至波斯的营养，以古典手法表现佛教内容的新的艺术形式。如果用一个简单的公式概括，可以说犍陀罗佛像等于希腊化的写实人体加印度的象征标志。犍陀罗艺术的主要特点是：身着希腊式披袍，衣褶厚重，富于毛料质感；人物表情沉静；面部结构带有明显的西方特征，鼻直而高，薄唇，额部丰满，头发自然波卷；装饰朴素，庄严稳健。以佛塔为主的建筑，基座多为方形，列柱常采用希腊柱式，座侧浮雕佛传故事。犍陀罗艺术的主要特征是佛教石窟、雕刻中的佛陀造型。这一时期的佛像由于和希腊阿波罗神相仿而被称作"阿波罗式的佛像"。佛像高挺笔直的鼻梁、卷曲的头发以及长袍式的衣着都是典型的希腊特征，但其俯视的目光和神情又充分体现了佛教精神。

中国与犍陀罗两地的交往由来已久，实际上在张骞通西域之前，中国四川的商品已经到过犍陀罗一带。张骞之后，两地交往从民间发展到官方。汉晋时期来华的西域佛教僧人，大多是来自犍陀罗。与此同时，犍陀罗也成了中国僧人西行求法的圣地，最早游历犍陀罗的是东晋僧人法显。到中国的西域高僧鸠摩罗什9岁时曾随母亲到过犍陀罗学佛。唐代玄奘西行曾途经犍陀罗，在其故地凭吊了荒芜多年的佛教圣迹，并在《大唐西域记》中记载了他目睹的犍陀罗。

随着佛教的广泛东传，佛教艺术也陆续传到中国，并对中国的雕塑等造像艺术和绘画艺术都产生了重大影响，其中包括犍陀罗艺术风格的广泛东传。犍陀罗艺术风格从两个方向传入中国：一个是通过西域直接传入；一个是先传到印度，与印度艺术相融合后，再回到西域，将新的艺术形式传入中国。犍陀罗艺术从西域进入河西走廊后，被中国传统的民族艺术吸收，并加以融化陶冶。它在中国艺术家的佛教艺术创造中起到了借鉴作用。

实际上，在中国的佛教艺术乃至整个东方的造型艺术中，犍陀罗的影响是极其深远的。佛教的传播带动起来的输入外来文化的强大潮流，成为古代中国人广泛汲取广阔西方文化的媒介。

三、汉朝与罗马：帝国时代的守望

秦汉统一王朝的建立，结束了长期的分裂，形成了大一统的局面，为中国历史的长期统一奠定了基础，为中华文化的繁荣发展创造了有利的条件。

这时的世界也进入了大帝国的时代。在欧亚大陆上，除了秦汉帝国外，还有贵霜、安息和罗马三大帝国。这四大帝国构成了这一时期欧亚大陆基本的政治和文化版图。

贵霜帝国（Kushn Empire）是中亚的古代盛国。2 世纪时，通过多年的对外扩张，建立起一个纵贯中亚和南亚的庞大帝国，其领土的范围包括中亚的锡尔河与阿姆河直到波罗奈以西的北印度大半部地区，成为与罗马、安息、汉朝并列的四大帝国之一。

在贵霜帝国，佛教迅速传播，西北印度的富楼沙成了佛教的中心。两汉三国时，来华的外国僧人半数以上来自贵霜领地。在贵霜帝国时期，印度文化与西方文化发生了密切的接触和相互影响。贵霜帝国常派使者前往罗马和中国。恒河河口、印度西海岸、索格狄亚那、巴克特里亚、喀布尔等地的贸易市场十分繁荣。贵霜帝国成为中国丝绸、漆器，东南亚香料，罗马玻璃制品、麻织品等贸易物资的中转站。贵霜帝国则输出胡椒、棉织品和宝石等。控制商路所获厚利为贵霜帝国迅速勃兴提供了经济保障。

安息，即帕提亚（Parthia）王国。帕提亚地处伊朗高原东北部，原为波斯帝国属地。公元前 3 世纪中期，建立阿萨息斯王朝（中国史籍称"安息"）。公元前 2 世纪至公元前 1 世纪是安息帝国的盛世，全盛时期的疆域北达小亚细亚东南的幼发拉底河、东抵阿姆河。安息地处欧亚大陆中部，位于罗马帝国与汉朝中国之间，扼丝绸之路要道，与中国有着比较密切的往来。中国史籍对安息多有记载，说明当时的中国对安息的地理位置、民俗、物产以及交通、经济发展都已经有所了解。

在汉帝国如日中天、蓬勃发展的时候，西方则发展起一个强盛的罗马帝国。公元 1 世纪前后，罗马扩张成为横跨欧洲、非洲，称霸地中海的庞大罗马帝国。

汉王朝与罗马帝国几乎属于同一时期，在当时各雄踞东西一方，并分别对东方和西方的历史文化产生了极为重大的影响。汉和罗马，两大东西方文明交相辉映，它们分别代表着当时古代世界文明的最高辉煌成就。英国著名历史学家汤因比（Arnold Joseph Toynbee，1889—1975）在其《历史研究》一书中进行文明比较研究时，提出世界文明发展的两种主要模式，即希腊模式与中国模式。在他看来，古罗马文明是希腊模式高度发展的必然结果，所谓希腊文明亦可称为希腊—罗马文明，而中国的汉王朝则是中国模式的开始。

汉和罗马两大文明之间由于双方间隔的距离遥远，还难以进行直接的交流。但商贸的往来，已经通过间接的渠道在两大帝国之间建立起联系和沟通。罗马帝国在很长一段时期中都是丝绸之路的西端终点，是西运的中国丝绸的主要消费国。通过大量精美的中国丝绸和贩运丝绸的商旅，罗马人逐渐得知东方的产丝国家；中国人也间接地知道在遥远的西方有一个可与我华夏神州相比的大帝国。汉代中国人把罗马当作泰西之国，中国历史文献中对罗马有不同的称谓，有"黎轩""犁鞬""大秦"等。公元初的罗马作家也把那个"丝国"赛里斯当作亚细亚极东的国家。东方与西方、中国与罗马在欧亚大陆两端遥遥相望，并且通过丝绸之路和西运的丝绸，建立起早期的贸易关系和文化联系。

中国与罗马之间的丝绸贸易，主要通过处于两国中间地带的大月氏、安息等国和游牧部落的中介来进行。特别是安息为当时西亚一大强国，从这种中介贸易中多获其利，往往对中国与罗马的直接交通从中作梗，"故遮阂不得自达"。所以，在西汉时期，虽然中国与罗马已互通文化信息，间或可能有人员往来，但就两国关系的实质而言，也仅仅是在大陆两端遥相呼应而已。

但是，两国都有冲破这种"遮阂"而直接交往的愿望，并为之做出了许多努力。张骞出使西域时，已知在安息以西有条支和黎轩。《史记·大宛列传》说，张骞"凿空"之后，汉朝使者的足迹已至黎轩（罗马）。可惜记载过于简略，不知其详。东汉和帝永元九年（97），班超任西域都护经略西域之时，派其属下甘英出使大秦。当时甘英已经通过安息到达波斯湾头的条支。安息人没有向甘英提供更直接的经叙利亚的陆路，而是备陈渡海的艰难婉阻甘英渡海，于是甘英止步而还。这件本应在中西交流史上留下巨大影响的行动，竟以"望洋兴叹"而告夭折。

现在，几乎所有的研究者都认为安息实际上在中国与罗马之间起到了阻隔的作用，安息人不愿意看到中国人与罗马人有任何直接的接触。安息是汉朝与大秦交易的中转点，将汉朝的丝和丝织品与大秦交易，从中获取垄断的暴利。也许是考虑到若汉朝直接开通了与大秦的商路会损害其垄断利益，所以阻止甘英西行。

不过，甘英此次出使也并非全无结果。实际上，甘英的西行，在丝绸之路的历史上，是中国人的又一壮举。甘英虽然没有到达原定的目的地，但他确实是中国第一位走得最远的使臣。他亲自走过了丝绸之路的大半段路程，已经到达与大秦国隔海相望的条支国。在此逗留期间，他调查了大秦国的种种情况，也了解到自安息从陆路去大秦国的路线，还了解到从条支南出波斯湾绕阿拉伯半岛到罗马的航线，丰富了汉人关于西方世界的见闻。正是根据甘英的记述，中国人才得以充分了解到过去所一直不清楚的极西地方的情况。《后汉书》以及魏晋南北朝诸史西域传中多包括《大秦传》，这些记载反映了公元1—5世纪中国社会对于罗马帝国的了解和想象。班固的《汉书》有《西域传》，所记西域最远的国家是安息。在《后汉书》中，大秦成为东汉社会所了解的最西方国家。对于当时的人来说，这意味着西方世界的拓展。

在中国方面试图与大秦国通使的同时，罗马帝国也努力冲破安息的阻碍，直接与中国交通。为此，罗马人从海陆两道探索绕开安息而到达中国的道路。在陆路，罗马人从里海直至西伯利亚南部而达天山北路，从那里的游牧部落取得中国丝货。

汉代，可能已经有罗马人来中国，如文献记载的善眩人、幻人（魔术师）、商队等。《后汉书·西域传》记载，东汉桓帝延熹九年（166），有罗马遣使入华一事。这是中西文化交流史上的一个重大事件。《后汉书·西域传》说这次使者为大秦王安敦所派遣，与当年在位的罗马皇帝马可·奥勒留·安东尼（Marcus Aurelius Antoninus，121—180）之名相符。马可·奥勒留161年继位，165年派加西乌斯（Cassius）远征安息，一度攻占两河流域的塞琉西亚城。这种情况说明罗马当时与亚洲关系的密切，《后汉书》所记确有其历史背景。但是，马可·奥勒留皇帝遣使赴汉一事却不见于罗马方面文献的记载。有研究者认为，这次大秦使节并非国家正式派遣，而是大秦商人假托政府名义进行的私人探访。

不过，无论如何，这些"使节"或商人是有记载的进入中国的最早的西方人之一。这则关于大秦使节入华的记录，标志着中国和罗马这两个东西大国的交往，在当时已有可能达到建立正式官方往来的水平，也标志着横贯东西的海上丝绸之路的直接通达。他们所做的贡献也是很重要的。

与此相映成趣的是，在罗马人的历史文献中也有中国使节到罗马的记载，而在中国典籍中却不见有关遣使大秦的文字。罗马史家佛罗鲁斯（Florus）在《罗马史要》一书中记载，在公元前27年和公元前14年，有中国及印度使节不远万里来觐见帝国第一位皇帝奥古斯都。奥古斯都在位的年代，正值西汉末年衰乱之际，很难有遣使之举。佛罗鲁斯所说的"赛里斯使节"，如确有其人，或应类似"安敦使团"那样的中国商人或旅行家。当时两地已有丝绸贸易的联系，有一些中国人来到罗马是很有可能的。

以"安敦使团"入华为标志，2世纪以后，中国与罗马的直接交往日渐扩大，海上交通贸易也趋于繁盛。就在"安敦使团"入华60年之后，又有大秦商人来中国而见诸记载。这回来的大秦人公开了商人（贾人）的身份，而吴主孙权竟也接见，并派使臣刘咸送其回国。可见当时中国方面对于与罗马通交的热情。可惜刘咸在旅途中病故，如同甘英出使大秦中途而返一样，又一次失去中国与罗马正式官方往来的机会。不过，同年吴国派康泰和朱应出使扶南时，他们的副使到过南印度迦那调州的黄支和歌营，得知乘中国"大舶"船张七帆，"时风一月余日，乃入秦"。可见，当时已有中国商船直航罗马。

那么，或许可以说，当时在中国汉朝和罗马帝国之间担当直接沟通和文化交流角色的，主要是两国的商人。随着陆海两途的畅通，两国之间已有直接的通商关系。罗马（包括其属国）的商人经陆路过天山，或经海路至日南，直接与中国商人交易，而中国的商人也有远足至西方，把中国丝绸贩运至罗马。正是这些商人为中国与罗马的直接交通开辟了道路。

在汉代的对外贸易中，中国的丝绸和丝线大批量地、源源不断地输往西方，其中一大部分输入罗马。与此同时，也有许多的罗马物产输入中国，成为中国人所称的"珍奇异物"。《后汉书·西域传》记载，大秦其地多"珍奇异物"，有夜光璧、明月珠、骇鸡犀、珊瑚、琥珀、琉璃、琅玕、朱丹、青碧，还有刺金缕绣，织成金缕罽、杂色绫，还有火浣布、细布、苏合香等。这些珍贵的货物都是当时中国人所知甚至熟悉的。《魏略》对大秦物产记载得更为详细。《后汉书·西域传》以及《魏略》中记载的这些罗马的物产，琳琅满目，实际上也可以看作罗马帝国向中国出口的货单，充分反映了两国商业往来的频繁和经济交流的活跃。

四、丝绸创造了罗马时尚

在公元前 1 世纪的时候，经过波斯人的中介，丝绸已经传到了罗马。据说，著名的罗马统治者恺撒曾穿着绸袍出现在剧场，引起轰动，甚至被认为奢侈至极；恺撒还曾用过丝质的遮阳伞。埃及女王克利奥巴特拉，就是那位著名的"埃及艳后"，曾身穿华丽的绸衣出席宴会。

丝绸最初输入罗马时，几乎是一种无价之宝，还只是少数贵族享用的奢侈品，但过了不久，丝绸就风行于罗马宫廷和上层社会，贵族们不惜重金高价竞买中国丝绸。在罗马帝国境内的多个遗址中，都有当年的丝织品遗物出土。

纯丝绸制品价格昂贵，并非人人都穿得起。罗马人一般不直接消费中国高档的提花丝织品，而是将成本相对较低的素织物拆开，取其丝线，再分成经线和纬线，在其中加入亚麻或羊毛使得纤维更多一些，再重新纺织，织成适合当地的轻薄半透明的织物。罗马博物学家普林尼（Gaius Plinius Secundus, 23—79）在《博物志》中说过，进口的丝织物被拆解成丝线，重新纺纱、织造、染色，制成轻薄半透明的织物，再染色、绣花、缕金，以适应罗马市场的需要。罗马的丝织业正是依靠来自中国的丝织品和生丝，也借鉴于中国的丝织技术，纺织出他们的刺金缕绣，织成金缕罽、杂色绩和黄金涂的丝衣。

所以，罗马人趋之若鹜的丝绸，主要是这种混纺的"半丝绸"。直到3世纪，罗马人才流行穿纯丝制成的衣服。

中国丝绸的大量输入，给罗马世界带来了不可估量的影响。丝绸本身就有豪华的特征，但更具有吸引力的是来自它本身的遥远而又神秘的起源。因为丝绸是经过分段式的国际贸易最后传到罗马的，当时罗马人并不知道它的产地在哪里，只知道在遥远的东方有一个产丝的国家叫"赛里斯"。关于这个"丝国"或"赛里斯"，只有一些荒诞不经或道听途说的想象和传闻。这就更增强了丝绸的神秘性。在所有的文化

古罗马壁画，女神美娜德身着丝绸外衣（意大利那不勒斯博物馆藏）

中，都有对于异国情调的想象与向往，如果这种想象负载在一个具体的事物上，这个事物就被赋予了特殊的超出它本身的文化价值。丝绸在罗马就是这样。丝绸成了罗马人对于异邦想象的文化载体。没有任何商品会具有如此梦幻般的意义。

丝绸创造了一种新的时尚，一种新的审美理想。中国的丝绸薄如蝉翼、风情万种，非常性感，具有浓烈的女性化气息。罗马的美女们使用来自东方的粉脂和香水，以丝绸衣物的轻盈和透明，满足于这种新鲜而又让人爱抚摸的手感。丝绸及其织品创造了一种时髦的服装。这种时髦，使丝绸服装变成令人向往的对象。它们相当稀少而可以作为名誉地位的标志，接触到它就可以变成生活的典范。丝绸潜移默化地改变着罗马妇女、男人的着装习惯和审美趣味。

丝绸在罗马的风行，也造成了一些社会后果。一些罗马人为透明的丝袍可能会引起道德败坏而焦虑不安，而另外一些人则担心购买奢侈品的巨大花费可能会损害帝国的经济。由于丝绸价格昂贵且又大量进口，所以当时的丝绸贸易已达到极大的金额，以致造成罗马黄金大量外流。

实际上，这两种担心都说明了进口的中国丝绸对罗马消费者巨大的吸引力。

第四讲

中华文明与东亚文明开发

一、东亚史前文明的关联性

文化交流和传播有一条基本的规律，那就是由近及远。在东亚地区，中国最先发展起丰富的史前文明，并开始向域外传播。中华文化最先传播到的地区、最先受到中华文化影响的地区，是那些与中国地域比较接近、交通往来也比较便利的地区。这样的地区首先是朝鲜半岛和日本列岛。朝鲜半岛与中国山水相连，日本列岛与中国隔海相望，并且与朝鲜仅有一条海峡之隔。它们是最早受到中华文化深远影响的地区。

根据有关考古发现，中华文化传播到朝鲜半岛，从新石器时代就开始了。朝鲜半岛发现的新石器制作技术、稻作文化、制陶技术以及石棚式墓葬习俗，都受到中国东北以及山东半岛相关文化的影响。这说明，在新石器时代两地就有文化交流。

中国与朝鲜半岛的新石器文化有很多相同之处。就目前朝鲜半岛与中国东部沿海地区出土的石器比较分析，绝大多数的器形和制作工艺是相同的。朝鲜半岛出土的石斧，除了在刃口上表现出一些变异，新兴洞遗址出土的石斧与连云港地区出土的石斧都是相同的。两地穿孔石刀的形制也是相同的。两地出土的有肩石锄，如会宁王洞遗址的石锄，苏北出土的有肩石锄、扁平石铲、石纺轮（称纺锤车）、石镞，在形体和制作手法上都是一致的。

半月形穿孔石刀是一种收割工具，呈半月形或近半月形，多穿两孔。这种半月形穿孔石刀应源于山东地区。山东的半月形穿孔石刀在龙山文化时期开始普遍出现并向外传播，受其影响，辽东半岛小珠山上层文化开始出现这种形制的石刀，青铜时代初期传入朝鲜半岛，其后向南传播，再传入日本列岛。而俄罗斯远东地区南部青铜时代的青树林文化、利多夫卡文化都出现有这种石刀，其时代约为公元前13世纪至公元前5世纪，形成了半月形穿孔石刀文化圈。

在中国山东、辽宁一带地方和朝鲜半岛的大部分地区都发现了一种被称为"支石墓"或"石棚"的墓葬形式，是用巨大厚重的盖石做成棚

中外文明交流互鉴十五讲

状，下以小石支撑的墓室。中国考古学界称之为"石棚文化""石室文化"或"巨石文化"。从辽宁一带到山东乃至苏北，这种石棚分布很广，有的山名就叫作"石棚山"。石棚文化源自辽西大凌河流域的红山文化，其后沿渤海向东扩散至辽东半岛，再向东至朝鲜半岛、南下至日本。俄罗斯东西伯利亚和蒙古国境内的积石墓、石板墓，也可能源自红山文化积石冢。朝鲜半岛的这种石棚分布很普遍，大约有 4 万座支石墓，尤其是在半岛南部和西北部特别多，韩国西南部全罗南道的支石墓达 2 万多座。山东半岛的石棚在形制上多与朝鲜半岛南部的石棚相一致，辽宁地区的石棚则与朝鲜半岛西北部的石棚具有相同的样式。日本列岛的石墓包括对马岛和九州地区的石棺墓、九州地区的棋盘式支石墓，时代在公元前 4 世纪末到公元前后。

在文化面貌的比勘上，陶器对历史进程和地域差异的反应最为敏感。中国和朝鲜半岛出土的陶器在样式和风貌上都有相似之处。釜山东三洞遗址出土的距今 7000 年前的素面压印纹陶器，其深腹的造型、方格和折带等纹饰以及红褐夹砂的胎质均可在黄河下游新石器时代遗址中找到相同的标本。朝鲜咸镜北道雄基曾出土过丹涂彩色陶器，咸镜北道的图们江流域地区也发现了不少黑色陶器。这些陶器也许与中国新石器时代彩陶文化和黑陶文化有一定的联系。黑陶文化是朝鲜半岛"无文土器"时代陶器制作技术追求的目标之一。日本的黑褐色陶器，无论在制作技术、形态各方面，都是受中国龙山文化的影响。

绳纹文化是日本新石器时代的文化，以这一时期陶器上的绳纹式花纹而得名。绳纹文化延至公元前 3 世纪，分布于北海道到冲绳的日本全境。绳纹时代的生产工具以石器为主，在北九州地方出土了大陆系统磨制石器，如有柄石剑和石镞、柱状片刃石斧。在日本群马县五牛遗址发现的手斧、在鹿儿岛上场遗址发现的石球，都可以在中国丁村文化和许家窑文化的遗址中找到它们的原型。日本绳纹陶器受朝鲜的影响，而朝鲜的制陶技术又受中国的影响，所以说中国的制陶技术从绳纹时代就传到了日本。

绳纹时代晚期，有些地方已经出现原始的农耕活动，以水稻种植为代表的高度发达的中国文明开始传入日本。日本人的祖先学会了农业技术和使用金属工具，从而使日本进入铁器时代。

二、稻作文化与朝鲜、日本的文明开发

水稻的栽培是中国农业发生时期的最重要成果之一，稻作文化在朝鲜半岛和日本的传播，是史前文明传播的最重要成就之一。

稻作文化不仅是物种的栽培，还包括栽培的技术、生产工具，以及相应的社会组织形式。所以，稻作文化是一个系列的文化丛，是一个农业体系。稻作文化的传播包括物种、技术、工具和社会组织形式的传播。稻作文化在朝鲜、日本的传播，大大促进了当地经济文化的发展，加速了文明化的进程。

朝鲜半岛发现的稻作地点约距今 3000 年以前，其中年代测定最早的是京畿道骊州郡欣岩里遗址，约为公元前 1260 年。中国水稻农业向朝鲜的传播路线，应是自胶东半岛至辽东半岛，再东至朝鲜。在水稻传入朝鲜的同时，伴随稻作文化而来的有段石锛、半月形石镰，它们的最早原型都出在中国东南沿海的河姆渡文化遗址。中国的一些铁制农具，如铁镰、铁锹、铁制半月刀也传到了朝鲜。在耕种技术上，双方所采用的"火耕水耨"、鸟田、踏耕耕种方式等也完全相同。而以拔河来祈求丰收的仪式，在两地也基本相同。

据考古资料表明，中国的水稻和稻作技术在公元前 6 世纪传入日本，为日本绳纹文化晚期。自公元前一二世纪前后，日本的水稻农耕经济有了一定发展。日本发掘的多处遗址，出土了碳化谷米、稻谷、稻草及陶器上的稻谷压痕。这些遗址都在九州地区，同处古代中日海上通路的端点，显现出中国稻作传播的轨迹。这些遗址还包括灌溉设施，有水渠、井堰、入水口和排水口等。还发现了环壕聚落遗址，被日本学者称为"弥生文化的缩影"。出土的大量文物，证实了弥生文化时期日本的水稻

农耕技术已经进入新的发展时期，诸如农具器质及器形的演替、农田水利技术的发展、农田区划以及水稻移栽技术的出现等，都标志着已形成了颇为体系化甚至具有某些精耕细作的技术体系。

水稻的输入，使日本原始社会发生了划时代的变革。德裔美国历史学家魏特夫（Karl August Wittfogel，1896—1988）的"东方主义"理论认为，稻米文明隐含着的是一种"人工"灌溉制度，这种制度反过来又要求实

日本桃山时代《每月风俗屏风画》

行严格的民事、社会和政治纪律。法国历史学家布罗代尔也说过，对这些地区来说，接受稻米种植是获得文明证书的一个方式。

起源于中国的稻作文化，对日本列岛（也包括朝鲜半岛）的民族生存和文明发展起到了不可估量的巨大作用。由于金属工具的使用和农耕经济的发展，日本的生产力有了大幅度的提高，社会结构也发生了重大变化。水稻农耕作为典型的生产经济方式，取代了以狩猎、捕捞、采拾为主要形式的自然经济，由此产生的结果不仅限于生产方式的革命，而是从根本上改变了日本列岛的文化性质。有日本学者说，日本民族从未开化世界进入原子能的现代，第一步是从中国输入水稻开始。还有日本学者指出，水稻农业这种新文化要素预示着一场"农业革命"的到来，其意义可与近代的"工业革命"媲美。

三、中华文化激发的弥生文化

日本水稻技术发展的年代大体上也是在弥生文化时期。从绳纹文化

日本铜铎，弥生晚期

向弥生文化的转变发生在公元前二三纪，是日本文化史上一个崭新的时代。弥生文化以铁器、农耕、栽培水稻为代表性特征，不是由绳纹式文化直接发展的结果，而是以某种形式受到中华文化的影响而发展起来的，是以中华文化为推动力而出现的。

弥生文化时代的陶器是与绳纹陶器完全不同的陶器。弥生陶器在形制和花纹等方面与中国的陶器有很多相似之处，很可能是从中国传去了新的制陶技术。特别是中国的辘轳和窑业设备传入后，日本的陶器在造型方面开始发生变化。当辘轳被用于陶器生产时，产品造型大体上保持着同一种风格，可以大批量生产，遂使陶器造型的个性特点逐渐消失，出现了造型简洁、单一的趋势。5世纪后半期从中国传入新的制陶技术，用1000摄氏度高温烧成。用这种技术制成的陶器叫作须惠器。须惠器的源流是中国殷代的灰陶，其制法从中国南部经朝鲜传到日本。朝鲜的青灰色或青黑色"新罗烧"大概就是日本须惠器的原型。

弥生文化的另一个特征是金属器，特别是铁器与青铜器并存。按照世界文明史的一般规律，一般的地区都是从石器时代经过青铜器时代而进入铁器时代的。但日本的情况比较特殊，青铜器和铁器几乎是同时传入日本列岛的，在某种意义上说，铁器可能比青铜器还先传入和应用。原因在于，在公元前后，即日本列岛还使用石器的原始社会时，中国早就进入了铁器时代。因此，中国的铁制农具、武器通过朝鲜半岛传入日本列岛时，青铜器作为礼器部分也作为武器而同时传入。

弥生时代前期的铁器是从中国或朝鲜直接输入的。从出土的遗物看，大多为铁锹、铁镰、铁锄等农具，也有铁斧、铁凿、铁刨等加工木器的工具，此外还有铁制武器。随着同中国、朝鲜的经济、文化交流，日本人逐渐学会了铸铁和锻铁技术，掌握了制作铁制工具的方法。大和政权以畿内为中心，把各地的制铁生产组成锻冶部，以朝鲜手工业奴隶为主，利用外来技术力量制造铁器。当时的所谓"韩锻冶"，就是从朝鲜传入的中国冶炼术。铁制农具及其制造技术在日本的传播，引发了日本农业的变革，有学者称之为日本历史上的"第一次技术革命"。

铁器的出现促使木制工具迅速发展。木制工具有锄、锹、马锄（马拉的犁耙）大脚、田木展（水田防滑木鞋）、田舟（深水田割运稻谷的船）以及杆、臼等。这些工具大都用硬木制造。木锄和木锹是用于水田中的主要生产工具，使用很普遍。

日本的青铜器和铁器是同时出现的。秦汉时代中国青铜器在日本流传的种类已发展到工具、兵器和生活用品、祭祀品等。同时传入日本的，还有与日常生活密切相关的青铜器具，如货币、装饰品、铜镜等。在出土的青铜器中，铜镜的出土数量最多，对弥生文化的影响也最大。铜镜传到日本后，其作为生活用品的机能基本消失，而作为祭祀宝器备受青睐。

中国青铜冶炼技术也在日本得到推广。九州地区的铜器制作比较早，冶炼术的水平已相当高了。他们已掌握了铜、锡、铅之间的比例而炼出青铜，还懂得了冶炼白铜（铜与镍的合金）的技术。

冶炼技术发展的重要标志是铜铎。铜铎的形状好像是从侧面压成扁平状的寺钟，小的高度在 12 厘米左右，大的高达 150 厘米。在日本九州和畿内地区共发现 300 多个铜铎，所发现的铜铎都是日本生产的。这种铜铎的形制，普遍认为起源于中国战国时代的乐器编钟。据《续日本纪》载，早在 1200 余年前日本人已证明铜铎"音协律吕"，是一种"异常"乐器。日本学者认为，铜铎的制作技艺和金属冶炼水平，是中国文化在日本传播的产物，是中国先进的生产技术在日本开花结果的象征。

日本文化历史上发生的从绳纹文化向弥生文化这样划时代的转变，在很大程度上是由于外来文化亦即中华文化的刺激。而这时的文化传播，主要是通过中国人移民日本进行的。中国移民带去了先进的文化和生产工具、生产技术，特别是种植粮食和使用金属工具的技术，致使日本列岛的社会生产力有了很大发展。日本的考古发现也证实了这一变化。所以，日本的弥生时代，既是铜铁器与石器并用的时代，又是水稻农业发展的时代。

四、走之朝鲜的箕子移民集团

在史前时期，中华文化就与朝鲜、日本的文化有明显的关联性，中国史前文化对朝鲜、日本的史前文化有着明显的影响，特别是稻作文化的传播，对于朝鲜、日本文明的变迁发展有着极为重要的意义。日本的弥生文化就是在中华文化的激发下出现的，而弥生文化的出现是日本的一次重大文化突破。

早期中华文化在朝鲜半岛和日本的传播及其重要影响，主要的原因、主要的渠道，就是持续地从中国向朝鲜半岛和日本的移民。移民是文化传播的主要途径之一。人类的迁徙是文化交流的主要形式之一。特别是在古代，人类各种原因和形式的迁徙活动是传播文化信息、文化成果的主要渠道。比如在远古时代，欧亚大陆上的文化传播主要是通过各民族的迁徙活动实现的。西方有学者提出了"离散社群"的概念，对于理解移民在文化交流上的重要作用很有积极意义。按照西方学者的论述，"离散社群"作为嵌入居住国的特殊文化集团，既要保持自己原乡的文化，以确定自己族群的文化认同，又要学习当地的文化，以便融入当地的社会生活中。这样，"离散社群"就成为具有两种文化要素的特殊人群。他们在文化传播和交流中发挥了重要的作用，成为沟通原乡文化与居住地文化的桥梁。中国自古以来就不断有人移居海外，如箕子走之朝鲜、蜀王子南下越南、徐福东渡日本的故事，都是有组织的大规模移民集团。东南亚地区早期的稻作文化，也是一代又一代中国移民带过去的。历代移居海外的中国人与当地居民杂居相处，把中国的先进生产技术、生活方式、宗教信仰乃至吃苦耐劳、艰苦奋斗的民族精神带到那里，把中华文化播撒到世界各地，为中华文化在海外的广泛传播做出了重大贡献。

中国与朝鲜半岛山水相连，陆路交通方便，又与山东半岛隔海相望，水路也不遥远，自古就有中国先民不断移居朝鲜半岛。这也就是在文明起源时期中华文化与半岛文化有很多相同相似之处的原因。上古先民的文化遗存都可能是当时中国人口向朝鲜半岛迁徙流动的文化痕迹。《汉书·地理志》说，"东夷"朝鲜人民自古以来便性格随和、通情达理，与中国周边其他三方的人不一样。就连孔夫子都曾考虑过，如果他的道不能行之于中国，便要乘桴筏过海，移居到朝鲜这个有仁贤之化的国度去。可见在孔子那个时候，东走朝鲜已不是什么很难办的事。

作为有记载的、大规模的和有组织的移民行动则是商末周初箕子集团向朝鲜半岛的迁徙。

箕子走之朝鲜发生的年代在公元前 11 世纪，就是商朝灭亡之时。周武王灭商，箕子不忍看殷商王朝灭亡的惨状，遂率 5000 人去了朝鲜。周初，分封诸侯于各地，周武王闻知箕子东走朝鲜，封箕子为朝鲜侯。箕子在朝鲜建立国家，定都于王俭城（今平壤），受周之封号，为周之藩属。

箕子创立古朝鲜的一代王朝，即"箕子朝鲜"或"箕氏朝鲜"。箕子是一位有很高地位的殷商王朝的统治集团成员，又在中国历史上具有很高的文化地位。箕子率领5000 人到达朝鲜半岛，实际上是一个庞大的移民集团。这个移民集团具有较高的文化水平，比如包括诗书礼乐、医巫阴阳、百工技艺等多方面的人才。《东史纲目》说："箕子之来，中国人随之者五千。诗、书、礼、乐、医、巫、阴阳、卜筮之流，百工

韩国蔚山出土的汉代铜鼎

技艺，皆从焉。"百工技艺皆从其入朝，把先进的生产技术和文化带到朝鲜，"教民以礼义、田蚕、织作"，在生产技术上对当地社会生活有一定的帮助，因而将朝鲜的文明推进了一大步。从在朝鲜平壤城南发现的箕田，也可看出殷商农业文明对于古朝鲜的影响。

箕子还在朝鲜改造风俗和文物制度。《海东绎史》记载说："箕子……教以诗书，使之中国礼乐之制，衙门官制衣服，悉随中国。"同时还设"犯禁八条"。由于箕子的礼义教化和律法严明，"其民终不相盗，无门户之闭"。这"八条"是古朝鲜受中华文化影响而形成的最早的成文法。而成文法是社会达到较高程度文明的标志之一。所以，可以说，箕子东走朝鲜，给那里带去了较为先进的中国文明，对于推动朝鲜半岛的社会发展和文化进步起到了很大作用。

周武王十三年（前1122），箕子应武王之召至周之镐京，与武王共同讨论治国方略，并作一篇题为《洪范》的文章。"洪"的意思就是大，"范"的意思就是法。"洪范"就是治国之大法。《洪范》中的"五行""王道""天人感应"学说，都在中国历史上有着十分重要的地位和影响。箕子在朝鲜的"八条之教"，是他具体的治国措施，是将《洪范》思想具体实施的表现。在朝鲜学者看来，《洪范》与"八条之教"，是朝鲜礼义之基石。

箕子在朝鲜积极推行文明开发，以《洪范》为指导思想，以"八条之教"为朝鲜的律法，实现了对朝鲜政治和伦理文化的原初设计，在朝鲜政治和思想文化史上都有很重要的影响。正是箕子的东来，把中华文明带给了朝鲜半岛，从而奠定了朝鲜半岛以后文化发展的基础。而箕子"八条之教"则是朝鲜教化之本，使得朝鲜最终成为"小中华"。

箕子作为教化之君，把中华文化传播到朝鲜半岛，将朝鲜由"夷"带入"华"的文明圈。春秋时代，当时所认识的文化基本上分作华夏与夷狄两大类。华夷观念成为中华世界评判文明程度高低的标准。朝鲜原本处于"华夏"边缘，是属于"东夷"的一支，但朝鲜是一个积极向"华"学习的"夷"。箕子是朝鲜由"夷"入"华"的关键人物。朝鲜之所以被称为礼义之国，乃是因为有箕子的教化。因为箕子的东来，朝鲜由"夷"变"华"。所以，箕子被视同朝鲜之孔子。

从战国末期到秦二世而亡到刘邦建立汉朝，这100多年间中国征战频繁、社会动荡，许多中国人为避战乱和秦朝苛政徭役而逃往朝鲜，有的还经朝鲜半岛而远渡日本。这一时期，原燕、齐、赵等国的百姓，为避战乱与重役，从陆路经辽东进入半岛北部的箕氏朝鲜，人数多达数万。有如此众多的中国移民居住在朝鲜半岛，对当地的文化民俗日常生活的影响之大亦可想而知。如西汉扬雄曾把"北燕、朝鲜洌水（大同江）之间"列为汉语方言区之一。

汉初，有燕人卫满率千余人赴朝，也是一个很有规模的移民集团。卫满推翻了箕子朝鲜，建立卫氏朝鲜。卫氏朝鲜政权存在了87年。作为一个由中国移民集团建立的王朝，它在政治、经济、社会政策的各方面，必然会移植中国现成的经验，必然会照搬中国的典章制度、文教政策和礼仪规范，甚至文字、观念和精神文化方面也会依据他们在中国获得的传统。因而，可以推测，卫氏朝鲜时期，很可能出现过一次中华文化向朝鲜半岛传播的高潮。

公元前108年，汉朝灭卫氏朝鲜，将其属地改为直属政区，设置乐浪、玄菟、真番、临屯四郡，历史上称为"汉四郡"。当时不仅有汉人官吏到朝鲜四郡去任职，更有很多富商大贾与农民前往经商、垦荒，朝鲜四郡已是一派汉文化景象。在四郡聚居的大量汉人，成为传播中原文化的载体，发挥着示范影响作用。这时的朝鲜半岛北部已经完全置于汉文化的势力范围。美国学者赖肖尔（Edwin Oldfather Reischauer，1910—1990）称朝鲜半岛的汉置郡县是"持续4个世纪之久的汉文明前哨站"。

从战国末年经秦汉至南北朝时期，在这几百年中，不断有中国人经陆路或海路进入朝鲜半岛。他们把中国先进的生产技术和物质文明，以及中国的典章制度、精神文化带入朝鲜半岛，对于推动当地经济社会发展和文化繁荣起到重要作用。中国的许多金属工具、丝绸、漆器以及汉字、儒学、佛教等都是在这一时期传入朝鲜的。那些旅居朝鲜的中国移民，为中华文化向朝鲜半岛的传播做出了很大贡献。

五、徐福东渡日本的故事

在中日文化的关系史上，最早的标志性事件是关于徐福率童男童女和百工泛海东渡、止住日本的故事。

这个故事的大意是说，秦始皇时，齐地琅玡方士徐福向秦始皇上书，要求率领童男童女到大海中的三神山求仙，访寻长生不老的仙药，以敬献始皇，得到始皇的允可。于是，徐福率数千童男童女及百工即各种工匠和生产能手，携带部分生产资料泛海东渡，再没有回来。据说他们最后到达了日本，给那里传去了先进的中国文明，帮助土著居民从事生产，改善了当地人民的生活，提高了当地人民的物质文化生活水平。

根据这个故事，在秦始皇的时代，徐福带领一个庞大的移民集团，踏涛蹈海，东渡日本，为那里带去了先进的中国文明，在日本进行了大规模的文化开发，促进了日本社会从蒙昧时代向文明社会的转变。徐福是中华文化向日本早期传播的文化使者。

徐福东渡是一次有计划、有准备的大规模移民行动，是一个高层次、高水平的文化移民集团的行动。首先，徐福本人是齐地的方士。方士是当时社会中掌握一定科学知识和生产技术的知识分子，齐地又是方士积聚之地，是文化比较发达的地区。所以，以徐福为代表的方士实际上就是一个文化精英团体。其次，在他的移民集团里，有所谓百工，即各方面的专业人士，掌握着农业、手工业和艺术工艺等方面的专业知识。徐福东渡是在秦代末期，经过春秋战国几百年的发展，中国的生产技术、科学知识以及学术文化和艺术文化已经发展到很高的水平，其中包括农耕技术、养蚕缫丝和纺织技术、冶炼技术、造船与航海技术，等等，涉及人类生产生活的各个方面。他们还带去了百谷即各种农作物，尤其是水稻的种子和栽培技术。同时还有童男童女，他们不仅仅是为了繁衍后代，而且也是一支从事生产和技术工作的劳动大军。

此时的日本还处在绳纹文化，即新石器时代。那么，当这样一个庞大的文化移民集团来到日本的时候，不难想象会产生什么样的巨大影响。

这个时期正是日本从绳纹文化向弥生文化转变的时期，而从绳纹文化向弥生文化的转变，是一次历史性的"突变"。没有强大的外来文化的刺激，不可能发生这样大的突变。也许，徐福移民集团的到来，就是这个强大外来文化刺激的主要力量。

我们可以将徐福东渡日本与箕子走之朝鲜的故事做一点比较。徐福和箕子的移民集团都是中国向外出走的庞大的移民集团。这样的移民集团得以成行，需要进行周密的组织和准备，因而也就有充分的人员和技术、艺术方面的文化因素直接参与进来。他们为所到之地带去了先进的物质文明和精神文明，带去了先进的文化理念和思想，直接对那里进行文明开发，促进了当地文明发生本质性的飞跃。因此，从文明的开端上来说，朝鲜和日本都直接受到中华文化的强大刺激和影响。这也为它们以后加入中华文化圈创造了前提条件。不过，徐福和箕子的移民集团也有所不同，主要有这样几点值得提出：

一是箕子是原来商朝统治集团的成员，所以他到了朝鲜之后，更注重社会的顶层设计，比如以"洪范"为指导思想，首先制定了社会伦理和法律方面的规定，如"八条之教"，规范社会的行为准则和伦理关系，以及治理国家的基本原则，奠定了将来"君子之国"的政治和伦理基础。而徐福是民间知识分子，他到了日本后，更注重社会生产和生活的实践，比如推广和发展稻作文化、养蚕缫丝等方面的生产技术。这样，中华文化的传播，在朝鲜首先是观念的和伦理的范畴，在日本首先是实用技术和经济文化的范畴。

二是箕子的移民集团是经过中国政府允许的，是正式由周朝册封的"朝鲜侯"，因而与中国中原王朝保持着来往和联系。而徐福的移民集团虽然是经过秦始皇批准并提供装备的，但东渡以后，"止王不还"，一去就没有了消息，切断了与中国中原王朝的联系。

三是箕子的故事发生在商周鼎革之际，而徐福则是在秦代末年，中间经过了西周和春秋战国时代，两者相距1000多年，而且恰恰经历了所谓"轴心时代"。到徐福的这个时候，中华文化和生产生活技术有了相当

日本阿须贺神社徐福宫

大的发展，已经基本走入比较完善和成熟的阶段。那么，徐福与箕子相比，所携带的中华文化，无论是在内容和质量上，都大不相同了。

于是，我们可以想象到，徐福带着庞大的移民队伍，以及先进的科学生产技术和先进的社会文明，东渡到日本。他们带来中国的先进文化与原有的土著文化相整合，促进日本由原始社会向文明社会转化。

徐福东渡的故事反映的是秦汉交替之际中国移民进入日本的史实。在这一时期，有许多中国移民东渡到日本，他们有的就自称"秦人"（也有的移民到了朝鲜半岛南端，他们也自称"秦人"）。这些"秦人"的自称与徐福团队"秦人"的自称，有相呼应的意味。

中国向日本的移民可能比徐福那个时代还要早许多。箕子走之朝鲜时，一些人也有可能再从朝鲜半岛进入日本列岛，并在那里定居下来。先秦时，特别是战国时期，苦于战乱兵祸的北方齐、燕、赵等国居民纷纷避居朝鲜，有些并以朝鲜半岛为中介，渡入日本，在那里定居繁衍，成为日本史学家所说的"铜铎民族""出云民族""天降民族"。

中国和日本的一些文献中，有关于泰伯后裔移民日本的记载，说的是在吴越地区发生过的大规模族群迁徙运动。日本与吴越故地隔海相望，春秋末越王勾践灭吴后，吴姓子孙纷纷逃往海外，或"散处吴楚、闽越间"。其中也有王室幸存者逃亡到日本，此后便在日定居扎根。他们给当时落后的日本带来文明的种子，旋即树立起崇高威望，成为当地土著的首领。今日，广岛县境内的"吴"、大分县国东半岛境内的"吴崎町"、土佐高知县境内的"久礼町"等地名，就是当时吴人留下来的。楚灭越及秦亡后，又有吴越居民逃亡日本。这些非集团性的早期移民，成为此后规模巨大、历史长久、影响深远的秦汉移民浪潮的前奏。

汉代以后一直到魏晋南北朝时期，仍不断有中国人移居日本。在魏晋南北朝时期，政权频繁更迭、社会动荡，中原人民大量流寓迁徙，有的辗转到达日本列岛。在朝鲜半岛上的乐浪、带方二郡后来被高句丽、百济吞并。居住二郡的中国移民，有的回国，有的归服高句丽和百济，也有不少人渡海移居日本。日本史书称这一时期的移民谓"归化人"进入日本列岛的第一次高潮。

这时移居日本的中国人，主要有弓月君（融通王）率领的"秦人"和阿知使主率领的"汉人"两大移民集团。所谓"秦人"和"汉人"，是因他们自称为秦王朝或汉王朝的后裔。当时移居日本的中国人和朝鲜人，大都为了夸耀自己的门第，抬高身价，冒称是某帝某王的后裔。这些传说，只能姑且听之，不足凭信。其中有的可能是含有秦、汉血统的后裔，但更主要的是，秦、汉、吴、晋等国号代表他们进入朝鲜半岛和日本的时代或出发地点。

"秦人"在日本的活动，主要在农业技术和与农业有关的土木工程方面。养蚕和制丝业是"秦人"主要从事的职业之一。"秦人"在农田建设方面也颇有贡献。他们散居于京都盆地西部的松尾、松室一带，从事农田开拓，并在葛野川（今桂川）附近建设堤堰，开渠灌溉、围垦水田，将中国历史悠久的农田水利技术应用于当地农业生产中。"秦人"在土木工程方面也有突出建树。大和朝廷为贮藏"秦人"所献绢帛，令其建造仓储。"秦人"用先进的建筑技术，建造了长谷朝仓宫，并为日后日本土木建筑的发展做出较大贡献，京都的广隆寺是作为秦氏的祖祠而建立的。

"汉人"是当时另一个较大的东渡日本的移民集团。据《日本书纪》记载，阿知使主及其儿子都加使主在应神天皇二十年（289）率领17县部民迁来日本岛，定居在大和高市郡桧隈一带。当年随阿知王来日本的，还有段姓、郭姓、李氏、多姓、皂姓、朱姓、高姓7个姓。阿知又奏请日本天皇，派使前往高句丽、百济、新罗等国，将许多流落在这些地方的同乡族人招来日本。"汉人"在日本主要从事手工业生产。他们运用中国先进的技术和生产知识，为大和朝廷制造甲胄、弓、箭、矛、盾等兵器。此外还从事马具及装饰品制造，经营冶金、铁加工、木材加工、制工、油漆以及玻璃制品、金银加工等。特别是在冶铁方面，他们带去了中国先进的冶炼加工技术，使日本的生产方式发生重大变化。

至5世纪末，又有大批中国人移居日本，还有许多中国移民在朝鲜被招聘到日本。在日本古史中，为了同以前来的"汉人"相区别，把这批从朝鲜半岛招聘的中国人称为"新汉人"。这些"新汉人"到日本后，主要从事手工业生产和技术性工作。日本大和朝廷还曾专门派遣使节赴中国南朝，请求技术援助。刘宋朝廷支援了汉织、吴织、兄媛、弟媛，都是丝织方面的技术工匠。日本朝廷对于从中国来日的织、缝工匠十分重视，把安置吴工的住处命名为"吴原"，组成衣缝部，命弟媛掌管。中国织、缝工匠的到来，有力地促进了日本衣缝工艺的发展，日后飞鸟衣缝部、伊势衣缝部就是在此基础上形成的。

从汉到魏晋南北朝时期，中国移民数量相当可观。据有的学者估计，在6世纪上半叶，中国在日本的移民总数要达六七万人。还有学者估计，从公元前3世纪到公元7世纪的1000年时间里，共有百万中国人陆续移居到日本列岛。去日本的中国移民，不论他们直接来自中国还是来自朝鲜半岛，向日本传播先进的文化，促进日本的文明开化，在当时日本的经济、政治和文化生活中发挥了重要的作用，对日本的技术和文化发展做出了突出贡献。

六、汉字与儒学在朝鲜、日本的初传

汉字、儒学在朝鲜、日本的早期传播，对于它们的文化开发和发展具有十分重要的意义。

朝鲜古时没有自己的文字。大约在公元前5—前2世纪，中国的汉字传入朝鲜半岛，当时已形成国家的古朝鲜和辰韩，不仅接触汉字，而且可能开始使用汉字。汉字在朝鲜三国时期已经被广泛地使用了。高句丽在公元前后的建国初期时已经比较广泛地使用汉字了，而且其史书《留记》和《新集》(已佚) 前后两次的编纂，都是利用汉字撰修本国史的。三国中的百济也很早就接触到汉字。近肖古王在位期间 (346—375)，博士高兴以汉文撰修百济国史《书记》，表明汉字、汉文化输入百济已有较为长久的时间。新罗在建国初期没有文字，但在部落联盟后期，已经在一定程度上掌握了汉字、汉文。6 世纪初，新罗把国号、王号等都改为汉文名称，此时汉文已确定为新罗官方正式文字。545 年，又有居柒夫等以汉文撰修新罗国史。

朝鲜从古代至李朝末年，正式通用的文字一直是汉文。汉字在朝鲜半岛的传播和应用，对于推动朝鲜文化的发展具有特别重要的意义。语言和文字，在民族文化形成中，担任着中心的角色。汉文的传来并非只文字的传入，文字中蕴含的思想与感情亦同时传来。所谓"文者道之器"，汉文同时担当了文字与思想的角色。

大约在公元前后的时候，孔子的儒家学说便开始传入朝鲜半岛。从那时起的漫长过程中，儒家学说在朝鲜逐渐传播、扎根，并日益朝鲜化，形成具有民族特色的朝鲜儒学，成为朝鲜民族传统文化的主流。在一定意义上说，朝鲜思想文化史也就是朝鲜儒家文化的发展史。

汉朝在朝鲜半岛置郡 400 余年，当时中国政府已"罢黜百家，独尊儒术"，确立了儒家思想的统治地位，朝鲜四郡官府也以汉朝的统治思想为其治理地方的指导思想。至少在汉四郡时代，儒家的经典和其他典籍一起被有识者熟读。朝鲜三国时期，儒学思想在朝鲜半岛的传播有了进一步的发展。儒家思想的传播对高句丽社会文化的发展产生了重大影响。在中国史书中多有有关高句丽用儒学经典教育子弟的记载。百济受儒学"五经"思想的影响也是很早的。据记载，百济"有文籍，纪时月如华人""其书籍有五经子史"。百济很早就有"博士"的称谓，他们是一批精通儒学"五经"的"博士"。新罗是三国中接受儒学最晚的国家，但影响至深。及至新罗统一三国前后，新罗的学术文化和教育事业已有了很大发展，出现了不少精通儒家经典和汉学的著名儒学家，如编纂新罗国史的居柒夫，创制"吏读"的任强首、薛聪等人。

由于政府的大力提倡，儒学在朝鲜三国都有比较广泛的传播，学习儒家经典成为一时风气，儒家思想也产生了比较普遍的社会影响，对于朝鲜民族文化的发展发挥了巨大的作用。

日本人可能很早就接触了汉字。大批中国移民东渡日本，也不可能不携带和使用汉字。有文献记载的汉字传入日本的史实，是285年百济博士王仁携《论语》和《千字文》到日本。这就是说，汉字和儒学是一起通过朝鲜半岛传入日本的。

据《日本书纪》载：应神天皇十五年（284）八月，百济国王派遣阿直岐送来两匹良马。阿直岐能读中国经典，于是太子菟道稚郎子便拜他为师。应神天皇问阿直岐："还有没有比你高明的博士？"阿直岐答："有个叫王仁的，很高明。"应神天皇随即派人去百济邀请王仁。应神天皇十六年（285）二月，王仁来日，太子菟道稚郎子又拜王仁为师，学习中国典籍。这位王仁博士，从他的姓名和教养上可以推知，可能是一位生活在朝鲜半岛的汉族移民，或者是一位汉族移民的后裔，《大日本史》则说他是汉高祖刘邦的后代。

王仁携《论语》和《千字文》到日本，被认为是文献记载的汉文字流入日本之开始。汉字传入日本，对日本文化的发展起到了重要的推动和促进作用。在此之前，日本只有口头语言而无文字。由于日本文化发展自身的需要和日益频繁的对中、朝文化的交流，日本人也迫切需要文字符号。言语虽然也是符号，但它是听觉符号，作为传达思想感情的工具，有其局限性。因为语言交流是即时性的直接交流，必然受到时间与空间的限制。而将言语这一听觉符号进一步转化为视觉符号即文字，利用文字作为表意工具时，则既可以突破人们思想感情交流的时间空间限制，又可以以文字形式保存人们的文化经验与成果。然而，日本文化的后进性与对于文字的迫切要求，形成了巨大的矛盾。解决这一矛盾的便

中外文明交流互鉴十五讲

捷途径就是直接采用汉字。日本人学会使用汉字，不仅仅是掌握了一种表意和交流工具，而且为接触汉籍、了解中国思想提供了可能。语言是思想的实现，文字是语言的符号。我们仅仅从这种"外在的"表述中，就可以看到语言文字的输入对于一个民族的语言和思想的巨大而深刻的作用了。因为，凭借一种语言来表达一种思想，这同时就是输入了一种思想；而当用文字进一步来记录和表达这种思想和语言时，就又更深一步地来固定了某种思想，使它现实化、形象化、物质化，也凝固在某种形态中了。

以上关于汉字的输入对于日本文化意义的分析，也同样适用于朝鲜文化。

百济博士王仁对于汉籍和儒家思想的东传，有首导之功。王仁给日本传来儒学思想，而对日本来说，儒学便是上古时代从域外传来的最早的一种西方思想。

至6世纪初，中国儒家思想经过百济在日本传播有了进一步的扩大和深入。据《日本书纪》载，继体天皇七年（513），百济国王派遣五经博士段杨尔来日本，以换取日本转让的它在朝鲜半岛南端的属地任那的四县土地。五经博士是中国汉武帝独尊儒术之后在朝廷中设置的学官，专掌"五经"的传授。当时百济的制度，大概是以中国为楷模，也建立了五经博士官制度。在段杨尔来日本之后三年，百济又派"五经博士汉高安茂，请代博士段杨尔"。这位高安茂的名字前加一个"汉"字，无疑是移居百济的中国人或其后裔。以后，百济似乎继续以轮换的办法派遣五经博士常住日本。由此可知日本知识阶层对

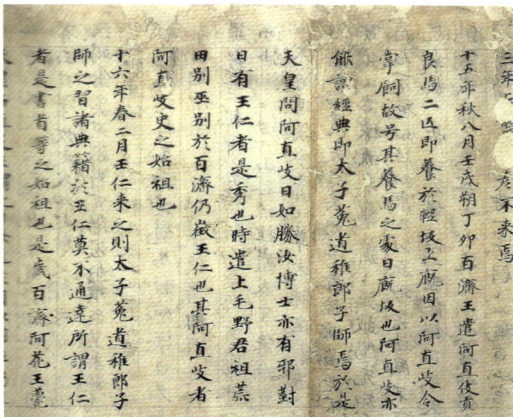

《日本书纪》第十卷残卷，平安时代（9世纪）。这一残卷有王仁博士来日本的记载

"五经"讲义的追求，以及儒家思想的渗透和汉籍大量流入的情况。

这些从百济来的五经博士，虽然只是以个人传授的方式对少数皇室成员和贵族讲解中国儒家思想，传播的范围比较有限，但他们作为中国儒学东传的先驱者，做出了不可磨灭的历史性贡献。

朝鲜和日本都是深受中国儒学思想影响的国家，儒学思想的移植与衍化发展，分别构成这两个国家思想文化史的重要组成部分。但是，它们接受儒学的过程，特别是在儒学向两国的初传阶段，却又表现出各自的特点。在朝鲜，至迟到三国时期，已经比较全面、完整地引进了孔子及儒家思想体系，并在社会意识形态上占有主要地位，涌现出一些儒学思想家。对于儒家学说，朝鲜儒学家们特别重视孝的思想，认为孝是先天的，是人人都需要遵守的绝对准则，并主张家国一致、孝忠一致，把国家看成是扩大了的家庭，主张以孝的精神忠于国王。朝鲜学者们还接受了儒家的天命论思想。如《三国史记》和《三国遗事》中均反映了中国儒家的天命论，说"国之兴亡在天，若天未厌高丽，则我何敢望焉"等。又吸取了董仲舒的"天人感应"的神学目的论，《三国史记》常常以"神雀集""白狐出""黑蛙斗"等灾异现象来表示国家兴衰、君死臣亡、战争胜败的先兆。总之，在三国时期，儒学思想已被朝鲜比较完整地接受下来，并被奉为治国之本，成为社会意识形态的主流。

日本是经过朝鲜半岛的中介才接触儒学的，儒家思想传入日本比朝鲜晚几个世纪。在初传阶段，儒家思想只在宫廷内部皇族子弟和部分贵族中流传，没有被视为独立的思想体系。直到宋学传入以前，日本只是不完整地引进了孔子及儒家思想的某些部分，儒学也未获得主流地位。在很长时期内，儒学是依附于佛教而在日本传播和发生影响的。所以，在儒学思想的初传阶段，朝鲜比日本接触儒学更早，传播的广泛性和影响的深刻性也超过日本。

第五讲

中华文明与东亚世界

一、天可汗与东亚文化秩序

盛唐时代是中国古代社会继汉代之后的又一个黄金时代，是中华文化发展历史上最辉煌的巅峰。

唐代的文化繁荣是一次普遍的、全面的文化繁荣。这是一个在各个领域都显示出蓬勃生机、蒸蒸日上的时代，是一个在各个方面都充满创造活力、满壁风动的时代，是一个超越前朝历代并在发展的总体水平上领先于世界的时代。在唐代，建立了完备的制度文化，学术文化进入相当繁荣的时期。唐代的文学艺术繁盛发达、灿烂辉煌，在各个领域都显示出创造的生机，取得了巨大的成就。有唐一代，诗歌的创作无论内容之广泛、艺术之精湛、数量之繁多，都是中国诗歌史上的最高峰，是中国诗家辈出、诗情郁勃的黄金时代。绘画艺术具有极尽春花怒放的璀璨盛况，造像雕塑艺术也各显其妙，音乐舞蹈艺术则集时代之大成，气象壮阔、情绪热烈。唐代的科学技术发展也达到了一个新的水平，无论从深度还是广度上来看，都反映了中国古代科学技术体系已达到成熟的阶段。科学的教育和普及、生产技术的定型和推广，促使唐代的文明高度发达。唐代社会经济繁荣，当时的京都长安和洛阳、淮南的扬州、四川的成都、岭南的广州，都是极其繁盛的商业大都市。

自汉武帝以来，尽管中国的历史经历了王朝更替，南北分治，但有一个总的趋势没有变，就是对外采取积极的开放政策。无论是哪一个王朝，无论是南方还是北方，都大力扩展对外的交往、贸易和文化交流，积极地吸纳外来文化。这种文化大开放、大交流的浪潮到唐代达到了高潮。

在亚洲的历史舞台上，唐朝担当着领衔主角，具有极大的感召力和巨大的国际威望，各国争相与唐朝通聘往来，发展友好关系。中国的周边国家都以"天可汗"来称谓中国皇帝，表示对唐朝的臣属关系。

在中国东北、西北边外的各国，"可汗"是领袖的尊号，等于中国内地历来所称的皇帝或天子。而唐朝的最高统治者，一方面为中国的皇帝，而同时又受中国以外的周边诸国共同拥戴为"天可汗"。这所谓"天可汗"，就是诸国归附的可汗。这种"天可汗"的观念，不是以武功造成的，而是当时各国心悦诚服表现出来的。

这样，在当时的东亚和中亚地区，就形成了一种以唐朝为中心的国际政治秩序和文化秩序，也有的学者称为"东亚世界体系"。

这种建立在"天可汗"观念上的国际关系和国际秩序，开始于唐太宗贞观四年（630），直至玄宗天宝十四年（755），持续了125年。"安史之乱"以后，唐朝放弃了对中亚地区的经略和控制，使其脱离了中华文化的势力范围。而以后在中华文化圈中，只包括中国本土和朝鲜、日本、越南等东亚和东南亚国家。凡此东方诸国，其与唐帝国的关系，政治上为册封体制，文化上为模仿中国。工艺方面，也是如此，却又各有自己的发展特色。例如朝鲜的织锦、日本的冶炼，其精美程度还胜于中国的产品。朝鲜与日本的儒学与佛教，发展十分迅速，既承受中国的传统，又发展出自己的传统。

由于这种原因，东亚地区的国家关系，在政治层面上，形成了以中

唐章怀太子墓壁画外番使臣入贡图（陕西历史博物馆藏）

国为中心的册封关系体系或朝贡体系。这种册封体系或朝贡体系，常与条约体系、殖民体系并称，是世界主要国际关系模式之一。册封体制本身，最早是中国王朝的国内秩序，即以皇帝作为顶点和由这个顶点与贵族、官僚之间所形成的君臣关系秩序。因此，中国王朝与周边国家之间所形成的册封体制，体现的乃是这种国内秩序的外部延伸。中国王朝对于册封关系的国家要求臣服和礼敬，显示了中国王朝的权威；周边诸国家要求中国王朝的册封，则有利于通过册封来确立其统治者的国内权威。

以中国中原王朝为中心的朝贡体系最早开始于汉代。在这时期的朝贡体系中，中原政权和其他诸国以册封关系为主，即各外国需要主动承认中原政权的共主地位，并凭借中央政权的册封取得统治的合法性。中央政权对各地方政权往往直接封为"某某国王"，如"汉委奴国王""南越武王""疏勒国王"等。各受封国对中原政权按照不同的要求负有进贡和提供军队等义务。

从宋代开始，朝贡的性质发生了很大的变化。一方面，朝贡关系仍然保持着原来的政府之间的关系；另一方面，随着政府对贸易的重视，朝贡逐渐变成了一种贸易手段。到了明清以后，朝贡体系越来越具有贸易的性质，因而有"朝贡贸易"之说。朝贡体制或朝贡贸易，成为物质文化交流的一种形式。

二、中华文化圈及其文化亲属关系

唐代对外文化交流的最重要成果是在东亚地区形成了以中华文化为中心的东亚文化秩序，形成了中华文化圈。东亚文化秩序即是中华文化圈内的文化秩序。"东亚"概念除了地理和人种含义外，更包含文化的含义，主要指渊源于古代中国的文明圈。这些地区高度发达的文明及基本的文字体系都渊源于古代中国，从这种意义上，可以说东亚就是"中华文化区"。这个共同体是以内在的一些相互确认的基本因素联结在一起的。文字系统、宗教信仰、观念意识、生产方式等相互关联、联结在一起，构成了古代东亚文明共同体。

一般说来，世界范围的文化交流是个别地区的交流活动扩展而成的。在某一比较广阔的地区内，某一国家或民族的文化，由于内部的和外部的原因，发展的水平比较高，因而对周围的一些国家和民族发挥了较大的影响，逐渐形成了特定的文化圈。文化圈的形成、发展与定型是在历史中完成的。文化圈也有明确的时间范围。庞大帝国的出现表征着文化圈的发展达到鼎盛，文化圈内各文化的同质性程度最高。在盛唐文化这个时期，中华文化圈的范围包括朝鲜、日本和越南等东亚地区。在19世纪西方殖民主义势力进入东亚地区以前，日本、朝鲜、越南以中国为文化母国，大规模地吸收和融合中华文化，并在此基础上构建起符合本民族特性的文化体系。当时的东亚世界，在地理上以中国本土为中心，在文化上以中华文化为轴心，从而形成了区别于其他文化圈或文明区的中华文化圈。

中华文化圈的形成，首先与地理环境有关。中华文化圈所表达的首先是特定区域的文化概念。中国位于欧亚大陆的东侧，北部大漠浩渺，西部高原壁立，东南则濒临浩瀚无际的太平洋。这样的地理环境犹如一道道天然屏障，把中国与其他文明区分割开来。当然，中国先民很早就致力于开辟与域外诸国诸民族的交通，特别是汉代以降，海陆两途交通都繁盛通达，中国与各国的经济和文化交流都很活跃。但是，在当时的交通条件下，毕竟是困难重重，道路艰险，对文化交流的广泛性和普遍性都有所限制。不过，在太平洋的东亚海域，在中国、朝鲜半岛、日本列岛、琉球群岛之间构成了一个不甚完整的内海，有人将其称作"东方地中海"。自古以来，东亚人民沿着"日本海环流路"等自然航道，借助季风，往返于中国、朝鲜半岛、日本列岛之间，"东方地中海"也就成了以中国为内核，以朝鲜、日本为外缘的中华文化圈的交通走廊。另外，朝鲜和越南与中国本土接壤，陆路交通方便，而日本与朝鲜仅有一海峡之隔，这也为中华文化圈的形成提供了方便的地理条件。

中华文化圈形成的另一条件是东亚各国都是传统的农耕文明区域。中国古代的生活方式、观念礼俗、政治制度乃至以儒家为代表的思想体系，都反映了当时的农业生产方式，而朝鲜、日本、越南也是长期以农业生产方式为主，是进行农耕的民族，因而对于反映农业生产方式的中华文化比较容易接受和认同。

中华文化圈的形成经过了长期的历史过程。在文化发生期，东亚诸国的先民们就有所往来和交流。在唐末以前越南一直是中原王朝直接控制的地区，汉朝在朝鲜半岛北部设置郡县，实行直接统治和控制，以及中国王朝与朝鲜三国、日本的通使往来，而都加大了中华文化传播的力度，为中华文化圈的形成奠定了基础。但是，作为中华文化圈的总体形成，是在公元7—9世纪的唐代。在这一时期，中华文化显示出一种阶段性的集大成的灿烂风采和恢宏气度，具有极大的文化辐射力和感召力。另外，这一时期的朝鲜半岛和日本列岛先后形成了较为强大的封建中央集权国家，其社会文化系统具有向中华文化学习的需要以及吸收、兼容中华文化的有效机制。正是在这样的总体背景下，盛唐文化以前所未有的规模和力度在东亚各国传播，朝鲜、日本等国以前所未有的热情和规模学习、吸收和兼容中华文明，从而深刻影响和改变了东亚的文化面貌。

所以，中华文化圈不仅仅凝聚着中华民族的智慧，也是东亚各国人民的共同创造。在中华文化圈中，中华文化是一种高势能文化或优势文化。按照文化传播理论，高位文化向低位文化的传播和流注，是一种必然的现象。但是，中华文化与东亚国家的交往，绝不仅仅是高位文化向低位文化的自然流注，而且是东亚诸国对中华文化主动摄取的过程。同时，东亚国家对中华文化还具有一种主体性的选择与受容，实现中华文化的本土化。在中华文化圈内，每一国家和民族都有其自己的特点。它们可以利用中华文化作为模式和仿效、学习的样板，但也只能从其本身的民族传统和文化特性出发，加以吸收消化，然后再创造出适应其本身的文化。因此，在中华文化圈内各国的文化，不能还原成为中华文化，也不能把这一文化圈内的某些国家和民族的文化就看作是中华文化，只能说，它们是以中华文化为范本，受中华文化影响后派生出来的。实际上，东亚国家在大规模吸收中华文化的同时，都十分注意保持着主体的选择性，而不是全盘"华化"或"唐化"。

文化圈内各国的文化交流不是单向的输出。虽然在很长的历史时期中，中华文化向东亚国家的输出是主要的，但东亚国家在接受中华文化的同时，还将经过吸收、消化、再创造的文化因素逆输回中国，从而对中华文化在本土的发展产生一定的影响。这种情况在宋代以后逐渐显著起来。实际上，任何文化交流都是相互的。中华文化在泽被东亚地区的同时，也从东亚各国中吸取了许多有益的文化要素，丰富和促进了自身的发展。

中华文化圈是一个多样统一、有机组合的文化世界，是地理上以中国本土为中心、文化上以中华文化为轴心的东亚文化结构秩序。这种文化秩序自唐代形成以后，直到 19 世纪中叶，一直延续了千余年，始终是东亚地区的基本文化秩序，规定着东亚各国文化发展的趋向和历史轨迹。19 世纪西方殖民主义势力侵入东亚地区，是对中华传统文化的严重挑战和冲击，东亚各国都经历了历史性的嬗变和更新。作为与中华文化圈同构的东亚文化秩序便不复存在。东亚文化秩序和中华文化圈都已成为一个历史的范畴。但是，千余年中作为中华文化圈成员的文化影响，并没有也不可能随着东亚文化秩序的解体而湮灭。因为中华文化的一些基本要素已经成为朝鲜、日本、越南的组成部分。在中国和这些国家走向现代化的道路上，中华传统文化影响的痕迹依然随处可见。

在中国与周边国家之间，都有一些亲缘或准亲缘关系的传说。例如朝鲜，有箕子走之朝鲜的故事；在日本，有徐福东渡的故事、"泰伯后裔"的传说；在越南，有蜀王子建瓯雒国；如此等等。这些故事和传说的主人公，都对当地有文明开化的功绩，亦即是说他们把当地带入了文明社会。这种传说，实际上表现了东亚国家之间文化上的亲缘关系或"文化亲属关系"。

构成中华文化圈的要素包括汉字、儒学、中国化佛教、中国式典章制度和中国科学技术五项。正是这些文化要素或文化特征，决定了某一国家是否属于中华文化圈，决定了中华文化圈与其他文化圈的根本性区别。我们说中华文化圈形成于唐代，是因为在此之前，中华文化诸要素陆陆续续传入朝鲜、日本和越南地区，经过时间、环境的考验，而至盛唐时代，才构成上举汉字等五大特征的出现，因而也就构成了中华文化圈的出现。

中华文化圈是一个文化大家庭，是一个多样统一的有机文化世界。汉字、儒学、中国化佛教、中国式典章制度和中国古代科技传统，是中华文化圈的基本要素或特征。凡属中华文化圈内的国家，都具有这些基本文化要素，从而形成这一文化圈的有机文化体系。当然，中华文化在东亚各国的传播和影响，并不仅仅是这几个层面。在长期的文化交流中，中国的文学、艺术、生活方式、风俗民情等许多方面，都在朝、日、越三国广泛传播，并产生着持续和深远的影响。

三、君子之国，有类中华

7世纪中后期，新罗先后灭百济和高句丽，统一朝鲜半岛，开始了新罗统一王朝的时代。统一新罗时期大体上与中国的唐代同时。这是朝鲜半岛自觉地积极学习、引进唐文化的时期，是其成为中华文化圈重要成员的时期，也是朝鲜半岛文化发展的一个高峰时期。

中华文化向朝鲜半岛的大规模传播，新罗以开放的态势全面地接受和吸纳中华文化，是这一时期中朝文化交流的主要内容。新罗社会从上至下盛行慕华之风，并且通过密切的官方往来和贸易关系，通过向唐朝派遣留学生和求法请益僧，以及各种民间交流渠道，大规模地学习、移植和吸收盛唐文化，全面引进中国典章、文教制度，促进了朝鲜半岛社会的发展和文化的繁荣。

新罗与唐朝不只维持友好的国交，倾慕大唐文化之风亦盛。对于新罗人来说，辉煌灿烂的盛唐文化具有经久不衰的魅力和强大的吸引力，并且以学习和获得盛唐优秀文化为民族的幸事。历代统治者都以向中国学习为己任、为光荣，普通民众也同样表现出对中华文化的极大热情和向往。

唐朝与新罗的官方交往十分频繁密切。有唐一代，新罗共向唐遣使126次，唐向新罗遣使共34次，双方使节来往共160次，几乎平均每两年多一点就有一次使节往来，新罗有时甚至一年就两三次向唐遣使。这与同时期日本派遣唐使相比较，新罗向唐遣使的次数是相当多的，可见当时唐新两国之间的交往之密切频繁。新罗的遣唐使到达长安后，除了完成外交使命外，还与唐朝的文人进行过种种交流，倾心学习大唐文化，成为新罗学习、引进唐文化的重要渠道。

为了更好地学习唐文化，新罗持续多年向唐派遣留学生。这些留学生在两国文化交流中担当了直接的媒介，是新罗人学习、移植盛唐文化的先行者。当时留学唐朝学习中华文化的新罗学生大致可分为两类：一类是入唐求法请益的佛教僧侣；一类是入国子监学习中国学术的一般文士，因之有"留学僧"与"留学生"之别。他们不只单纯地研习学术思想，亦直接或间接地吸收唐朝文化制度，在贡献新罗文化建设上，有不可磨灭之功。新罗学生是当时在唐的外国学生人数最多的。有学者估计，自640年以后，新罗派往唐朝的留学生总数，大概超过2000人。

唐代科举取士，登第者光宠殊异。外国在唐的留学生，自亦慕羡而愿就试。然其学艺程度究竟远逊于华人，所以唐朝设立了面向外国留学生的宾贡制考试制度，及第者被称为"宾贡进士"。其他诸国学子固有登宾贡科第者，但究竟少数，而新罗留学生中的登第者却代不乏人。从唐长庆初年到五代后梁、后唐之际，即从 9 世纪到 10 世纪中叶的 150 年间，新罗在华及第的留学生共有 90 人。

新罗派出大量使臣和留学生赴大唐学习，全面地吸收大唐文化，其中重要的一项是学习和引进孔子的儒学思想，引进和移植中国的文教制度。

大约在公元前后的时候，孔子的儒家学说开始传入朝鲜半岛。汉武帝的时候，汉朝在朝鲜半岛北部地区设汉四郡。在汉四郡时代，儒家的经典和其他典籍一起被有识者熟读。从那时起，儒家学说在朝鲜逐渐传播。在朝鲜三国时期，儒学思想已被比较完整地接受下来，并被奉为治国之本，成为社会意识形态的主流。新罗统一后，随着与唐朝的密切往来，以及大批入唐留学人员归国，进一步加强了对儒家学术文化的引进和吸收，儒家思想在新罗社会中产生了越来越重要的影响。

自汉代以来，中国官方的教育制度是以传承孔子儒家思想为宗旨的，教育机构的设立和课程的安排，都是以儒家经典为中心的。朝鲜半岛对儒学的接受，也突出表现在模仿中国的教育制度，作为传授儒学思想的主要措施。中国儒家思想在朝鲜半岛的传播和影响，新罗统一时代突出表现在移植中国的教育制度，推广以儒家经典为主要内容的教育。新罗元圣王五年（789），新罗朝廷仿唐科举考试制度，制定了以儒学经典和汉学作为选择人才的主要考试科目的"读书三品出身法"，依学生结业成绩上中下三等录为各品官吏。"读书三品出身法"以法律形式固定了以学习儒学经典和汉学选拔人才的新制度，不仅提高了国学的地位，而且为大规模吸收和推广盛唐文化开辟了广阔的道路。

以儒家典籍为主的汉文书籍传播于朝鲜半岛，是中朝文化交流史上的一项重要内容。自箕子朝鲜以来，朝鲜使行人员抵达中国后，总是想方设法搜求中国典籍。同时，朝鲜历代王朝总希图中国王朝官方赐书，这样经过朝廷赐书与使行购求两条途径，将中国许多典籍都传入了朝鲜半岛，成为他们学习中华文化的重要途径。在 2000 多年的历史长河中，朝鲜半岛一直以汉字为官方文字，科举考试也仿效中国王朝，以儒家经典为主要的考试范围，因而促进了朝鲜士人阅读中国典籍，也进而推动了中国典籍在朝鲜的传播与影响。

引进和移植唐朝政治文化和律令制度，是新罗广泛学习和接受唐文化的一个重要方面。新罗在统一之前，便采取了一系列措施，学习和模仿中国的政治制度。在6世纪时，新罗便曾仿中国定年号，制丧服法，采用谥法，颁示律令。7世纪后，新罗改章服，行中国年号。648年，新罗使臣金春秋入唐，向唐太宗请求允许新罗使用唐朝礼仪，获得太宗允许，"兼赐衣带"。金春秋回国后，在新罗采用新的唐式衣冠之制。新罗统一后，进一步加强了与唐朝的联系，以唐朝为样板，广泛学习唐朝的国家体制和先进文化。8世纪中叶，新罗参考唐朝的制度，新设和充实了从中央到地方的行政机构，并以新的名称代替原来的称呼。至景德王时（742—765），国家各种政治制度基本完备。此外，新罗在刑律和典章制度方面也广泛采用唐制。实际上，当时新罗的经济和政治法律制度几乎主要是对唐制的移植和模仿。而恰恰是由于采取这些仿唐的政治经济措施，使新罗王朝有效地加强了封建中央集权制，从而促进了社会的经济发展和文化进步。

唐文化对新罗人的美术雕塑、科学技术乃至日常生活都很有大影响。新罗一直使用唐朝的历法制度，并且随着唐朝的改变而改变。唐代医学也广泛传播于新罗。新罗时代是中医理论体系输入朝鲜半岛的开始。在日常生活领域，中国的风俗文化、节日礼俗等方面，都对新罗有着很大的影响，所以，在历史上新罗有"君子之国，有类中华"的评价。

从高丽立国之始，继承了新罗时代的传统，一直把学习、引进和移植中华文化作为国家基本的文化政策。通过密切的官方往来、贸易经济交流、派遣留学生和留学僧，以及欢迎和安置中国移民，从多种渠道广泛吸收中华文化。

高丽社会上下仰慕、崇尚中华文明，为一代社会风气。不仅如此，高丽政府还结合本国的具体情况，在政治制度、经济制度、文教制度以及社会意识形态领域，吸收和移植中国制度和文化传统。如《高丽史》说："高丽一代之制，大抵皆仿乎唐。"在高丽朝这400多年的时间里，中华文化向朝鲜半岛的传播，呈现出一种全方位的态势。中华民族在这一时期创造的优秀文明成果，几乎无保留地输出到朝鲜半岛，给高丽文化的发展注入了丰富的营养和刺激动力，对高丽文化的繁荣和发展起到了相当大的影响和推动作用。

由于朝廷的大力提倡和儒学教育的发达，儒学思想在高丽广泛传播，产生了深刻的社会影响，同时也促进了高丽学术文化的发展，涌现出不少对儒学深有研究的有名的学者。在高丽前期，有郑沆、郭舆、崔沆、崔冲、黄周亮、金富轼和金宽毅等人；在高丽后期，有安珦、白颐正、禹倬、权溥、李齐贤、李穑、郑梦周、郑传道等人。他们都是高丽时代著名的儒学大家，同时也都以文章著称于世。

到李氏朝鲜时期，儒家思想在朝鲜达到鼎盛，被宣布为国家的正统思想。李朝500年间儒家思想在社会思想领域里占据着统治地位，孔子被称为"素王"，儒学无异于国教，儒家思想得到空前的普及。因此，李氏朝鲜有"儒教王朝"之称。由于李朝官方的大力推崇和积极扶植，儒学在李朝得到广泛传播和充分发展。如有论者指出的，李朝时代是儒学在朝鲜的鼎盛时期。李朝儒学发展的最主要方面，是朱子学的兴盛。早期朝鲜朱子学为李朝创制立国和制定内外政策提供了理论基础。因此，李朝开国伊始，统治者便对朱子学高度重视，将其确立为官方哲学。此后500年间，朱子学在李朝始终是居于统治地位的正统思想。

李朝初的朱子学家们大多开始消化吸收中国朱子学思想，并在此基础上提出自己的独立见解，用朱子学的观点著书立说，进而解决现实的社会政治问题。李朝儒学义理学派心目中的标准是：进则行道，即是要全力推行儒学的王道政治理想和原则；退则垂教，则是要以天理性命之学教化万民。由此，李朝儒学义理学派也十分重视儒者的经世事功和节义精神。朱子学家们继承了中国儒学特别是朱子学的思想传统，对朱子学的理论有深切的体承和进一步发挥，在一些方面深化和发展了朱子学的思想，对当时和以后朝鲜哲学的发展产生了很大的影响。

四、山川异域，风月同天

和新罗的情况一样，唐代也是中日文化交流的一个高潮时期。这是日本大规模学习、引进中华文化的时期，也是日本文化蓬勃发展的时期。中华文化向日本的大规模传播，日本以开放的态势全面地接受和吸纳中华文化，是这一时期中日文化交流的主要内容。日本社会从上至下盛行慕华之风，并且通过向唐朝派出遣唐使，派遣留学生和求法请益僧，以及各种民间交流渠道，大规模地学习、移植和吸收盛唐文化，全面引进中国典章、文教制度，促进了日本社会的发展和文化的繁荣。

和新罗一样，日本通过向唐朝派遣使臣，发展与唐朝的密切关系。日本派出的遣唐使，在派出频率和人数上远不及新罗，但因为海路遥远，

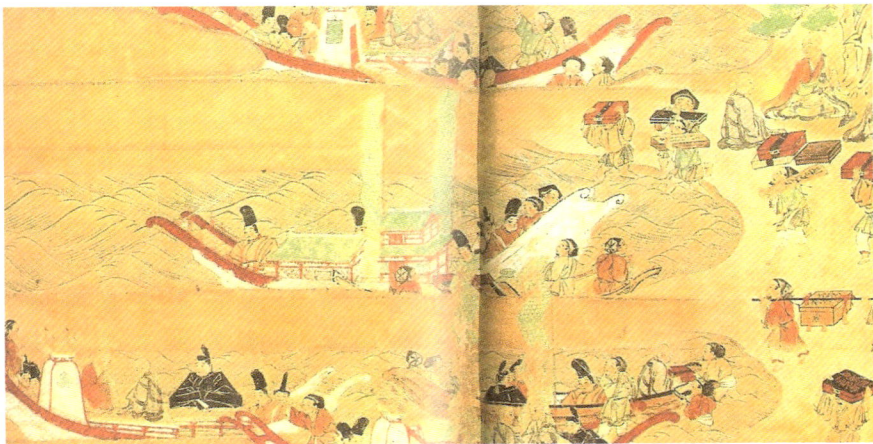

日本遣唐使船准备起航归国，《东征传》绘卷（部分）

惊涛骇浪，所以他们的旅途更充满着惊险和传奇。日本遣唐使，以他们的热情和勇气，创造了人类历史上最辉煌的文化壮举；以他们的浓彩重笔，写下中日文化交流史上最灿烂夺目的一章。遣唐使以他们的满腔热情和血肉之躯，在茫茫大海上架起一座中华文化全面向日本传播的大桥，为促进日本文化的全面繁荣做出了突出的贡献。在日本文化史上，遣唐使也是日本民族深刻的文化记忆。

遣唐使一行一般在华居留一两年。他们身处文化荟萃的长安，与各界人士广泛接触交游，并经常参列宫廷的各种仪式。他们还利用各种机会，游览参观，耳濡目染，深深体验到大唐文化的灿烂辉煌。他们担负的主要是一种文化使命，所以，他们一抵唐都，便如饥似渴地拜求名师，虚心学习。遣唐使回国后，带回大量唐朝的文化典籍、科学技术以及律令制度等方面的知识，对日本的政治经济发展起到了重要作用。遣唐使一般都受到日本朝廷的重用，有不少人位列公卿，进入权力中枢，在中央政府中发挥重要作用。由于他们的社会地位和影响力，所以他们有充分的机会把他们在中国的见闻推广于日本。

遣唐使人员中还包括医师、乐师、画师以及玉生、锻生、铸生、细工生等专业人员和技术工匠。他们抵唐后，都在各自的领域寻访名师，学习唐之先进技艺。医师是为了医治使团人员疾病而加派的，但同时也是趁入唐之机请教平素疑难的。画师似乎是为了描画唐朝珍奇的风物跟去的，由画师临摹带回的作品，对于日本绘画、图案、建筑等的发展一定会有很大的影响。乐师是为了在唐朝参与礼见、对见、朝贺、拜辞等仪式奏乐派去的，但与输入唐音乐有很深的关系。

作为日本朝廷大规模学习和移植盛唐文化的重要举措，在派遣唐使的同时，还陆续派遣留学生和学问僧，赴唐进行较长时期的学习。遣唐使大都有留学生、学问僧随行，遣唐使的重要任务之一，可以说就是迎送留学生和学问僧。但是，由于遣唐使平均20年才派遣一次，有些入唐求法心切的僧侣就有不待遣派而自行搭乘便船赴唐。

中外文明交流互鉴十五讲

日本派遣来中国的留学者依其不同的研究目的，可分为两类：从事学问、技术、技艺的研究者称为留学生；以学习和钻研佛教为主的研究者称为学问僧。在日本史籍中还有"还学生""还学僧"和"请益生""请益僧"等称谓。所谓"还"，是去而复回的意思，是指随遣唐使去并随同一遣唐使回来的人。所谓"请益"，是已经受过教育但还要进一步请教的意思，就是指在日本已经学完明经、纪传等专门学科的学生，或跟师僧已经学好一些经论的僧侣，为了进一步深造而去留学。他们都是遣唐留学生和学问僧的一种。日本皇廷对选送留学生和学问僧极其慎重，要求必须是爱好学问、潜心研究的硕学俊彦，以便在短期内学得唐朝的学术、制度。

据中日学者研究，有唐一代，日本来华的留学生和学问僧估计在二三百人。根据日本有关文献记载，名留史籍的学问僧有 92 人，留学生有 27 人。另外还会有一些没有在史籍中留下姓名而默默无闻的人。他们都是曾经冒着万里波涛的风险，经历千辛万苦，试图为发展日本文化做出贡献的英勇人物。遣唐留学生和学问僧们都是唐文化的优秀传播者。他们在中国学习的时间或长或短，但他们以对盛唐文化的憧憬之情和彻底汲取盛唐文化精髓的坚定信念，勤奋努力，孜孜以求，回国后都在推广、移植盛唐文化，为促进日本文化的繁荣和发展做出了突出的贡献。

在中日文化交流史上，佛教文化的交流占有十分突出的地位。特别是在隋唐时代以后，一直到江户时代，在这个相当长的历史时期内，佛教文化的交流几乎成为中日之间文化交流的主要载体。在这个长过程中，经过中华文化改造的佛教及其典籍、制度、礼仪和信仰持续地传到日本，给日本人民的精神世界以巨大的影响。同时，中国其他文化要素，包括文学艺术、书法绘画、造像雕塑、建筑技术、医药卫生、饮食习俗、饮茶文化乃至日常生活礼俗，甚至包括儒家思想等学术文化、汉文典籍以及雕版印刷等，作为一个巨大的文化丛，都在很大程度上附着在佛教的载体上，随之东渡，给日本人的生活和文化以巨大的影响。

日本人如饥似渴地学习大唐文化，不仅派出遣唐使和留学生，前往大唐直接吸收和引进唐文化，还邀请一些唐朝人士到日本传播文化。此外，还有一些唐朝的移民，也为中华文化的东传做出了贡献。其中最有名、贡献最大的是鉴真和尚。鉴真对日本佛教的贡献，首先在于把律宗传到日本，使之成为日本奈良时代六大佛教宗派之一。鉴真为日本佛教界建立了完备的传教制度，培养了一大批律学人才。孝谦天皇天平宝字元年（757），施给鉴真园地一区，鉴真即在此建立了著名的唐招提寺。"招提"是在佛身边修行的道场的意思，唐招提寺就是表明这座寺院是为从唐朝来的鉴真和尚在此修行而建立的道场。天平宝字二年（758），淳仁天皇题写寺名，并下诏要求凡出家人须先到唐招提寺研习戒律后，方可选择自己的宗派。此后，鉴真便专心在唐招提寺传法。鉴真被称为日本律宗之初祖，唐招提寺相应被尊为日本律宗祖庭。鉴真一行不仅对日本佛教的发展做出了重大贡献，而且还把当时唐代先进的建筑、绘画、雕塑、医药等文化技术介绍给日本，被后世称为"日本文化的恩人"。有日本学者说，鉴真是个站在奈良文化最高峰的人，同时也是替以后平安文化开道的人。

圣德太子的重大历史贡献，在于他进行了一系列引人注目的国政改革，为日本走向中央集权的封建专制制度奠定了基础。圣德太子改革的实质在于全面吸收中国先进文化，模仿中国的制度文化创建中央集权国家，促进日本社会向前发展。所以，圣德太子推行与隋邦交、派遣留学生、积极学习和移植中华文化的措施，是和他的政治实践密切联系着的，甚至可以说就是他的新政的重要组成部分。

圣德太子进行国政改革的一个重大举措是于推古天皇十二年（604）制定《十七条宪法》。它是日本历史上第一个较完整的关于建立中央集权的政治纲领，为后来的大化改新奠定了思想和理论基础。《十七条宪法》规定了人与人之间不同的名分等级、社会地位和权利义务，必须遵守的封建政治法律制度和道德规范。《十七条宪法》的制定不仅深受中国政治思想的影响，而且不少条文的遣词造句，亦直接引用中国的儒家、法家、道家等的文献典籍。7 世纪中期，日本进行了影响广泛的大化改新。这是日本历史上一次重大的变革，是以唐朝的政治模式和律令制度为样板的政治和社会改革，它在日本历史上产生了深远的影响。大化改新是以中国化为最高理想的，是一次使日本全盘唐化的运动。大化改新是同明治维新并称为日本历史上的两次重要变革。大化革新之后，日本在经济方面废除了部民制，建立起封建土地国有制。在政治方面，废除了贵族的世袭特权，建立以皇权为中心的中央集权国家。在军事上，实行征兵制，在京师设立了五卫府，在地方设军团，所有军队一律归中央统一指挥。可以说，通过大化改新，日本的社会面貌发生了深刻的变化。在大化改新期间，日本朝廷推行的改革措施和制定的律令，都是以唐朝为样板的。在改革的指导思想上，也是依据中国的儒家和法家思想及政治文化。

在大化改新时期，日本还移植了唐朝的教育制度，建立了以大学寮为主体、以学习儒家经典为主要内容的教育体制。大学寮隶属式部省，有"明经""音""书""算"四道。明经道的教科书都是儒家经典，而且必须使用规定的注释。

从中央到地方的教育机构以及民间教育，都以儒学典籍为主要学习内容。所以，这一时期日本的学校教育体系，实际上就是早期日本儒学的传播体系。当时的日本上层社会一般视中国儒学为统治阶级必备的一种文化修养。这就使儒学知识从宫廷传播到更多官宦之家，扩大了儒学文化在日本传播和影响的范围。

隋唐时代，即 7—9 世纪这一时期，中日文化交流达到了空前的高潮。这一时期，相当于日本史上的飞鸟时代、奈良时代，以至平安时代中期，是日本吸收中华文化最广泛、最快速，受惠中华文化最大的时代，也是日本文化空前活跃发展的时代。中华文化的各个层面，包括科学知识、生产技术、学术思想、文学艺术、宗教信仰、民俗风情和政治制度，等等，都大规模地、广泛地传播到日本，给日本文化的发展提供了丰富的材料和强大的推动力量，促使日本文化很快地发展到一个很高的水平。这个时期，是日本"百事皆仿唐制"的"全盘唐化"的时代，是"唐风"文化盛行的时代。

在这个时代的日本，由于大规模地吸收摄取中华文化，从而使整个社会充满了浓厚的中华文化的氛围。不仅如此，在当时的上层社会和知识界，甚至就把中华文化当作自己的文化，把中国的文化观念当作自己的价值尺度。对他们来说，唐朝是其本土，必然要滋生一切均以唐家的风仪为准绳的态度。

从9世纪下半期开始，日本对唐文化的这种主动摄取的热情开始减退了，进入"国风"时代。这种变化意味着日本文化史的一个重要转变，即从"唐风"文化向"国风"文化的转变。从"唐风"文化向"国风"文化的转变，不是对唐文化的拒绝和排斥，也不是对前一时期大规模移植唐文化的否定，而是在这种大规模移植唐文化的基础上，进行消化、吸收和融合，使外来文化与本土文化融会贯通，从而把外来文化改造为日本的民族文化。因而，所谓"国风"文化，实质上是前一时期"唐风"文化的继续和深化。因此，"国风"文化的形成和发展，也标志着日本文化走向成熟。日本文化就是从这时起，开始逐渐形成了自己的特点。当然，其文化渊源与中华文化有密切不可分割的关系，在"国风"文化中仍然或明或暗，或显或隐地表现出中华文化影响的印记。

中华文化在日本的大规模传播和广泛影响，日本对中华文化的学习、接受、移植和吸收，是世界文化史上文化传播与融合非常成功的范例。特别是盛唐时代中日文化交流的高潮，文化传播与融合的成功表现得更为充分和明显。日本的地理位置和较为便利的交通条件，使处于高势能的中国文化有可能持续不断地流入日本列岛。但是，文化的传播和移植，还依赖于接受一方的态度。正是在这一点上，日本民族的摄取意识是非常积极的。不仅在古代，直至近代乃至现代，日本人都具有主动移植外来文化的自主性和开放意识，都能够自觉地学习、移植和吸收外国的先进文化，以至可以认为，经常吸收先进文化并受其影响，是日本文化的主要特征之一。

由于日本文化的开放性，摄取和移植外来文化本身即成为日本文化的一个传统，所以日本文化形成了一种有效地吸收和兼容外来文化的机制。即对外来文化不是简单地模仿复制，而是根据实际需要，对外来文化进行选择、改造和综合创新，即对其进行"日本化"的处理，使之成为日本文化的有机组成部分。平安时代"国风"文化的兴盛，亦即是对大规模涌入的盛唐文明进行消化吸收和民族化处理并进而综合创新的过程。正是由于这样，日本文化虽然自古至今广泛吸纳外来文化，却仍保持着自己文化的特殊性和独立性，并以其特殊性和独立性而在世界文化的总体格局中占有一席之地。

正是经过唐代这次几百年的中日文化交流，日本进行的大规模文化移植和融合，使日本文化得到了一次重大的改造，并且很快地提高到一个新的、在当时的世界文化格局中也是很先进的水平，同时也就完成了把日本文化纳入中华文化圈的过程。中华文化圈成员的基本特征，如中国式的典章制度、以儒家思想为主导的意识形态、汉字的应用和中国化佛教等，在这一时期的日本都已经得到推广和逐步完善。自此以后，日本作为这个文化圈的一个重要成员，为中华文化圈的繁荣和发展，同时也为世界文明的繁荣和发展，发挥了重要的作用。

五、岭南华风，形同内地

唐代以后，从宋元直到明清，这 1000 多年间，东亚各国，包括朝鲜、日本和越南，都处在中华文化的强大影响之下。这期间的文化交流，仍然是以中华文化向这些国家传播并发生影响为主要内容。

越南，长期以来深受中华文化的影响。不过，它与朝鲜、日本的情况又有所不同。朝鲜、日本一直是独立的主权国家，虽然在汉代有过在朝鲜北部建立郡县、由汉朝政府直接统治的经历，但时间也就是几百年，在几千年的历史上并不占主导地位。中华文化对于朝鲜、日本的影响是巨大的，但这种影响是一种外来文化对它们的影响，是对于它们本民族文化的激励、补充和丰富。越南的情况则不同。在唐代结束以前，越南一直是中国中央政府的直接统治之下，和内地实行同样的政治制度和文教制度，越南历史上称之为"北属时期"，它的文化是在中华文化内部发展的，是中华文化本身的一部分。当越南独立建国时，其文化形态已经不是初创时期，而是比较完备、比较成熟的了。在东亚文化圈诸国中，越南是受中华文化影响最深的国家。所以，历史学家冯承钧说："昔之四裔，漫染中国文化之最深者，莫逾越南。"

中国与越南是山水相连的邻邦。在地理位置上，越南北部地区东临北部湾，与广东隔海相望，陆上又同云南、广西相毗连。便利的海陆交通使这里和中原地区有着悠久的历史文化联系。从上古时代直至先秦，中原地区的文化已直接或间接地传到今越南地区，影响了那里的文化发展。在漫长的中越两国交往史上，中华文化广泛南传，对越南民族文化的发展起到了相当重要的影响。越南人在接受和移植中华文化的过程中，进行了持久的文化融合和创造，使其民族文化独放异彩。

和朝鲜、日本的情况一样，越南地区的文明开发也与中原南下的移民有很大关系。就像箕子走之朝鲜、徐福东渡日本一样，在越南也有关于早期移民南下的故事。这个故事说，在公元前3世纪中叶，蜀王子带领的移民集团进入越南地方，征服了雄王为首领的雒越部落联盟。

蜀国是一个有着悠久历史的国家。我们从三星堆遗址和金沙遗址中可以看到，早在殷商时期，早期的古蜀国已经有了比较完善的方国体系，古蜀国地区是在商之外的一个很发达的国度。西周时，古蜀国作为诸侯国之一，逐步成为西南地区的强国。到战国时代，蜀已成为一个幅员辽阔的强大国家。战国末期，蜀国灭亡，其后裔辗转流亡，到公元前257年，蜀王子开明泮率众3万余人沿泸江上游进入越南北部宣光地区，自称安阳王，建国名"瓯雒"，都城为古螺城，在今越南河内东英县。其国疆域主要包括今越南北部一带，后一度扩张到广西、云南部分地区。

蜀开明氏子孙南迁是中原民族进入中印半岛之先驱。蜀王子率3万人南下越南之地，是一次大规模的移民行动。当时蜀国的经济社会发展水平和文明开化水平远远高出越南之地。这样一个庞大的移民集团南下，必然携带着先进的生产技术、生产工具以及社会文化等，并且具有先进的社会组织形式和生活方式，对于当地的文明开发和社会发展都具有重大的影响。蜀王子移民越南，发生在徐福东渡的同一时期，只不过一个是向东、一个是向南。他们的文化水平大体上是相当的。这些大的移民行动都是有组织、有计划的，进过精心准备的，其移民集团中包括各方面的专业人员（百工）和管理阶层（官吏），这样的移民对于文化的传播就具有更大的自觉性、全面性和有效性。蜀王子建国时间虽然短暂，但对于越南地区文明开发的作用是不可低估的。

公元前2世纪以后，从秦、汉直至隋、唐，在今越南的北部和中部地区置郡设县，使其一直在中国各朝中央政府的直接管辖之下，延续了近千余年，越南史上称之为"内属"或"北属"时期。随着中原军事、政治力量的南下，汉文化也广泛南被，

越南顺化皇城内的东殿陈设，具有明显的中国风格

促进了当地的开发与文明进步。中华文化广泛南传，对越南民族文化的发展起到了相当重要的影响。越南人在接受和移植中华文化的过程中，进行了持久的文化融合和创造，使其民族文化独放异彩，成为东亚文化圈中的重要组成部分。而在东亚文化圈诸国中，越南是浸染中华文化最深的国家。

秦汉以降，陆续有中原人士迁徙交趾，带动了那里民俗文化的变化。历代派往交趾的官吏很注意用中国儒家伦理和汉民族风俗改造当地居民的生活风俗。如锡光、任延二守，建立学校，以礼仪教育人民，制定婚娶礼法及衣服式样，移风易俗。《后汉书》上说：锡光、任延"教导民夷，渐以礼义""岭南华风，始于二守"。中原王朝派往越南地区的官吏执行这种改变风俗文化的政策，促进了当地社会的进步和文明开化。

中国历代官吏和移民与当地居民杂居相处，广泛传播了汉字、汉语、汉学，使当地居民"稍知言语，渐见礼化"。至唐朝时，越南人中已经有不少人能熟练地掌握汉语和汉文。汉字汉文的广泛应用，为中原文化的广泛传播创造了有利条件，同时也推动了越南汉文学的产生和发展。唐代有不少中原文人流寓安南，也给那里带去了唐朝诗风。如唐上元二年（675），唐朝著名诗人王勃前往交趾省亲，乃父王福畤当时任交趾令。著名诗人杜审言是杜甫的祖父，唐神龙元年（705），他被流放峰州（今越南山西、兴化一带），曾写题为《旅寓安南》诗。唐神龙二年（706），著名诗人沈佺期流放驩州（今越南、河静一带），曾写下《初达驩州》《驩州南亭夜望》《度安海入龙编》《题椰子树》等诗篇。另外，还有韩偓写的《安南寓止诗》，张籍写的《山中赠日南僧诗》。北上中原的安南人士也浸染唐风，与中原学士文人酬酢唱和，留下不少脍炙人口的诗篇。

孔子的儒家学说很早就传入越南地区。锡光、任延分别在交趾和九真"建立学校，导之礼义"，在传播儒家思想上起到重要作用。东汉末年的交趾太守士燮精通儒学，尤其专长《左氏春秋》和今古文《尚书》。他治理交趾40年之久，致力于传播儒学思想。越南人对士燮十分推崇，尊之为"士王"，认为越南为"文献之邦"自士燮开始，堪称"南交学祖"。其时正值中原扰攘之际，许多中原名士南下避难，其中包括一些著名的儒家学者，他们都是饱学之士，曾协助士燮传播儒学文化。

在漫长的历史过程中，越南人学习和接受儒家的思想学说，使之逐渐成了越南传统文化思想的渊源之一，成了越南民族传统文化的组成部分，对越南历史的发展进程产生了巨大的影响。

从唐末经五代至北宋初年，中原政局动荡不安，对周边地区鞭长莫及，越南地方势力乘机而起，自立国家，开始摆脱长达千余年的中国直接统治。越南独立后，与中原的关系仍然十分密切，其间或有边衅和战争，亦有册封与朝贡。双方的贸易活动频繁持久，文化交流广泛深入，中国的学术思想、文学艺术和科学技术，源源不断地传播于越南。另外，一方面，宋、元、明、清各代交替之际，先后有大量中国人避乱南下。他们为保存宗邦故国的文化，往往挟典章文物而俱至，从而成为中华文化向越南传播的一个重要渠道。另一方面，越南历代王朝也积极主动地学习和吸收中华文化，移植和推广中国的政治制度、法律制度和文教制度。

越南历朝都推行崇儒政策，孔子儒家思想逐渐发展成为占统治地位的官方思想。历代王朝的君主和知识分子不但尊重中国文化，醉心儒学，而且还努力效仿。越南历代王朝不仅开展尊孔活动，提倡崇儒之风，而且全面移植中国教育制度和科举制度，广泛开展儒学教育。1075年，李朝首次以科举取士，选拔文学之士入朝做官，科试的内容都是儒家经典。越南的科举制度一直持续到20世纪，直到1919年，才最终停罢科举。1919年大概是科举制度在世界范围内最终废除之时，比中国清朝废科举还晚了10多年。

儒家学说在越南的推广、儒家典籍的流布，以及儒学教育的发展和科举考试制度的推行，使越南涌现出许多杰出的儒家和以儒学思想为其主导思想的作家、学者，其中著名的有阮秉谦、吴士连、黎贵惇等。

越南很早就开始使用汉字。在长达千余年的北属时代中，汉字一直作为官方书写语言，得到广泛的推广和运用。越南独立建国后，历代王朝仍然把汉字作为官方书写语言来使用。汉字在越南社会和文化上的作用，比越南独立前显得更为重要。历代王朝都推行儒学教育和科举制度，使得每一个读书人都必须学习和使用汉文，而且文化教养和社会地位越高，就越要熟练地掌握和运用汉字。

在越南建国以后，历代都派出多批使臣出使中国，求封、进贡、谢祭、告哀等。越南各朝代推行科举制，在科举制度下培养的一大批进士、举人、秀才，成了越南汉文学创作与传播的中坚力量，而派往中国的使臣往往由其中的佼佼者担任，是越南最优秀的学者或诗人。这些使臣在中国期间同中国文士所进行的赠答唱和、请序题词、鉴赏评点等文学活动，推动了越南古代文学的发展，创造了"北使诗文"这一特殊的文学品种。

第六讲

胡人与胡风

一、商贾胡貊，天下四会

唐代的长安是一个国际化的大都市，在长安有许多外国人来来往往，甚至有的成为常住居民。据说唐代长安总人口估计有将近 200 万人，其中外国人占 2% 左右。如果再加上内迁的突厥人及其后裔，可能达到 5% 左右。这已经是一个很大的数字了。

早在汉朝及至南北朝时期，在长安、洛阳就有许多外国侨民。他们有的是官方的身份，后因为某种变故不得而归，更多的从事商业活动的商人，被称为"商胡"。到了唐代，由于交通便利、商贸发达，又由于唐朝政府实行全面的对外开放，对外国人的进入和留居采取了优待政策，更由于中国经济社会文化的发达繁荣，更多的大量"外夷""蛮人""胡商"相继来到中国，从事外交、商贸、文化艺术等活动。大量外国人的涌入，大量外国人在各个领域活动和贡献，成为盛唐时代一道独特的文化风景，成为盛唐文化的一个标志。

许倬云先生估计，从开元、天宝到唐末百余年来，先后迁移入华的族群，总数不亚于三五百万。唐末时，胡人的总数可能到达千万上下。他们的分布地区十分广泛，有长安、洛阳、番禺、扬州等大都市，还有内陆中小城市，如豫章、洪州、义兴县、陈留、魏郡、东州等。不仅有沿海的港口城市，还有江河口岸城市和内陆城市。甚至是小县城，都有他们活动的身影。全国三分之一的州郡，都有外国侨民的踪迹。

唐代的外国侨民群体，有外交使臣、质子、流亡者、商人、留学生、艺人等多种身份，活跃在外交、宗教、商业、科学、艺术等许多领域。他们住在中国的土地上，或数年，甚至二三十年，还有的终生居住，客死中国。在中国生活期间，很多外侨与中国社会融入一体，积极关心中国的时政，参与政治活动，还有人在政府为官。唐朝廷广泛吸收各族人员充当文武官员，如大食、波斯、突厥、安国、康国、天竺、高丽、新罗、百济、日本各国人，有不少旅居长安，接受唐朝的职事。

唐时的外国人，除了日本人、新罗人之外，往往不辨其国籍，概称为"胡"，商人曰"商胡"，或"贾胡"，僧曰"胡僧"，还有胡人、胡雏、胡儿、胡兵、胡客等。更多的情况下，"胡人"这种称谓是指当时与唐朝交往频繁的入华西域人，包括粟特人、波斯人、大食人，乃至来自拜占庭的罗马人等。印度人也被称为"胡"，如"天竺之胡"。

唐朝时来自西域的"胡人"以粟特人居多。粟特人是属于伊朗人种的中亚古族，在中国史籍中被称为"昭武九姓""九姓胡""杂种胡""粟特胡"等。他们原来生活在中亚阿姆河和锡尔河之间的泽拉夫珊河流域，即古典文献所说的粟特地区（Sogdiana，索格狄亚那）。其主要范围在今乌兹别克斯坦。粟特商人大约从东汉后期开始往来于中国的商业活动，到了5世纪的北魏时期，他们在东方的商业活动达到高潮，活动范围已扩展到长江流域。唐代仍有大量粟特商人活跃在丝绸之路上，成为连接中国与西域交通的主要商业民族。粟特人经商的范围遍及中亚及东亚、北亚各地，为了保障商队的安全，为经商活动提供便利，他们在交通要冲之地设立了驼队棚舍和一些自我保护性的组织。随着时间的推移，初期临时性的过客变成了停居的侨民，而驼队棚舍的所在地也就相应地成了粟特侨民的聚落。据陈寅恪先生研究，元稹《莺莺传》中的主角崔莺莺，其原型很可能就是与酒家胡有关的粟特女子。

在胡人中，以商胡这个群体人数最多、活动地域最广，是外来人口中最活跃的一个集团。在汉代，就有"商胡贩客"活跃于边境地方，内地亦"商贾胡貉，天下四会"，其中明确有"西域贾胡"，外国使团中也有被称作"行贾贱人"的商业经营者。就一般情况而言，"商胡"多是指在中国境内从事商业活动的外来商贾，尤其是指以粟特人为主体的西域商人。他们有些已经入籍，有些则属于并未入籍的"客胡"或"兴胡"。在唐代载籍中，与"商胡"这个称谓类似的还有胡贾、蕃商、兴胡、客胡、海商、海胡、舶胡、西域贾等不同的名称。

唐朝商胡的分布及活动范围是相当广泛的。唐朝商胡活动最集中的地区，当属人口最盛，经济、文化最发达，商业最繁荣的唐朝东、西两京。长安是唐朝的政治中心所在，也是外来人及商胡杂凑云集之地。由

唐三彩胡人牵驼俑（西安大唐西市博物馆藏）

于经商的关系，长安的许多商胡都居住在市场附近的地区，如西市附近的地区。在唐代载籍中，往往将西市与胡人联系起来，有"西市贾胡""西市波斯邸""西市商胡""西市胡"的种种习称，表明商胡与西市的特殊关系。

唐东都洛阳地处天下之中，交通便利，商业繁荣，与长安相比，更多世俗气氛而较少政治色彩，更是商胡聚居的首选之地。在北魏时，洛阳就有大批胡人聚居。与西京长安的西市一样，洛阳南市及附近诸坊也是商胡聚居之所。

唐代载籍中所见商胡，许多都与经营珠宝贸易有关。其实，在唐代，从事珠宝生意的不仅有西域来的粟特人，还有波斯和阿拉伯商人，以及南海的林邑、狮子国等国，甚至还有新罗和日本的商人。但是在唐代的文献中，许多有关珠宝商的记载多与西域、波斯和阿拉伯商人有关。他们在与中国人的贸易中，把外国特别是西方的珠宝输入中国。这些被称为商胡的外国商人，积极从事国际贸易活动，很多成了巨商豪富。《太平广记》中汇集了不少关于波斯人及大食人动辄几千或几万缗的记录。在唐代蓬勃发展的对外贸易中，商胡们做出了巨大的贡献。可以说，在这个时代里他们承担了主要的物质经济交流的角色。

数量巨大的外国侨民，带来了他们本民族的文化，为中华文化的发展做出了贡献。他们之中有的肩负着国家的使命，作为国家的使节，直接联系国家之间的政治、军事、经济和文化；有的人为着宗教信仰而传教或求法。更多的是那些不辞劳苦的各国商人，他们充当了物质文化交流的主要担当者。这些来华的胡人在中国日久，接受中华文化的沐浴熏陶，目睹盛唐文化的灿烂辉煌。在他们回国时，不仅把中国精美的丝绸等物品贩运回去，而且也把他们在中国的所见所闻传播于自己的家乡。就是住唐不归的，也有可能通过种种间接渠道，向故乡转达有关中国和中华文化的某些信息。

唐朝时有人说到"胡风"流行的一个有趣的现象："胡着汉帽，汉着胡帽。""胡"和"汉"是身份，是本位；"帽"是文化，是风俗。胡人来到唐朝，见到了"汉帽"，见到了中华文化，他们羡慕并学习，心向往之，因而"华化"了，戴上了"汉帽"；唐朝人遇到了大批来华的胡人，见到了"胡帽"，接触到他们携带来的胡人文化、外国文化，惊奇而向往，因而"胡化"了，戴上了"胡帽"。不同的文化，通过这些远道而来的胡人，碰面、接触、交流，进而互相倾慕、相互学习，成为盛唐时代的文化景观。

这不仅仅是唐代仅有的现象，在历代都有许多外国人来到中国。自唐以后，还有元代一次外国人涌入高潮，所以在学术界对元代的"色目人"的"华化"问题有许多研究。明清之际的来华传教士们，以及晚清大批新教传教士来华，他们在文化交流上也承担了双重的角色。他们既把西方文化传播到中国，也向欧洲广泛地介绍了他们所了解、所认知的中华文化，为近代欧洲出现的"中国热"起到了重要的推动作用。

总之，这些来华的外国人成为中外文化交流的一座生命之桥。通过他们，既有中华文化向海外的传播，也有海外文化向中国的传播，他们在这个传播的过程中承担了重要的角色。

二、长安胡风盛极一时

在唐代，随着中西交流的扩大，大量的西域物产输入中国，成群结队的外国侨民涌入中国，在中国各大城市里生活、活动。胡僧在寺院里传经，胡商在市场上交易，胡姬在酒馆里翩翩起舞，各国的使臣出入官府、登堂入室。他们将他们本民族的饮食、娱乐、服饰等风俗文化带到中国，也使与他们接触交往的汉地人们了解了他们的文化传统和习俗，从而使西域文明中的一些风俗习惯，如胡服、胡妆、胡戏、胡食成为一种新奇时尚风行一时，影响了唐人社会生活的各个方面，改变了唐人的生活风貌。

唐代胡化之风弥漫于社会生活的各个领域，涉及饮食服饰等日常起居、音乐舞蹈等娱乐活动、诗歌绘画等艺术领域。来自外国的各种商品和奢侈品以及它们的仿制品，都成为竞相追逐的对象。唐代中国，是一个充满异国情调的时代。

诗人元稹描写唐代"胡化"之风：

> 自从胡骑起烟尘，毛毳腥膻满咸洛。
> 女为胡妇学胡妆，伎进胡音务胡乐。
> 火凤声沉多咽绝，春莺啭罢长萧索。
> 胡音胡骑与胡妆，五十年来竞纷泊。

唐人大规模地模仿穿戴外国异族服饰，从贵族到士庶皆好穿胡服，成为当时社会的流行时尚。隋及唐初，宫人骑马，多着幂篱。永徽以后，皆用帷帽。开元初遂俱用胡帽，民间因之相习成风。唐代妇女在发饰和化妆上也多有模仿外国样式，即所谓"胡妆"。早在梁代，徐摛《胡无人行》中就有"列楹登鲁殿，拥絮拭胡妆"的描写，到了唐代胡妆更为流行。白居易诗中对"胡妆"屡有描述："风流夸堕髻，时世斗啼眉。"

早在汉代，就有许多来自西域的蔬菜瓜果和其他食物传入中国，进入人们的日常生活中，丰富了中国人的饮食结构。汉代人把从西域传入的食品称为"胡食"。唐代仍有一些西域植物传到中国并得到推广种植。随着大批的胡人进入唐朝社会，胡食也在唐朝流行起来，成为当时社会生活的一个显著特点。在胡食流行的同时，外来调味品在唐朝也很时兴，其中最有名的是胡椒。胡椒是汉代时从西域传入中国的主要香料之一。到唐时，胡椒已经成为人们烹饪的主要调料。

除了制作或出售胡食外，胡人在饮食业中经营的项目还有酒店业。在胡人开设的各种店肆中，有许多酒肆。长安的酒肆业十分繁华，各家酒楼用葡萄酒招揽各色顾客，用萨珊波斯进口的金杯银盏，或西域特产的琥珀杯、玛瑙杯，祁连山的夜光杯，斟满葡萄美酒，又有西域那些妙龄舞女在悠扬婉转的胡乐伴奏下翩翩起舞，佐酒助兴，全然一派摄人魂魄的异域文化情调。社会上的文人、政府的官僚、长安两市的商贾，乃至皇室贵族、军旅将士、男人女士，都成为胡人酒肆的常客。李白《少年行》诗说："落花踏尽游何处，笑入胡姬酒肆中。"王维诗中也有"画楼吹笛妓，金碗酒家胡"，以"酒家胡"作为酒肆的代称。在胡人酒肆中，由年轻美貌的胡姬服侍饮酒，富有异国情调和浪漫色彩，并成为一代风尚。"酒家胡"与"胡姬"已成为唐代饮食文化的一个重要特征。

大量外国人涌入，生活在唐朝的人们中间，从事着商业、艺术等活动；由他们带进中国的"胡风"弥漫在社会生活之中，整个唐朝充满了对于异域情调的想象和欣赏，影响和改变着人们的生活习惯和社会风俗。

在唐代的艺术作品中也表现出了对外

河南洛南新区唐氏墓胡商牵驼壁画

来事物的浓厚兴趣，体现着带有时代特征的异域风情。或者说，社会弥漫的异域风情，异域的事物和舶来品，激发了人们的艺术想象力。这种对于异域的想象，这种对异域风情的赞颂、描写和期待，成为许多艺术形式的表现主题。如在音乐舞蹈方面，来自西域的乐舞，如胡旋舞、拓枝舞等，来自西域的舞蹈家和音乐家，广泛地活跃在长安以及其他大都市，给人们带来强劲的西域旋风。在诗歌创作方面，也表现出了这种浓郁的异域风情。唐代胡风的流行，包括胡装、胡食、酒家胡、胡姬、胡舞，等等，都有许多诗人创作的诗歌来表现，其中充满了绚烂的色彩、奇丽的想象、浪漫的意境。他们的吟咏酬唱，恰是那个时代社会生活的具体反映，是那个时代社会风气和精神情调的诗意的书写。

在唐代兴起的这种弥漫于社会生活各个领域的"胡风"，来源于频繁的人员交往和物质交流，来源于源源不断进入中国的外来物产和商品，也来源于唐朝人对于域外文化的想象，这种对于域外文化的想象成为刺激本土文化发展的一个精神源泉。

除了大量的、大批的西域物产，包括植物、动物和奇珍异宝等输入到中国外，还有那些生活在唐朝的众多的外国人。他们除了外貌体征与中原人不同而引起注目外，还表现在衣食住行和言行举止等方面。初看起来，可能被看作是奇风异俗、奇装异服，但来的人多了，就见怪不怪，久而久之，有一些民俗文化元素就会被中原人模仿，并经过改造加工，成为新的流行时尚。这种流行时尚，上至宫廷贵族，下至街巷百姓，都成为接受者、传播者，形成全社会趋之若鹜的局面，丰富了人们的日常生活。在唐代，这种受到外来文化影响的"胡风"，主要表现在歌舞音乐等娱乐文化、服饰文化和饮食文化等。而作为当时主要文字载体的唐诗，更是对胡风、胡人、胡姬、酒家胡等，大书特书，极力推崇、赞扬、歌咏，推波助澜。

唐代的音乐、舞蹈、绘画艺术和诗歌以及俗文学的创作，都浓厚地受到外来文化主要是西域和印度文化的影响、浸染，创作出许许多多具有新的艺术形式和内容的作品，极大地丰富了各个艺术领域的作品。正是这些"崇尚异国情调的艺术家",为唐朝艺术文化的大发展做出了创造性的贡献。

后来,这种追逐外来文化的"胡风"消退,人们再提的时候只是作为一种怀旧的对象了。这并不是当时流行的这些东西没有了、消逝了,而是经过中国人的接受、理解、变形和改造,进入中华文化系统之中,成为中华文化的一部分。比如,"胡服"的一些元素被汉服吸收,就成了中国传统服饰的某些元素;"胡食"经过中国人的加工改造,变成了中国传统饮食的组成部分;西域歌舞则直接进入中国乐舞的系统之中,成为中国传统音乐舞蹈的重要成分。总之,唐代的"胡风",促进了中华文化,尤其是民间文化和艺术文化的发展,"胡风"也就变成了"中国风"。

三、胡锦与异域奇珍

唐代的胡人群体中,大多数是来自西域以及波斯、阿拉伯的商人。他们络绎不绝、相望于道,促进了物质商品的大交流,使中国的丝绸等产品运到遥远的西方,也给中国带来了丰富的西域物产。他们是丝绸之路上的搬运工。在长安的外商聚集在长安东、西两市尤其是西市,开设店铺进行经商贸易。通过这样的官方和民间贸易的多种渠道,中国的瓷器、丝绸等大宗商品被运往西域各国,西域的多种物产也销往中国内地。

唐代输入中原的西域物产,品种繁多、五光十色。美国学者薛爱华(Edward H. Schafer,1913—1991)的专著《撒马尔罕的金桃》一书,对于唐代西域地区及西方各国输入唐朝的商品作了详尽的叙述。他将这些商品分为18大类169种。这些物品的传入,大大丰富了中国人民的物质生活和精神文化生活。

古代中国一向是以纺织品的生产和销售著称,纺织业的发达在促进唐朝产品输出的同时,也推动了外来同类产品的输入。

养蚕制丝技术传到西域后，在各地都发展起丝绸织造业。西域国家的纺织业是在其毛纺织基础上发展起来的，所出丝织品以锦类为主，染色、提花、刺绣等一如毛纺。这些织锦传入中国后，人们泛称"胡锦""西锦"等。这些胡锦在织造技术上保持了毛纺的特点，采取斜纹组织和纬线起花等手段，原料上以混纺为特色，多加以金、银丝线和毛、麻等，花纹图案则基本属于西域传统文化的内容，结构形式多连珠团窠或几何图形内添加动植物纹。波斯的"冰蚕锦"、女蛮国的"明霞锦"、龟兹和高昌的"龟兹锦"、疏勒的"疏勒锦"等，都是西域著名的丝织品。

西域各地的丝绸产品不断地流入中国，受到中原人士的欢迎和喜爱。唐宣宗官中有女蛮国所贡"明霞锦"，《杜阳杂编》说其"云练水香麻以为之也，光耀芬馥着人，五色相间，而美丽于中国之锦"。另外也有关于"冰蚕锦"等夸张神奇的传说。元和八年（813）大轸国向宪宗贡献了神锦衾，据称这种被子是以冰蚕丝织成。

《杜阳杂编》还记载了五彩氍毹、紫绡帐、金丝帐、却尘褥、龙绡衣、神锦衾、浮光裘、连珠帐、瑟瑟幕、纹布巾、火蚕锦、澄水帛等种种外国传来的、具有神奇性能的纺织品和织物。这些外来的纺织品明显带有虚幻、想象的色彩，甚至它们的出产国也可能是出于虚构。唐朝的纺织业越发达，人们就越希望能够得到更加神奇的织物。由于唐朝具有非常繁荣的对外文化交流，所以人们很自然地就将对纺织品的希望和理想寄托在了外来物品的身上。因而，这些来自外国的纺织品，

唐代联珠花鸟纹波斯锦（甘肃博物馆藏）

不仅丰富了人们对于纺织品的认识和了解，更激发了人们的想象。

通过朝贡、商业渠道输入中国的异域珍奇物品，不仅极大地丰富人们的生活，也进一步激起了人们对于域外事物的向往和追

北燕鸭形玻璃注（辽宁博物馆藏）

求，更激起和丰富了那个时代人们的异域想象。因为这些物品来自遥远的地方，甚至是来自人们所不知道的地方，因而充满了神秘的色彩，并被赋予了许许多多奇异的功能、许许多多神秘的气氛。这和早期中国丝绸传播到罗马的情况是一样的，那个时候的罗马人不知道丝绸是从哪里来的，因而就流传着许多关于丝和丝绸以及它的产地的神秘传说。舶来品的真实活力存在于生动活泼的想象领域之内，正是由于赋予了外来物品以丰富的想象，我们才真正得到了享用舶来品的无穷乐趣。

所以，在唐代的文学作品中，有许多关于来自异域物品的神异故事，充满了各种各样奇妙的想象以及新奇的内容。写作于9世纪末叶稍前的《杜阳杂编》，它的内容几乎全部都是反映与外来物品传奇有关的主题。在书中描写的来自域外的奇珍异宝，都具有非凡的神奇功能，看似荒诞不经，却反映了唐代人们对异域事物的向往与想象。《杜阳杂编》记载的这些带有浓厚的想象色彩的奇珍异宝中，有些是真实的东西，或者至少是根据真实的东西加工改写而成的。

四、商胡与香料贸易

在中国古代的对外贸易中，香料一直是进口的大宗货物。早在汉代乃至南北朝时，就从西域进口了多种香料，成为中国上层社会生活中必不可少的内容。这种情况一直持续到明清时期，可以说贯穿着整个中国古代对外贸易史。从汉代以后，乃至唐宋时期，用香、识香乃至收藏香料成为许多人日常生活的组成部分，因而在中国形成了内容丰富的香文化。可以说，中国的香文化是大规模的海外贸易、大规模的香料进口催生的一种文化形式和文化传统。

唐代来华的有许多商胡专门从事东西方间的香料贸易。大食和波斯商人输入中国的香药，大多产自东非和阿拉伯地区。长庆四年（824），波斯大商李苏沙向朝廷进贡沉香亭子材，此"波斯大商"是以兴贩香材为业的胡商。又据记载，番禺牙侩徐审与"舶主何罗吉"是朋友，这位何罗吉也是从事香料贸易的胡商。他们临别时，何罗吉赠三枚鹰嘴香给徐审，据称可避时疫。后来番禺遭遇大疫，徐审全家焚香得以幸免，后来这种香就被称为"罗吉香"。

广州是唐代最大的香药集散地之一，鉴真在广州见到江中有婆罗门、昆仑等地来的海舶，装满了香药珍宝，积载如山。唐代扬州香药市场十分兴隆，鉴真由扬州东渡日本时，曾在扬州采购了麝香、沉香、甲香、甘松香、龙脑香、胆唐香、安息香、栈香、零陵香、青水香、熏陆香、毕钵、诃黎勒、胡椒、阿魏等近千斤香料。而此类由"波斯舶"贩运而来的香药，又多购自这里的"胡店"。日本多次派人来中国求香药，在正仓院珍藏的香药物品中，有相当大的部分产自阿拉伯地区，有从扬州购买去的，或经由扬州转运到日本的。

香料或香材也是外国政府向唐朝进贡的重要物品，据史书不完全统计，天竺、乌苌、耨陀洹、伽毗、林邑、诃陵等国都曾向唐朝"贡献"香料，涉及的种类主要有郁金香、龙脑香、婆律膏、沉香、黑沉香，等等。有时将外国贡献的香料径称作"异香"，即在唐朝境内稀见的香料，

中外文明交流互鉴十五讲

而外来的香料也被赋予了种种神秘的特性。

汉通西域之后，东南亚、南亚及欧洲的许多香料通过丝绸之路陆续传入了中国，熏香之风开始在上层社会流行。在唐人生活中，香料具有重要的作用，皇室和贵族对香料或香材的使用几乎达到了奢侈无度的程度。在唐代，香料制作更加精细和考究，品类更为丰富，用香成了无处不在的礼制使用，出现了数量众多的咏香诗文，跳动的音韵、馥郁的氤氲融汇着蔚为壮观的盛世景象。

据载唐时宫中开花时，以重顶帐篷蒙蔽在栏杆上，使香气不散，称为"括香"。和花香的短暂易逝、不能随时随意取得相比，香药能长期储存的优点满足了人们对香气的渴望。当时还引进和开发了能用于各种场合的香具：镇压地毯一角的重型香炉，帐中熏香的鸭形香炉，悬挂在马车和屋檐上的香球，藏于袖中而动止皆香的香囊等。

五代花蕊夫人《宫词》写道："青锦地衣红绣毯，尽铺龙脑郁金香。"据称唐朝皇帝"宫中每欲行幸，即先以龙脑、郁金藉地"（《旧唐书》本纪第十八下）。《明皇杂录》载唐玄宗在宫中置长汤屋数十间，即大型室内温泉，银镂漆船及白香木船置其中，楫橹皆饰以珠玉，汤中以绿宝石和丁香，堆叠成瀛洲、方丈（传说中的海上仙山）的模样。开元中，宫中开始流行赏木芍药（牡丹花），玄宗与杨贵妃在沉香亭赏花，召李白作诗，李白遂作《清平调词三首》。宋人陶谷《清异录》卷下记载，唐敬宗用龙脑香、麝香粉末造纸箭，与嫔妃们在宫中戏乐。每逢腊日，君王还要赏赐臣下各种香药、香脂等。

皇室之外，达官显贵也嗜香成风。杨国忠有"四香阁"，用沉香为阁，檀香为栏，以麝香、乳香和为泥饰壁，甚至比皇宫中的沉香亭更为奢华。长安富商王元宝在床前置木雕矮童二人，捧七宝博山炉，彻夜焚香。中宗时，宗楚客兄弟、纪处讷、武三思以及皇后韦氏诸亲属等权臣常举办雅会，"各携名香，比试优劣，名曰斗香"。以上所说都是见于记载的用香的故事。

风流所及，在唐朝社会中无论男女，都讲求名香熏衣，香汤沐浴，以致柳仲郢"衣不熏香"，竟被作为"以礼法自持"的证据。唐代中国社会的上层阶级，生活在一种神香和各种香料焚烧的烟雾缭绕之中。香水浴、按摩、香油、呼吸的香气、涂敷、焚烧、消遣、保健、儒释道宗教仪轨。

唐代的文人普遍用香，也写出了很多关于香的诗词，王维、杜甫、李白、白居易、李商隐、李贺等都有此类作品。李贺诗中有对沉香的描述："沉香火暖茱萸烟，酒觥绾带新承欢。""归来无人识，暗上沉香楼。""沉香熏小像，杨柳半啼鸦。"据有学者统计，涉及用香的唐诗有102首，其内容可分为皇宫用香、寝中用香、日常用香、军旅用香、释道用香、制香原料、合香种类、香品形式、香具类型、香笼的使用等内容，其中所直接指出的长安宫殿名称就有红楼院、大明宫、日高殿、华清宫，长安东南角的芙蓉苑和城东的夹城。宫中在除夕夜傩戏逐煞、元旦朝贺、初十五灯节酺宴、妃产子以及值夜、清晨上朝等不同季节与时辰，也都使用不同的香。其他平民百姓在一般日常生活中，无论晨起、更衣、宴饮、观舞、熏衣被也都点香、熏香。

唐代用香工具很多，其中熏笼更为盛行，覆盖于火炉上供熏香、烘物或取暖。在西安法门寺出土了大量的金银制成的熏笼，雕金镂银，精雕细镂，非常精致，都是皇家用品。

此外，还有许多关于外来香料的神奇传说。据称，杨贵妃所佩交趾国贡献的蝉蚕形瑞龙脑香，"香气彻十余步"，玄宗在暇时与亲王弈棋，贵妃立于旁边观看，乐工贺怀智在侧弹琵琶。风吹贵妃领巾落于怀智幞头上，怀智归家，觉满身香气异常，遂将幞头收藏在了锦囊中，多年之后，仍然香气蓬勃。

在佛教和道教的活动中，也把用香作为一项重要的内容。此外，在人们的日常生活中，比如饮食、医药等方面，用香都是十分普遍的。

在这种社会风气的熏染下，唐朝香料或香材的需求量非常巨大，而本土出产又非常有限，所以进口香料就成了一个重要的来源。唐朝进口或使用的香料主要有沉香、紫藤香、榄香、樟脑、苏合香、安息香、哇爪香、乳香、没药、丁香、青木香、广藿香、茉莉油、玫瑰香水、阿末香、甲香等许多品种。

五、流行唐朝的西域乐舞

在西域诸国多民族文化中，乐舞艺术十分发达。汉代和南北朝时期，西域乐舞陆续传入中国内地，并对中国的宫廷乐舞和民间乐舞都产生了很大的影响，形成了中国乐舞艺术发展的一次高潮。到了唐代，原来传入中国的西域乐舞持续流行，并且融合到中国的乐舞艺术中。唐代中国和西域的交通往来，又使这些艺术以新的形式持续向内地传播，使唐代的乐舞艺术大为丰富，促进了中国乐舞艺术发展的又一次高潮。音乐舞蹈等表演艺术，是西域文化在中国传播的一项重要内容。

西域各民族的乐舞艺术十分发达。在古代西域，相当长的时期内乐舞流传时间最长、传播范围最广。西域乐舞健朗明快的舞曲、轻盈的舞步，弹指击节、移颈动头的传神动作，急转如风的旋转技巧，令人陶醉，所以很快就在民间流传开来。魏晋南北朝时期，西域音乐在内地已经十分流行，胡汉合舞已成为普遍的风气。士大夫都以胡舞、胡乐为时髦。

龟兹乐舞是西域乐舞的代表。早在北朝时，龟兹乐就已经传入内地。龟兹乐舞在西域以至整个唐朝都具有特殊的地位，为"胡乐之首"，一直到唐开元、天宝之际，龟兹乐是中国诸乐中的主旋律，是传入中国内地的西域乐舞中影响最大的。龟兹乐的音律悦耳，舞姿优美。尤其是龟兹乐中的鼓舞曲，更是唐朝雅俗共赏的一种乐曲。鼓声为众音之首，羯鼓声又为诸乐之领袖，起着乐队指挥的作用。羯鼓出自北方羯族，后西传，又经西域龟兹等地传入长安，大盛于时。

传入中原的西域乐舞，以胡腾舞、胡旋舞和柘枝舞最为有名，号称西域"三大乐舞"。早在北朝时，这三大乐舞就已经传入中国。

胡腾舞源于中亚"昭武九姓"之一石国。大约在北朝后期，胡腾舞已传入中原。在唐代，胡腾舞盛极一时。胡腾舞的舞者为男子，身着胡衫，袖口窄小，头戴蕃帽，脚蹬锦靴，腰缠葡萄长带，在一个花毯上腾跳，长带飘动。诗人刘言史的诗《王中丞宅夜观舞胡腾》中详细地描写了这种舞蹈："跳身转毂宝带鸣，弄脚缤纷锦靴软。"另一位诗人李端的《胡腾儿》诗写道："醉却东倾又西倒，双靴柔弱满灯前。环行急蹴皆应节，反手叉腰如却月。"

胡旋舞在唐代十分流行。《新唐书·乐志》说："康居国乐舞急转如风，俗谓之胡旋""舞者立球上，旋转如风"。史载康、米、史等国曾向唐朝贡献的"胡旋女子"，实际就是从事胡旋舞表演的专业舞蹈艺术家。胡旋舞传入唐朝之后，在宫廷内外盛行一时。武延秀在安乐公主宅中作胡旋舞，"有姿媚，主甚喜之"。安禄山以善舞胡旋著称，"至玄宗前，作胡旋舞，疾如风焉"。白居易有《胡旋女》一诗写道："弦鼓一声双袖举，回雪飘飘转蓬舞。左旋右转不知疲，千匝万周无已时。人间物类无可比，奔车轮缓旋风迟。"白居易在诗中以转蓬、车轮、旋风等比喻，突出强调了胡旋舞疾速旋转的特点。他说，与胡旋舞相比，那飞奔转动的车轮和急剧旋转的旋风都显得太迟了。而且一跳起来，旋转的圈子很多，左旋右转一点不知道疲倦，千匝万周猜不透什么时候才能跳完。胡腾舞与胡旋舞的主要区别在于舞姿的不同，一个是"腾"，急促地跳腾；一个是"旋"，飞速地旋转。

柘枝舞亦源于西域石国。舞柘枝者多为青年女子，舞者头戴

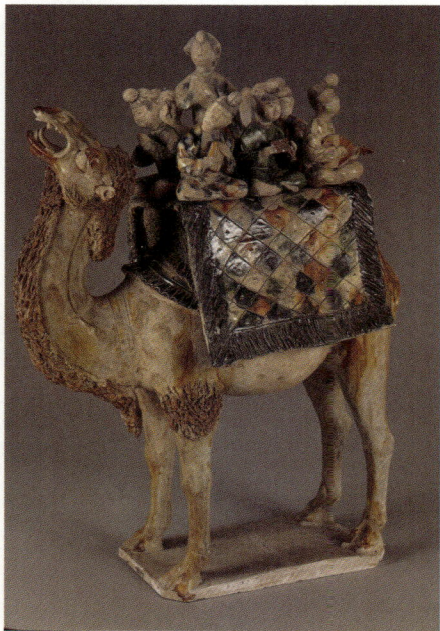

唐代三彩骆驼载乐俑（陕西历史博物馆藏）

绣花卷边虚帽，帽上施以珍珠，缀以金铃。身穿薄透紫罗衫，纤腰窄袖，身垂银蔓花钿，脚穿锦靴，踩着鼓声的节奏翩翩起舞。婉转绰约、轻盈飘逸，金铃丁丁，锦靴沙沙，"来复来兮飞燕，去复去兮惊鸿"，当曲尽舞停时，舞者罗衫半袒，犹自秋波送盼，眉目注人。柘枝舞艺术境界高超，且具有很强的观赏性，引起了唐朝社会各阶层的极大兴趣和爱好，诗人刘禹锡、薛能、张祜、白居易、沈亚之、卢肇等都写过有关柘枝舞的诗歌。刘禹锡《和乐天柘枝》说："鼓催残拍腰身软，汗透罗衣雨点花。"张祜《池州周员外出柘枝》说："红筵高设画堂开，小妓妆成为舞催。珠帽著听歌遍匝，锦靴行踏鼓声来。"这些诗句说明柘枝舞是在鼓声伴奏下出场、起舞的，其舞蹈具有节奏鲜明、气氛热烈、风格健朗的特点。

西域龟兹乐舞、三大乐舞和高昌乐舞以其强劲的艺术魅力传入中原，风靡朝野，不只宫廷选用西域乐，民间也极为喜爱西域乐舞。乐队与舞蹈艺人受到热烈的欢迎，给社会以很大的影响，到处传习。天宝末年，长安等地人人争学胡旋舞，成为一时风尚。西域乐舞的流行是唐代艺苑和民间文娱生活中一道亮丽的风景线，丰富了中国各族人民的艺术生活，给盛唐文艺注入了新的丰富营养。到 9 世纪时，柘枝舞和胡旋舞分别被冠以"中国"或"中原"，表明经过一个世纪之后，早先传入的外来舞蹈在唐朝人心目中已与中国传统文化融为一体，成为唐朝文化的一部分。

西域乐舞的大部分是由来到唐朝的西域胡人带来的。那时候的音乐传播，包括乐谱、舞蹈、乐器和乐师、艺人等，都是一起传播过来的。比如史载一些国家"献乐"，实际上是一个大型的乐舞表演团体的活动。在各国所献的"贡人"中，有许多都是具有特殊才能的艺人。他们为西域音乐文化在中国的传播做出了贡献。如《唐书》卷二二一记载，开元初，康国进贡各种珍奇物产和"胡旋女子"；开元时，米国贡胡旋女；俱密国献胡旋舞女；《册府元龟》卷九七一记载，开元十五年（727）五月，康国又贡胡旋女；史国献胡旋女子及葡萄酒。这些记载都说的是来自西域诸国的舞女。

敦煌乐舞壁画

　　唐代载入史籍的著名西域音乐家有龟兹音乐家白明达、疏勒琵琶高手裴神符等几十人。此外，还有许多西域乐工、舞伎、歌手在教坊、梨园供职。至于远涉中原流落民间者人数必更众多。

　　白明达是隋代入华的龟兹作曲家，经历了隋炀帝、唐高祖、唐太宗、唐高宗两朝四代，其一直在宫中创作音乐。白明达作品中影响最大的是具有浓郁西域风格的乐舞《春莺啭》，据说是奉唐高宗之命所作。《春莺啭》舞蹈属软舞类，张佑《春莺啭》诗有"内人已唱春莺啭，花下偬偬软舞来"，描写宫中技艺最高的"内人"，表演《春莺啭》柔曼婉畅的歌声舞态。《春莺啭》的音乐与舞蹈都可能有描写鸟声、鸟形的特点。《春莺啭》曾传入朝鲜，日本雅乐舞蹈也有《春莺啭》，由唐朝传入日本，男子戴鸟冠而舞。其表演形式及风格，与唐代女子的软舞不同，是日本民族化的雅乐舞蹈。

　　裴神符是来自疏勒的音乐家，又名裴洛儿。大约在唐高祖李渊在位时，他就已担任了唐朝宫廷乐师。到太宗时，裴神符依然受到器重。他以《火凤》为代表的三首名曲，作为唐代中原音乐"西"化的标志而出现。唐代汇集的名曲录中，裴神符的作品占据了一定的数量，尤以《火凤》影响最大。贞观年间，众琵琶乐师在宫中献技。乐师们都是横抱琵琶，用木制或铁制的拨子弹奏，与演奏古瑟的方法相似。而且奏的大多是恬淡婉转、柔弱无力的宫廷雅乐。裴神符则把琵琶直立怀中，改拨子演奏为手指弹奏《火凤》。《火凤》旋律起伏跌宕、节奏奔放豪迈，音乐形象刚劲淳厚、虎虎有生气，仿佛是一支乐队在合奏。元稹诗中说："《火凤》声沉多咽绝。"

见于唐朝载籍的外来音乐、舞蹈家，多为中亚昭武九姓胡人。曹国胡人曹保祖孙三代，均为琵琶名手，在唐朝声名很盛，人称"三曹"。尤以曹善才和曹刚的演奏艺术，受到当时诗人的特别赞赏。"善才"本是当时著名乐师的一种尊称，由于曹善才的技艺高超，又因其姓曹，所以被人誉称为曹善才，这样，反使其真名失传了。曹善才不仅精于演奏，而且善于教学，其门下亦有不少琵琶弟子。白居易"琵琶引"序中称，元和十一年（816），在九江任司马时，夜闻舟中弹琵琶者，"有京都声"，经询访，知其人原为"长安倡女"，"尝学琵琶于穆、曹二善才"。

在段安节所撰《乐府杂录》中，对唐代著名的琵琶演奏家多有记载，计有段善本、曹刚、裴兴奴、康昆仑、雷海清、李管儿、赵璧等15人。

李贺有一首《听颖师弹琴歌》，描摹了颖师美妙绝伦的琴声，赞叹了他的高超的琴艺。诗中说到的这位弹琴技艺高超的颖师，是来自天竺的一位僧人，他于宪宗元和年间在长安，以弹琴著名。他的古琴长八尺一寸，用质地优良的古桐木制成，音色非常优美。颖师弹琴的技艺精湛，演奏时有特别的韵味，而且曲目很丰富，远近知名。

来唐外国人中，也有以歌唱著称于世者。《卢氏杂说》称元和年间（806—820）从事歌唱的乐人有米国胡人米嘉荣，其歌唱艺术倾倒京城，并被皇帝赏识，提拔为朝廷供奉（首席乐官）。世人称赞他的演唱能"冲断行云直入天"。米嘉荣曾在宪宗、穆宗、敬宗三代任供奉，史书上称他为"三朝供奉"。米嘉荣与诗人刘禹锡有厚交，两人常在一起交流艺术。米嘉荣系统地了介绍了音乐理论知识，他给刘禹锡唱了许多西域和西凉（甘肃）歌曲。刘禹锡在米嘉荣的帮助下，吸收融汇了许多民歌音乐素材，创造了一种独特的诗体——竹枝词，风格清新，在当时风靡全国。

唐代西域乐舞为文人学士所欣赏爱好，而且以多姿多彩、新奇绚丽成为诗人的创作素材和描述对象。据不完全统计，唐代有 50 余位诗人创作了描述或涉及西域乐舞的诗词达百余首之多。西域乐舞诗在文坛上具有相当数量和一定地位。

第七讲

海上丝绸之路与南海贸易体系

一、海上丝绸之路

中国有着漫长的海岸线，蔚蓝的大海引发人们无限的遐想，也激起人们征服大海、由大海走向世界的愿望。大概在很久以前，我们的古代哲人就有"乘桴浮于海"的向往。与此同时，人们逐渐在海上开辟出一条下南海、入印度洋而又通往西方的海上商路。至迟在公元前 2 世纪，我国丝绸等物产便已有从海路向外传播，并从海路引进国外丰富的物产。这条途经南海传播丝绸的海路，就被称为"海上丝绸之路"。

海上丝绸之路是古代中国与外国交通贸易和文化交往的海上通道，是已知的最为古老的海上航线。秦汉之际已有可能与东南亚甚或南亚地区建立了航海贸易关系。到汉武帝时代，国力雄厚，武帝亲自七次巡海，鼓励海洋探险与交通活动，大力开拓南海对外的交通与贸易活动，扩大汉王朝与海外各国的政治、经济与文化联系。

欧洲人乘船从海上西来，中国积极开拓海域，双方开辟的航线在南亚一带交会，便成了东西海上交通的大通道，成为古代中西物质文化交流的大动脉。在它的西端，以地中海为中心，其触角延伸到西非、西欧和北欧各地；在东端，从中国的东南沿海各城市，向东亚、东南亚各国延伸。这样，这条海上丝绸之路与中国至地中海东岸的陆上丝绸之路，形成了早期世界的国际贸易网络，共同担负起世界经济文化交流的任务。自古以来，在这条海上丝绸之路，商旅往来贸易，僧侣传教求法，使臣渡海扬波，留下了许多可歌可泣的故事。随着航海事业的发展，通过这条航线，不只把我国举世闻名的丝绸，而且把我国古代的灿烂文化和伟大的发明创造，也传播到了世界各地。它在促进我国和各国的海上交通、经济文化交流、友好往来乃至对各有关国家的历史都起过重要的作用。

唐代前期国力强盛，文化远被，中外交通畅达，陆路和海路都很畅通。特别是唐朝对于西域的经略，扫除了突厥和吐谷浑对于丝绸之路的障碍，中西之间的交通往来频繁畅通。但是到唐代中期"安史之乱"以后，唐朝的势力退出了西域，吐蕃、阿拉伯人乘势而起，在西域割据争霸，使得唐朝在西北陆路的对外通道基本被阻绝，中西交通转以东南海路为主，促进了海上丝绸之路的繁荣发展。

随着航海技术的进步、造船技术的提高和东西方航海活动的增多，海上贸易大为发展，宗教传播、文化交流也随之频繁，形成了南海交通发展和繁荣的局面。

贾耽在《皇华四达记》"广州通海夷道"中，记述了从广州经越南、马来半岛、苏门答腊，跨越印度洋，至印度、斯里兰卡，直到波斯湾沿岸各国的航线、航程，以及沿途几十个国家和地区的方位、名称、岛礁、山川、民俗等内容。"广州通海夷道"经历 90 余个国家和地区，航期 89 天，是八九世纪世界上最长的远洋航线，也是唐朝最重要的对外贸易海上交通线。贾耽所记的这条航线，所及地方已不仅仅是东南亚和南亚，而是将东亚、东南亚、南亚、波斯湾与北非、东非都联结起来了。这条航线的航程之长、航区之广，以及所体现出来的航海实力，在当时是许多擅长航海的民族也难以达到的。

7 世纪以降，阿拉伯、印度、中国及东南亚各国以印度洋—南海为中心，展开了波澜壮阔的海上交通与贸易活动，东西方进入一个全新的海洋贸易时代。"广州通海夷道"是沟通东西的重要纽带和桥梁。它一头联结海外世界，一头通向中国内地，循着四通八达的水陆交通网络，可以前往长安、洛阳和其他通都大邑。

唐代中国与东南亚、南亚甚至西亚地区海上交通是十分便利和频繁的，往来商舶几乎络绎不绝。义净赴印度求法，就是走的海上路线。他撰写的《大唐西域求法高僧传》记载，中外西行求法僧人搭乘海舶，或从广州，或从交趾，或从占婆起航，出海后或经室利佛逝，或经诃陵，或经郎迦戌，或经裸人国而抵东印度耽摩立底；或从羯荼西南行到南印度那伽钵亶那，再转赴师子国；或复从师子国泛船北上到东印度诸国，或转赴西印度。

据中外史料记述的唐代从广州出发到波斯湾和东非以及欧洲的海上航线，全程约 14000 千米（广州至巴士拉约 10040 千米，巴士拉至马斯喀特约 1200 千米，马斯喀特至桑给巴尔约 3542 千米）。这不仅是当时世界上最长的远洋航线，也是 16 世纪以前世界上最长的远洋航线。

随着海上丝绸之路日益重要，海上贸易的大发展，唐朝致力于海上丝绸之路的开发与经略。

唐代海上交通的发达和贸易的繁荣，是与造船技术的发展和航海技能的提高分不开的。隋代时，造船技术已经具备了相当高的水平。唐代造船技术进一步得到发展，造船工艺（黄底龙骨、水密舱结构、打蜡与防摇装置、漆涂防腐技术、金属锚的使用）已领先于世界水平。造船地域遍布今江、浙、皖、赣等省，数量则动则数百上千，唐朝制造海船的能力由此可见。天宝二年（743），鉴真第二次东渡日本，从扬州出海前，用 80 贯钱从岭南采访使刘巨鳞处买得"军舟"一艘，船上所载除了大量什物外，有船工 18 人、僧人 17 人、各种工匠 85 人，可知唐代军船已经具备了一定的规模和远程航海的能力，是当时比较先进的海船。阿拉伯史料提到，唐朝海船因为体积太大，只能在尸罗夫停泊，无法到达巴士拉和马斯喀特。造船技术的提高，为远洋航行和海上贸易的发展提供了必要的条件。

二、宋代的南海贸易体系

宋代朝廷积极鼓励发展海外贸易，航海业呈现千帆竞发、百舸争流的兴盛景象。中国海商数量庞大，造船技术、航海技术和商品结构上有优势，在亚洲海上贸易中发挥着主导作用。南宋时，与中国有外贸关系的国家和地区增至 60 个以上，范围从南洋、西洋直到波斯湾和东非海岸。作为来华贸易主要力量的阿拉伯商人在宋代基本上都从海路来宋朝贸易。宋朝政府也鼓励来华商旅使节选择海路。所以，至宋代已经完全实现了对外贸易重心由西北陆路向东南海路的转移。与海上贸易相比，西北陆路就显得不那么重要了。

宋代海外贸易繁盛，对外贸易港口众多。唐代主要的贸易港有交州、广州、泉州和扬州四大港，而宋代北至京东路，南至海南岛，与外洋通商的港口已近 20 个。其中广州、泉州、临安、明州等大型海港相继兴起，还兴起了一大批港口城镇，形成了北起淮南，中经杭州湾和福州、漳州、泉州金三角，南到广州湾和琼州海峡的南宋万余里海岸线上全面开放的新格局。

美国社会学家阿布-鲁哈德（Janet Abu-Lughod）认为，在 11 世纪之后存在着一个世界体系，这个体系将亚洲和中东的农业帝国和欧洲独立的城市连成了一个体系，这个体系在 13 世纪达到了高峰。她指出，在 18 世纪以欧洲为中心的"全球经济体系"出现之前，在 13 世纪及此前很长时期，由于长期的贸易往来以及文化、技术与人口的交流，阿拉伯海、印度洋和南中国海已形成三个有连锁关系的海上贸易圈：最西边是穆斯林区域，中间是印度化地区，最东边是中国的"天下"，即朝贡贸易区。这三个贸易圈在宋代已经成为一个整体的贸易体系。宋代经济重心南移和鼓励海外贸易发展的政策导致海上贸易的繁荣，中国对外贸易重心由西北陆路完全转移到东南海路，亚洲海路贸易从而空前繁荣，促使南海贸易体系最终形成。这是"第一个全球性经济体系"。这个经济体系对当时以及往后很长一段时期世界政治经济格局演变都产生了深刻影响。

南海贸易体系在地理空间上北到中国和高丽、日本，西到印度洋沿

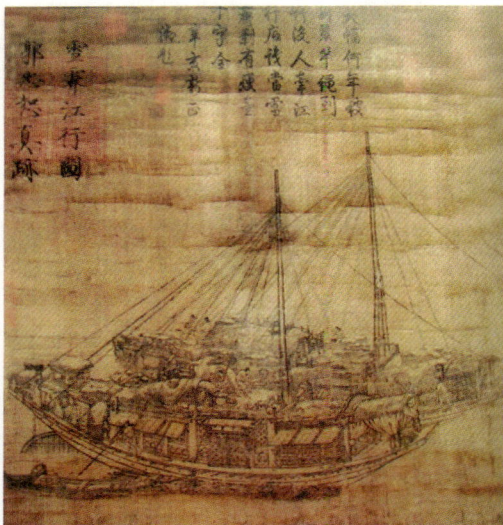
宋代画家郭忠恕《雪霁江行图》中之宋代海外贸易船（台北"故宫博物院"藏）

岸地区和西亚。东南亚是这个贸易体系商品和人员流动的枢纽，其中三佛齐最处"诸蕃水道之要冲"。这个贸易体系是以朝贡贸易体系为基础的亚洲经济圈，是以中国和印度为两个轴心，以东南亚为媒介的亚洲区域市场。这正是宋代南海贸易的基本范围并一以贯之的沿袭。在这个贸易体系中，南海地区是最重要的中心，其中的中国是推动贸易发展最主要的力量，东南亚是联系这一区域贸易的最重要枢纽。

由于宋朝重商政策和贸易发展的推动，10世纪到13世纪海运贸易繁荣，北至东北亚、南到东南亚形成了一个"贸易世界"。东北亚第一次被深入地整合到国际贸易网络中，东南亚进入"商业时代"，贸易和国家发展发生了根本性转变。

有学者概括南海贸易体系在宋代的形成有三个明确标志：一是形成了稳定的商品结构和互补性的市场关系，即以中国瓷器和丝绸为主的手工业品与东南亚和印度洋沿岸地区的香药珠宝为主的资源性商品的交换；二是形成了稳定的贸易力量，即作为基本力量的中国商人和阿拉伯商人，以及日益增长的亚洲其他地区的商人；三是形成了有稳定贸易关系的市场区域。

三、器物华丽，香艳宋朝

宋代海上交通十分发达，往来各国商船络绎不绝，官方和民间的贸易繁荣兴旺。宋代出口的商品以金银、络钱、丝织品和瓷器为主。同宋朝进行海路贸易的各国，都以其本国的特产交换中国的金、银、瓷器等。特别是宋瓷，不仅是大宗的出口商品，而且还曾作为交易外货的手段。海外贸易的发展不仅促进了中国与各国经济和物质文化交流，而且增进了相互的了解。宋代外国使节的来访，往往搭乘中国商船；许多从事海外贸易的中国商人，还充当了中国与许多国家建立官方关系的联系人。宋代海上交通的繁盛，为元代和明代的海上交通进一步发展、海外贸易进一步繁荣铺平了道路。

从中外文化交流史的角度来看，从总体上说，宋代的文化交流更为广泛和更为普遍。虽然宋代不具备唐代那样广泛的官方国际交往，但民间贸易，特别是海上贸易的规模却不断扩大；大量输入中国的外国商品渗透到人们的日常生活中，改变着人们的生活意识和审美情趣，以至于在社会生活中处处体现着典雅精致的情趣。

自从汉唐印度佛教及其文化在中国的大规模传播之后，宋元时代所面对的外国文化、所接受的外国文化，主要是阿拉伯文化。自从 7 世纪阿拉伯帝国迅速兴起之后，阿拉伯文化在广泛吸收波斯文化、印度文化、古希腊文化的基础上，成为当时世界先进文化的集合和代表，并出现了向四周广泛传播的态势。在中国这方面，对外贸易尤其是海上贸易，基本上由阿拉伯商人所垄断，阿拉伯商人、波斯商人取代了汉唐时期的印度商人、粟特商人的地位。他们把大量的阿拉伯商品以及经他们转手的非洲、欧洲和南洋的商品运到中国，把中国的丝绸、瓷器等物产运销海外。

在宋元时代，中国的对外贸易比以往有很大的增加，进口国的范围大大地扩展了，进口商品的种类和数量也都大大地增加了。在广州、泉州等港口城市，出现了比以往更加繁忙的景象。这些进口的商品，包括香料、药物、珠宝以及工艺品和地方特产等，都丰富了人们的生活。特别是从宋代以后，许多在前代仅为上层社会所享用的奢侈品，由于数量巨大，已经不再是少数上层社会成员的专用品，而走进了普通百姓的日常生活之中，为广大民众所享用。所以，从日常生活的角度看，宋代要比唐代更为精致、更为时尚，也更为丰富多彩。这是一个物质交流的大时代。来来往往的各国商人、络绎不绝的各国使节、碧海扬波的商船、大漠流沙上的商队，都充当了世界各地物产的"搬运工"。正是通过他们，世界各地的人们享用到了其他国家、其他民族的文明成果。

据统计，宋代从海外进口的货物在 410 种以上，主要可以分为珍奇异宝、珍奇异兽、役畜、纺织品、文化用品和香料六大类。其中，奇珍异宝包括犀角、象牙、玳瑁等；珍禽异兽包括驯象、驯犀、红鹦等；役畜则包括马、牛、骆驼等；纺织品主要来自高丽和大食诸国，主要有高丽纻布、大食锦和火浣布等；文化用品则主要来自高丽和日本，分别以高丽扇、高丽纸和日本扇为代表；香料是外来物品中种类最多、数量最大、使用最为广泛的品种，以沉、檀、龙、麝四大香为主要代表。中国古代对外贸易的结构性特点是：进口的商品以资源性产品为主，主要是满足上层贵族社会的奢侈品消费。到了宋代，这种情况有所改变，许多进口商品的消费不只是局限于上层社会，而且深入普通民众的生活，特别是京城和大都市居民，也已经开始大量消费进口商品。对大量进口商品的消费，催生了弥漫于全社会香艳梦华的奢侈之风。珠宝业的发展、香药的流行，成为那个时代流行时尚的文化符号。在唐代人所惊之华丽器物，在宋代已是百姓寻常之物，甚至宋人竟然嘲笑唐人贫眼没见过世面。

物质文化的交流是各民族文化交流的强大推动者和主要载体。不仅

中外文明交流互鉴十五讲

如此，物质的交流不仅仅是一件商品、一件有使用价值的东西，还包含着其背后的文化理念、审美情趣、价值取向以及科学技术等隐形内容，这些都对所接受的民族文化有着潜移默化的影响。宋元时代是中国科技文化大发展的时代，在天文学、数学、医学、化学等领域都有长足的发展，有些有明显的证据是受到阿拉伯文化的影响，还有一些很可能是在这种文化交流中受到的激励与开发而引起自身的发展。

在这种广泛的物质文化交流中，中国人的世界视野也比前代大为扩展。中国对于西方的认识不仅仅限于"西域"，不仅仅是有一些关于"大秦""拂菻"的遥远传说。这时候中国人对于世界的认知，包括对其物产、政治、经济和文化风俗的了解，都比较具体、比较切合实际。对外部世界知识的扩大实际上也在改变着中国人的世界观，改变着中国人对于外部世界的看法，同时也潜移默化地改变着对于自己和自己文化的看法。

与此同时，有更多的阿拉伯商人、波斯商人滞留在中国，形成了宋代的所谓"蕃客"，并出现了他们集中的聚居区"蕃坊"。自从汉以及南北朝时期，就有许多外国人进入中国，唐朝更为大盛，在社会生活上掀起阵阵"胡风"。到了宋代，随着对外贸易的大发展，来华的外国人更多了，除了唐以来的西域人、波斯人、阿拉伯人等之外，甚至还出现了开封犹太人社区。这样广泛的人员交流，形成了前所未有的文化多样性景观。

所以，在宋代，中外文化交流出现了前所未有的空前广阔的态势，其盛况远超过盛唐时代。

但是，这一时期的文化交流主要是在物质层面的、技术层面的，是一种补充式的传播和交流，是一种潜移默化的接受和融合，而不是冲击式的、震荡式的。这是因为，这一时期的海外文化在中国的传播，特别是阿拉伯文化在中国的传播，并没有触动、冲击到中国传统文化的核心价值，因而也就没有，也没必要引起中华文化体系相应的回应和改变。

所以，尽管宋元时代文化交流的范围很广泛，人员的往来很频繁，但没有对中国传统文化的体系有什么实质性的影响。我们在那个时代的文人中，既没有看到佛教进入中国时引起那样轰轰烈烈的震动和争论，没有李白、白居易那样的诗人对"胡旋舞""胡姬""酒家胡"的如醉如痴的赞颂，也没有晚清时期李鸿章那样空谷足音的惊叹"三千年未有之大变局"。有时候甚至觉得奇怪，宋元时代的那些知识分子们、那些文人学士们，对于满大街的外国人、对于满大街的奇装异服、对于琳琅满目的外国货、对于遍布各地的清真寺和景教寺，居然见怪不怪，没有多少值得注意的记载和评论，更没有唐诗中那样多以"胡风"为主题的诗词歌赋。思想的交流不属于这个时代。而且，在艺术和文学领域的文化交流，也没有多少使人要给予特别注意的东西。

这也许是宋代中外文化交流的一个时代性特点。

四、海上丝绸之路的中转站

中国很早就与东南亚地区有着交往和文化交流。早在新石器时代，一直到秦汉时期，不断有中国居民，向东南亚地区移民，给那里带去了先进的农耕文明，促进了当地的文明开发。中国培育的水稻和稻作文化就是由这些移民带到东南亚地区的。已经成为世界文化遗产的菲律宾梯田文化，就与中国南方的梯田文化有相似的关系。

中国与东南亚地区的交往和文化交流，更重要的意义在于，它们位于海上丝绸之路的要冲，是海上丝绸之路的中转站，是中华文化与印度文化、阿拉伯文化乃至西方文化交流的中转站。

古代中国文献记载的与中国交往的东南亚国家，首先是扶南国。"扶南"（Funam）一度读作 B'in-nam，是古代中国人对位于今柬埔寨境内、朱笃和金边之间的湄公河沿岸的一个王国的称呼。扶南雄峙半岛，威镇海疆，从2世纪到6世纪的400年中，扶南始终是东南亚势力强大、物产富饶的国家。它不但在政治上、军事上、经济上执东南亚牛耳，而且在交通上处于中国与印度、东方与西方的海上交通要冲。扶南的主要港口奥克·艾奥位于暹罗湾畔湄公河三角洲沿海边缘地区，今越南南部西海岸迪石以北。奥克·艾奥是工商业的中心，在它的

北宋重修天庆观记碑文拓片。碑文记述了宋代三佛齐国和宋王朝的友好往来，三佛齐商人捐资重修广州天庆观的事

遗址中有和暹罗湾沿岸、马来亚、印度尼西亚、印度、波斯乃至还直接或间接地和地中海地区通航的遗迹。它正位于当时中国与西方之间航海大道上。扶南南界3000余里的属国顿逊（其地在今缅甸的丹那沙林），是一贸易中心，"东界通交州，其西界接天竺、安息徼外诸国，往还交市""其市东西交会，日有万余人，珍物宝货，无所不有"。来自印度、安息以及中国的商人在这里交换来自东西的货物。

中国与扶南的最初交往，可考者为东汉章帝元和元年（84）。有学者认为，《后汉书》记载这年的"日南徼外献生犀、白雉"，此"日南徼外"即指今柬埔寨地区。大约在赤乌七年至十四年（244—251），孙吴曾派宣化从事朱应、中郎康泰出使扶南，受到扶南王范寻的热情接待。东晋时，道教学者葛洪曾经到扶南游历。在3—5世纪时，扶南与中国的使节往来

一直很频繁，两国关系也比较密切。

扶南位于中国和印度两大文明之间，深受两种文化的影响。特别是佛教在印度兴起以后，扶南"为佛教东被之一大站"，扶南成为中印两国文化交流的一座桥梁。有一些佛教高僧就是从扶南去中国的。南朝梁特设名为"扶南馆"的译经道场，以接待扶南来华的翻经沙门，可见当时的扶南佛教文化，受到中国朝廷的尊重。

海上丝绸之路的另一重镇是室利佛逝。室利佛逝是7世纪后半期在印度尼西亚西端兴起的一个新的海上帝国。它控制着马六甲海峡和克拉地峡交通要道，成为东南亚的海上强国和中西交通必经之地。室利佛逝对全球贸易起了重要作用，是东方的全球贸易的一个中心。

室利佛逝在唐代南海交通中的地理位置也十分重要，是阿拉伯、印度和中国之间贸易的一个重要汇合点，在中国与印度、与阿拉伯的交通贸易中起到了居间的作用。唐代佛教僧侣西行印度求法，有一些人走海路，其中大部分都途经诃陵或室利佛逝。有些僧侣在那里逗留很长时间，甚至终老不归。例如，唐代义净在国外游历和生活了24年，其间三次旅居室利佛逝，前后共达10年之久。唐朝与室利佛逝的交往和贸易关系也很频繁。唐朝时期，中国对外贸易的发展很大程度推动了室利佛逝的兴起。

10世纪初开始，中国文献对室利佛逝用的新名称是三佛齐，此后一直沿用到14世纪末。三佛齐与宋朝的交往也比较多，保持了密切的友好关系。在阿拉伯通往中国的海路上，三佛齐为中国与阿拉伯贸易的中转站，无论是阿拉伯商人来华，还是宋朝商人去阿拉伯，都要经过这里。三佛齐是一个大的国际贸易集散地，阿拉伯商人常常将货物运载到阿拉伯进行贸易，把其中的一部分商品卖于三佛齐，然后购买本国所没有的商品，前往宋朝进行贸易。而三佛齐亦将从阿拉伯商人手中得到的商品贩运到宋朝销售。所以在三佛齐运销到中国的货品中，有许多是阿拉伯特有的商品。

师子国，即现今的斯里兰卡。中国史籍对斯里兰卡早有记载，有许多光怪陆离、充满着怪异的色彩，说这是一个特别多"奇瑰异宝"的"大洲"，如珍珠、琉璃、火浣布等。斯里兰卡居于海上交通要冲，所以其奇瑰异宝中的货物，有许多非当地所产，而是转运贸易的商品，其中有许多是从印度乃至西方贩运到中国的。斯里兰卡一直充当着中国通往印度的海上丝绸之路的中转站。也正是商业上的特殊地位，师子国成为中国"蕃船"的远航目的地。古代中国人前往南亚次大陆，除了沿今安达曼海东岸航行的路线外，斯里兰卡也是必经之地。根据中国文献的记载，在唐代繁荣的海外贸易中，最大的商船是"师子船"。这些商船长达 200 英尺，可以装载六七百人，许多船只还拖着救生艇，并且配置了信鸽。

斯里兰卡在历史上与印度关系密切，对印度文化有着广泛而深刻的影响。因此，斯里兰卡也成为佛教东传的一个中转站。它与中国的许多交往都与佛教有关。东晋义熙六年（410），法显经印度到达师子国，在那里旅居 2 年，然后搭商船回国。来中国传播佛教的也有一些师子国僧人。入唐之初，斯里兰卡与中国来往更为频繁，多有僧徒从师子国来华的记载。

入宋以后，海上交通繁盛，斯里兰卡的地位更为重要。从泉州或广州前往今孟加拉国国湾沿岸、波斯湾沿岸以及东非各港口，都是将斯里兰卡作为起点的。

第八讲

蒙元时期的文化交流

一、成吉思汗大交换

在 13 世纪上半叶，蒙古在中国北方崛起。在近半个世纪中，蒙古帝国以蒙古大漠为中心，通过三次西征，以及对中国内陆地区包括金朝、西夏、南宋王朝的征服，把欧亚大陆的大部地区都纳入蒙古帝国的版图中，形成了从东到西庞大的蒙古汗国。蒙古帝国全盛时期幅员在 2840 万到 3108 万平方千米之间。它从西伯利亚冰雪覆盖的冻土地带延伸到印度的酷热平原，从越南的水稻田伸展到匈牙利的麦地，从朝鲜半岛伸展到巴尔干半岛。蒙古的都城哈剌和林和元朝上都成了当时世界的政治中心和文化中心，中西交通出现了前所未有的盛世，东西方文化的接触、碰撞、交流与融合出现了前所未有的规模。

蒙古人在广袤的欧亚大陆上建立起的大帝国，从东亚的海边一直延伸到欧洲的内陆，跨越了东亚的中国、中亚和西亚的穆斯林以及欧洲的基督教的几大文化世界。经过多次的征战，成吉思汗帝国将周围诸文明社会整合进一个全新的世界秩序之中，在这片广袤的大陆上实现了前所未有的"和平"景象。14 世纪的意大利人裴哥罗梯（Francesco Balducci Pegolotti）根据当时往来商人介绍的材料，著成《通商指南》一书，把当时颇为兴盛的中国与意大利贸易作了详细介绍，其中特别提到通往中国的商路是很安全的。波斯史学家志费尼（Djuveni , 'Ala u 'd-Din'Ata-Malik,1226—1283）描述说：成吉思汗"带来了完全的和平、安全与宁静；他实现了极度的繁荣与安宁；道路安全，骚乱减少"。

和平实现了，民族的疆域被打破了，文化的藩篱被拆除了，贸易的道路通畅了。因此，这就进入一个中西方文化大交流的时代，进入一个中国走向世界、世界认识中国的时代。

为了保护商旅和有利于传递信件，成吉思汗在西征时就开辟了官道，窝阔台开始建立站赤即驿站制度，忽必烈则把站赤制度推行到元廷势力所及的一切地方。站赤的发达标志着元朝国内交通的发达，也标志着元朝对外交往的频繁与广泛。依靠这个发达的站赤制度，元朝的天下，"梯航毕达，海宇会同"，超过以前任何一代。以大都为中心，在四通八达的驿道上，各国使节来往不绝，贩运队商相望于途，呈现空前活跃的局面。丝绸之路交通的恢复和发展，大大促进了东西方的经济贸易和文化交流。驿站不仅是商人、僧侣、使节等各色人往返的歇息之地，而且也是输送东西方文化的传递站，是文化的辐射地和集散地。

在欧亚大陆的另一端，这一时期的欧洲人也在积极地进行着从西方向东方的开拓。从11世纪开始，在近200年的时间里，在教廷的号召和组织下，先后发动了八次东征。这些东征与蒙古军队的西征大体处于同一时期，如第四次东征和成吉思汗的第一次西征就大体同时，而第七次东征则是在蒙古军队的第二次西征之后不久。东征打破了拜占庭和阿拉伯人在东方贸易中的垄断地位，打破了他们筑起的东西方贸易的屏障，冲破了中世纪对西方文化在时间和空间上的禁锢，使西方人得以发现东方世界，使中华文化与外部世界的交流进一步延伸到地中海以西和以北地区，造成了东西方文化交流的新态势。

在这一时期的欧洲，早期资本主义和商业也正在发展起来。在12—14世纪，地中海区域商业出现了空前繁荣的景象，并对欧洲的历史发展进程产生了深刻的影响。西方史学家常把这时的商业发展的"黄金时代"称为"地中海商业革命"。当时的欧洲，特别是在意大利，商业城市正在迅速发展起来，如威尼斯、热那亚等充分利用国际形势的变化，成为欧洲最大的国际商埠，成为13世纪欧洲最重要的商业中

拉施特《史集》细密画插图，蒙古军队追击敌军

心。意大利的比萨，法国南部的马赛、蒙伯利尔、那旁和西班牙的巴塞罗那也在一定程度上参与了东西方贸易。在当时，"威尼斯贸易"几乎成了"全球化"的代名词，马可·波罗一家就是这个时代走向东方的威尼斯商人之一。

12—14世纪地中海商业革命的强大推动力是与东方的贸易。到东方寻求财富是意大利商人们的梦想，也是他们奋斗的目标。那时候东方商品成了欧洲富人阶层重要的消费品，欧洲市场对东方商品存在"普遍的需求"。在《马可·波罗游记》中我们看到，他到处留心当地的物产、物价以及商业发展的状况和贸易形式，这不仅仅是出于商人的本能，也是一种需要，所以有人就把他的游记说成是东方贸易的指南。在这个时期的有关文献中，随处可以看到闪烁着欧洲商人的身影，他们活跃在中国的港口城市，甚至大都、杭州等这样的大城市之中。

交通的畅达、人员的流动，都为元朝中西文化的大交流创造了条件。这是一个中西文化大交流的时代，是物质和技术大交换的时代。美国学者梅天穆（Timothy May）在《世界历史上的蒙古征服》中，从全球史的角度讨论了这一时期的东西方大交流，认为13世纪的世界，是一个"全球化的世界"。蒙古四大汗国主动或被动地推动着东西方制度和文化方面的交流与互动，他称其为"成吉思汗大交换"。

1229年窝阔台继大汗位后，选定位于今蒙古乌兰巴托附近的哈剌和林作为都城，修葺一新，使之成为热闹非凡的一座国际都市。忽必烈入主中原后，在原来辽朝南京和金朝中都的所在地即今北京地方建元朝大都。哈剌和林和大都先后成了国际交流的政治中心和文化中心。元朝大都是当时世界上规模最宏伟的大都市。在大都里聚集了来自亚欧各地的贵胄、官吏、卫士、传教士、天文学家、阴阳家、建筑师、医生、工程技术人员以及乐师、美工和舞蹈家等。在马可·波罗、柏朗嘉宾和鲁布鲁克等人的记载中，都提到在大都、和林以及中国的其他地方见到过来自欧洲不同国家的人，有的是专业的工匠在大汗的宫廷里服务。

上都位于今内蒙古锡林郭勒盟正蓝旗境内，是元朝仅次于大都的第二个政治、军事、经济和文化中心。每年 4—7 月元朝皇帝率群臣到这里避暑并处理政务，元朝的很多重大事件都在这里发生。由于它的政治地位，贵族、官僚、商人云集于此，许多来华的外国人也聚于上都，使它成为当时"蒙古草原上最繁荣的城市"。

元帝国的建立，打破了原有民族、地域之间的界限，增进了各民族在经济、文化方面的交流，出现了有异于唐宋时期的盛况。元帝国之内，无民族、地域差别，所谓"四海为家，声教渐被，无此疆彼界"。商业领域打通了地域、民族方面的限制，出现了全国范围内经济、文化交流的大发展，西域人入仕元政府，学习汉文化，皆以中国为家，即"西域之仕于中朝，学于南夏，乐江湖而忘乡国者众矣"。

自汉代以后，特别是南北朝时期，开始陆续有西域商人以及其他人士进入中国，到了唐代达到高潮，形成外国侨民的群体。宋代则有"蕃客"和"蕃坊"。这些侨民或移民为中外文化的交流、为海外文化在中国的传播都做出了贡献。到了元代，这种人员上的交流，这种外国移民群体进入中国内地，形成了前所未有的一次大高潮。文化交流主要的依靠渠道是人员往来。人员往来使不同民族、不同文化的人有了面对面交流的机会，就有了互相认识、互相了解的机会。交通的畅达、人员的流动，都为这一时期中西文化的大交流创造了条件。

空前的人员大流动造成了空前的文化大交流。在这 100 多年的时间里，在欧亚大陆上出现了前所未有的"流动"的浪潮，有各类人员的流动、物质商品的流动、技术发明的流动、思想观念的流动、文化的流动。蒙古人的征战和统治为这一切的流动创造了广泛的条件和基础，他们本身就是文化交流的载体，他们也在创造一切可以使更广泛文化交流得以实现的载体。他们还担当了催生新的文化形式的使命。各种文化的相遇、交流和冲撞，一种文化要素从一种文明进入到另一种文明，不仅仅是原封不动的移植，还会出现许多新的变异，或者激发出新的文化因素的出现。

正是在这样的人员交流、文化交流的高潮中，西方第一次真正地认识了中国。在这个时代，欧洲人地理观点的进步，不仅仅是马可·波罗，还有其他旅行家们，还有往来于中国和欧洲的商人们，还有征服欧亚大陆的蒙古铁骑，他们一起改变了欧洲人的地理观念，向他们展现出了一个超出他们历史视界的世界。如果说，在古罗马那个时代，通过丝绸，欧洲人对中国只是有一些模糊的影像，那么，随着蒙古大军横扫欧亚大陆，开创了大交通、大交流的新局面，那么，欧洲人则看到了一个真实的中国，一个充满神秘和魅力的中国，中国第一次真正地为欧洲所了解。

二、四大发明的西向传播

在元朝所建立的这个混欧亚于一体的时代里，由于地理空间的开拓、全面开放的态势，形成了一个全球文化的新趋势。这对于欧洲社会文化的变革，有着深远的影响。欧洲人从这个全球文化体系中学到了很多东西，尤其是思想观念上发生了深刻的变化，而这正是引发文艺复兴运动的思想基础。

在这一时期，传入欧洲的中华文化最重要的就是四大发明中的印刷术、火药和火器以及指南针和航海罗盘，而另一项重要发明造纸术在唐代的时候已经西传。这四大发明，经过元朝的西传，进入欧洲本土，在欧洲的文化和社会生活中，对于欧洲的文化变革和社会变迁，对于影响世界历史进程的文艺复兴运动，起到了至关重要的作用。

中国的造纸术是通过阿拉伯人传入欧洲的。大约在 9 世纪，阿拉伯人造的纸就传到了欧洲。14 世纪是纸和造纸术在欧洲的传播取得显著进展的一个世纪。到 14 世纪末，意大利、法国、西班牙和德国南部都有了纸的生产，除了少数贵族外，纸大致已经代替羊皮纸成为通行的书写材料。那么，当纸代替了其他物质形态的书写材料，成为人们普遍使用的书写材料后，首先就造成了纸的使用的普及，读书和写作的人就多了。同时，也就改变了人们的书写方式，也改变了人们的阅读方式。大而言

中外文明交流互鉴十五讲

之，就是促进了文化的普及，因而推动了文化的大发展和广泛的繁荣。所以说，"纸写本是传播人类文明的圣火"。书写材料是文化传播和文明传承的重要载体，这个载体由于变得方便和平民化，所以使文化的普及和在普及基础上的大发展成为可能。纸的广泛传播和普遍使用，对于欧洲科学文化的发展起到了相当大的作用。特别是对近代欧洲科学的繁荣和文化的进步，对于知识的传播和理性主义的兴起，乃至对于欧洲走出中世纪的蒙昧主义迷雾，开辟近代文明新的历史纪元，都发挥了直接或间接的影响。

欧洲早期的活字印刷工场

在欧洲，造纸术和印刷术几乎是同时传播过去的。实际上，造纸术和印刷术是一个相互关联的发明。没有纸，印刷术几乎没有可能谈起。因为说到印刷，就是指在纸上的印刷。在纸上的印刷，就出现了现代意义上的"书籍"。大量印本书的出现，大大促进了欧洲人读写生活的变化，促进了宗教改革和新思想、新科学的传播，因而出现了文艺复兴时代。

造纸术和印刷术是一个相互关联的发明。印刷术的发明和发展，使人类科学文化知识的传播获得了一种崭新的形式，即印刷读物的形式。印刷术的发明，大大提高了书籍的复制速度，有力地推动了科学文化知识的广泛传播和普及，对人类生活的各个领域的进步和发展都发生了重大影响。

印刷术被誉为"文明之母"，印刷术的发明被看作是"人类文明史上的一个里程碑"。

由于欧洲各国使用的都是拼音文字，与雕版印刷并不适合，所以欧洲的雕版印刷事业并没有像在中国和东亚其他各国那样获得充分的发展，构成印刷史上一个有独立意义的阶段。欧洲人一般只把活字印刷的发明，算作印刷术的开始时期，而把雕版印刷只作为准备期间的一个重要步骤而已。在他们看来，活字印刷的发明才是印刷术的发明。

对于欧洲印刷史有重大意义的是德国人约翰·古腾堡（Johannes Gensfleisch zur Laden zum Gutenberg，1398—1468）的活字印刷技术。古腾堡早年从事过雕版印刷工作。他的活字印刷术是在 1450 年发明的。他以铅、锑、锡合金制成欧洲拼音文字的活字，并制造了活字印刷机。

在古腾堡活字印刷术及其印刷机在欧洲问世后不久，15 世纪中期直至 15 世纪末，在意大利、法国、荷兰、匈牙利、西班牙、英国、丹麦、瑞典等国都先后出现了德国的印刷者按照古腾堡技术创建的印刷所，全欧洲共有 250 家之多。有的印刷所在古腾堡的印刷技术基础上做了创新和改进。这种新的印刷技术受到了广泛的欢迎，出版书籍很快成为每一个大城市的光荣和有利可图的生意。

印刷术的发明从根本上改变了图书的流通方式和人们的阅读方式，使阅读不再是少数人的特权，而变成了一种可以大众共享的文化形态。对于文明的发展史来说，这是一个具有重大意义的变化。印刷术释放了书写文字的力量，成为现代文明发展的动力，加快了人类获取知识的步伐。印刷术的推广和使用，彻底改变了书籍的存在形态，同时也就出现了一个书籍大发展的时期，因而也就出现了一个文化大繁荣、大进步的时期。在印刷术推广之后不久，欧洲各国出版的各类书籍，不仅仅是宗教方面的书籍，还包括科学技术、文学艺术的书籍，都成倍成倍地迅速增长，印刷、出版以及书籍的销售成为一个新兴的、有利可图的大产业。

印刷术释放了书写文字的力量，成为现代文明发展的动力，加快了人类获取知识的步伐。由于印刷术的应用，把学术、教育从基督教修道院中解放出来，使学术中心由修道院转移到了各地的大学。学术文化不再是修道院所垄断的了，促进了教育的大发展和知识的世俗化，由此出现了中世纪后期文化科技艺术发展的高潮，迎来了文艺复兴的新时代。而到了 18 世纪启蒙运动时代，文艺复兴时期人文主义著作印本再次引起人们的广泛兴趣，以至法国大革命将古腾堡褒奖为第一位在欧洲传播"启蒙之光"的匠人，而将印刷术当作各民族的"自由火炬"。

印刷术的发明和广泛应用对于近代西方历史文化的影响是多方面的，甚至可以看作是近代西方历史的一个重要转折点。印刷术的广泛应用促进了欧洲的现代化，对政治、社会和文化等方面产生了激烈而深远的影响，使它成为一种社会变革的媒介和力量。

中国古代发明的火药的实际应用最初和主要的目的是在军事方面。在五代末、北宋初（10 世纪 60 年代），中国已有了真正的军用火药，引起了兵器史上的重大变革，从而在兵器发展史上开创了一个新的时代。

13 世纪时，蒙古军队发动了几次大规模西征，直接在阿拉伯境内战场上使用各种火器。从 1234 年蒙古灭金后，开封府等地库存火药、火器及守军中的火箭手、工匠等，尽为蒙古军所有，并立即编入蒙古军之中。后来历次西征时，这些火箭手也随大军西进，并在阿拉伯地区驻扎。

1571 年的勒班陀战役，第一次由炮火决定胜负的海上大战

1258 年 2 月蒙古军在郭侃率领下攻占阿拔斯王朝首都巴格达时，曾使用了"将火药筒绑在枪头上的武器"，即火箭。随着蒙古大军的西进，阿拉伯人已经掌握了制造火药和火器的有关技术。伊儿汗国建立以后，那里的不少阿拉伯人懂得火药和火器技术，有的还被派到中国内地在军队中服役。

由于火药火器在战争中的巨大威力，阿拉伯人将其大量用于军事装备。大概在阿拉伯人研制火药之后不久，便将其应用于作战。14 世纪时，火药和各种火器，包括管形射击火器，已广泛用于阿拉伯军事装备，并在同欧洲人的战事中多次使用。欧洲人在与阿拉伯人的战争冲突中认识到火药火器的威力和在战争中的重要性。

火药和火器的知识和技术经阿拉伯人的媒介传入欧洲后，迅速得到推广和应用。大约在 14 世纪上半期，欧洲就已经开始制造并在实战中应用火器了。意大利是欧洲最早制造和使用火器的国家，1326 年，意大利人便掌握了火器的技术秘密，佛罗伦萨下令制造铁炮和炮弹，欧洲开始造出了第一批金属管形火器。大约在 14 世纪上半叶，中国发明的火药和火器技术已经在欧洲广泛传播，并很快得到推广，应用于军队装备和各种战事。当时，欧洲正处于历史大变革的前夜。火药和火器的传入，对于这场历史大变革起到了重要的推动作用，对世界历史进程也起到了重要的推动作用。

中国古代"四大发明'之一的指南针是一种测向仪器，是依据磁铁的指极性原理制作的辨别方向的工具。在大约 11 世纪初的文献中，已经有了关于指南针的早期文字记载。在这时，指南针在中国已是常用的定向仪器，有多种装置方法，并已由指南针发现了地球的磁偏角。

指南针发明的最重要的意义在于它在航海事业上的应用。在指南针未发明以前，中国古代航海主要是凭地文定位技术和天文定向技术来导航。具有相当水平的地文和天文航海术，使海船得以在晴空下越洋远航。但是，在漫长的航行中，不可能总是晴空万里、视野清晰。因此，随着航海事业的发展，亟待有一种全天候的恒向导航仪器。指南针一经发明，很快就被应用于航海事业。北宋时期，中国在世界上最早使用指南针导航。使用以指南针原理制作的罗盘导航，大大提高了航路的正确性，使船只在固定的航线上安全航行，为船只在启航港和目的港之间定期往返提供了保证。不仅如此，航海罗盘的使用还促进了针路和航海地图的出现，使海上航行进一步完善。正是因为罗盘为人们提供了可靠的导航仪器，人们才获得了全天候远洋航行的能力，大大促进了远洋航海事业的发展。宋元时代，中国商船远洋航行空前活跃，与指南针的发明和罗盘的应用有很大关系。

宋元时代，中国的商船不但往来于中国沿海商埠与朝鲜、日本以及南洋诸岛之间，而且远航到印度洋和波斯湾沿岸诸国。中国发明的指南针也随着中国航海家的踪迹传播出去，成为各国航海家使用的导航仪器。

大约在 12 世纪后期和 13 世纪初，指南针就传到了阿拉伯人手中。因为当时中国商船是波斯湾和南海之间海上贸易最活跃的参加者，与阿拉伯航海家多有接触。有一些中国船还雇用波斯的船员和船长，因此中国船的一些先进的装备很容易被阿拉伯船采用。宋代开始使用的平衡舵，大约在 10 世纪已被用于红海的阿拉伯船。使用航海罗盘这样先进的航海技术导航，也很快被阿拉伯航海家掌握。

指南针传入欧洲，在欧洲的大航海时代起到了重要作用。地理知识的进步和指南针以及星盘的传入使得航海家们有勇气出海去冒险。由于指南针表明方向的结果，地图精确起来，并且地图的绘制也有了普遍性。这导致了达·伽马发现印度新航路、哥伦布发现美洲大陆和麦哲伦的环球航行。

三、中华文化对文艺复兴的激励

在西方文化由中世纪走向近代，在人们迎接近代文明曙光的伟大时刻，从远方中国传来的奇妙无比的四大发明，对于西方文化，起到了激励、开发和推动这一伟大历史转变的重要作用。或者说，四大发明是从外部刺激西方文化内部发生蜕变和更新的重要文化要素。四大发明对西方乃至整个世界的历史进程都起到了革命性的作用，推动和促进了整个人类文明的结构性改变。

四大发明通过各自的渠道和路线陆续传播到欧洲。它们的传播和接受，本来是各自独立进行的，互相之间并没有必然的联系。但是，它们传播到欧洲的时间却大致发生在同时，即在蒙古人通过三次西征而建立起跨欧亚大陆的超级大帝国的时代，是中西文化大流动、大交流的时代，也即欧洲发生文艺复兴运动的前夜。正是在这样一个文化接触的汇合点上，四大发明发挥的作用和影响远远超出了其本身的技术性范围，成为刺激文艺复兴运动并为其推波助澜的外来力量。

这是一种不可低估、不可替代，更不可否定的来自东方的文化力量。

文艺复兴是一次人类从来没有经历过的最伟大的、进步的变革，这种变革不是在个别领域、个别层面上，而是一种全方位的、涉及文化各个层面、渗透到社会生活各个领域的变革。正是经过这次历史性变革，西方的历史以及整个世界史走出了中世纪，进入了以理性和科学为旗帜的近代文明。

文艺复兴时期在思想文化领域表现出一个明显的特点：先进思想家们在从事新的文化的研究和创作中，广泛地利用古代希腊罗马的思想资料。在中世纪的时候，古代的这些文化成果遭到了严重的摧残，十二三世纪以后，古代典籍陆续从阿拉伯国家重新传入欧洲。先进思想家们对非基督教的古代世俗文化发生了兴趣，怀着极大的热情搜集、整理古代文化书籍，发掘古代文化遗产，研究古代语言、历史、文艺、科学和哲学，仿照古典作品进行创作。古典文化的研究蔚成风气。这也就是"文艺复兴"一词的最初含义。

而在古典文化复兴的过程中，造纸术和印刷术的传入，提供了强有力的武器和推动力量，刺激并推动了欧洲自由讨论风气的形成和文化知识的广泛普及。印刷术绝非一项单纯的技术成就，它标志着西方文明从此掌握了一种威力无比的工具，可以将其代表人物的零散的思想加以集中，使研究者个人的思索能够迅速地传递给其他研究者，以便充分发挥这些思想的效力，达到前所未有的严密性，从而具有极其强大的影响力和传播力。由于书籍带来的文化知识的广泛传播，欧洲人的精神进入了一个新的境界，学术中心由修道院转到各地的大学，而在大学中聚集了各种新的思想，进行着科学的研究与探索，孕育了崭新的近代文明。英国历史学家韦尔斯说，对人类社会各种事物的自由探讨和坦白陈述的精神，即思想自由和良心自由的精神，在这一时期逐渐形成，并发扬光大。这种精神在书籍印成以前虽已开始萌生，但把它们从朦胧状态中解放出来的却是印刷术。

造纸术和印刷术加速了欧洲近代文明的到来，而火药和火器的传入，则为打破旧有的统治秩序提供了强有力的物质力量，改变了欧洲的政治格局，宣告了欧洲中世纪的结束。至于指南针，它的直接影响在于开辟了欧洲大航海的时代。

作为西方文化发展史上具有划时代意义的文艺复兴运动，从一开始就受到四大发明以及与此相关的其他中华文化因素的刺激和推动，并以此为物质文化前提。四大发明的传入，激励和开发了西方文化系统内部的活跃因素，从而使西方文化的历史大变革成为可能。

中国的四大发明不仅为文艺复兴提供了物质基础，而且成为促进资本主义产生和现代人类精神解放、科学文化昌明的强大力量。

不仅如此，正是在这个时代，由于世界性的全面开放的态势、大规模的人员和物资交流、地理空间的开拓，欧洲人在思想观念上发生了深刻的变化，而这正是引发文艺复兴运动的思想基础。在元朝，形成了一个全球文化的新趋势，这个新的全球性文化经过几个世纪的发展，已经成为现代世界文化发展的基础。

四、马可·波罗及其同时代人讲述的中国故事

元代中西交通畅达，来往人员非常频繁，民间交往十分活跃，商贾往来络绎不绝。在当时的中国大地上，有许多来自西方的使节、商人、传教士和旅行家。他们回国后将在中国的见闻介绍给他们的同胞，有的还将自己游历的见闻笔录成书，为西方人了解中国和中华文化，为中华文化的西传做出了贡献。

马可·波罗（Marco Polo，约 1254—1324）是威尼斯人。1271 年，17 岁的马可·波罗随父亲和叔父同行，踏上了东方之途，开始了漫游东方的历史行程。马可·波罗在中国生活了 17 年，遍游大江南北与长城内外，对中国情况的了解远远超过当时的欧洲人。他回国后向乡人介绍东方见闻，引起人们极大的兴趣。而作为商人，他与其父、叔在中国各地经商多年而成为巨富，回国时带回大批珍宝，人称"百万马可"。他成为威尼斯的名流，参与城市的公共事务。

马可·波罗的故事因为《马可·波罗游记》这本书而广为人知。1298 年，马可·波罗在一次与热那亚人的战争中被俘而被关到监狱里。在狱中，马可·波罗给大家讲他在东方旅行的故事。同为狱友的比萨作家鲁思蒂谦诺（Rrsticianc）将其笔录成书。鲁思蒂谦诺笔录的这本书就是日后闻名于世的《马可·波罗游记》。据文学史专家认为，鲁思蒂谦诺在笔录《马可·波罗游记》时，态度严谨、忠实，《马可·波罗游记》的文字流畅自然，不尚浮华夸张，体现了历史的真实和马可·波罗口述的特点。但是，他也并非仅仅扮演了一个纤毫不失地机械笔录的角色。事实上，在鲁思蒂谦诺笔录的《马可·波罗游记》中，也包含着他对马可·波罗口述的接受、理解和再创造，包含着作为一位文学家的艺术匠心和风格。《马可·波罗游记》成为一本风靡欧洲、家喻户晓的书。

由马可·波罗口述、鲁思蒂谦诺笔录的《马可·波罗游记》共分 4 卷，229 章。第一卷叙述马可·波罗与其父亲、叔父东来时的沿途见闻。第二卷记载中国元朝初年的政事和大汗忽必烈的宫廷生活、都城、宫

殿、节庆、游猎等；马可·波罗奉使经太原、西安、成都等地赴云南各地的见闻；自大都南行至淮安、扬州、镇江、苏州、杭州、福州、泉州等地见闻，描述了各地的繁华景象。第三卷介绍日本、越南、印度尼西亚、斯里兰卡、印度、印度洋沿岸诸岛以及非洲东部等地区的情况。第四卷讲成吉思汗以后蒙古各汗国之间的战争和俄罗斯的概况。

《马可·波罗游记》以其丰富的内容、富有感染力的文笔，给欧洲的知识界开辟了一个新天地，极大地丰富了欧洲人对中国和东方的认识。这部

1477 年纽伦堡印本《马可·波罗游记》扉页的马可·波罗肖像画

《马可·波罗游记》被称为"世界第一奇书"，马可·波罗被誉为"中世纪的希罗多德"，不仅是中世纪最伟大的旅行家，而且是有史以来世界上的"最伟大的旅行家之一"。

《马可·波罗游记》完成不久的 14 世纪初，就已经有手抄本流传。在《马可·波罗游记》诞生后的头 20 年，其语言形式有法意混合语的、托斯卡纳语的、威尼斯语的、德语的、拉丁语的以及一种经过改造的法语形式的版本。《马可·波罗游记》的译本创造了中世纪史无前例的纪录。由于传抄和翻译的广泛，所以在 14 世纪《马可·波罗游记》成为法国人和意大利人史诗中有关东方内容的源泉之一。1477 年，《马可·波罗游记》的第一个印本——德文译本在德国纽伦堡印行。以后陆续翻译成多种文字出版。最早的英译本是 1579 年在伦敦出版的。

在马可·波罗那个时代，也有一些欧洲人士来到中国并写下他们的游历记录，但由于马可·波罗在中国生活的时间很长，并且广泛游历各个地方，出入宫廷又深入社会，因而马可·波罗对中国的了解比他们更深入、更充分，他的记述也比他们更具体、更详细、更富有感染力。因此，可以说，正是马可·波罗代表了那个时代欧洲人关于中国的知识水平。

马可·波罗及其游记的历史价值，在于以亲身的经历和见闻，比较系统地向欧洲介绍中国和中华文化，增加了他们对中国的了解。早在古罗马时代，罗马帝国和中国就有一些直接或间接的往来。在古罗马文献中，也有一些关于中国的记载。但是，这些记载大都得自传闻，有许多不准确或失实的地方。当时欧洲人对中国和中华文化的了解，犹如雾里看花，若明若暗，只是对遥远的东方帝国有一些模糊的印象。罗马帝国覆亡之后，欧洲进入中世纪时代。这个时代大约有五六百年的时间，即直到 12 世纪以前，被人们习惯地称为"黑暗时代"。这一时期，欧洲的历史和文化是落后的、发展缓慢的。在这一时期，虽然有许多中华文化的物质成果和先进技术经阿拉伯人西传至欧洲，中国与欧洲也有一些外交上的往来，如与东罗马帝国即拜占庭的交往，但实际上欧洲人关于中国的知识、欧洲人对中华文化的了解和认识，也并没有显著的进步与增长，并没有特别值得注意和重视的文献记载。当盛唐文化在东方如日中天展现它的世界性辉煌的时候，欧洲人却对此知之甚少。处于"黑暗时代"的欧洲人还不具备充分认识和理解中华文化的条件。

马可·波罗是第一个亲自游历中国并将其经历笔录成书的欧洲人。他大大开阔了当时欧洲人的地理视野，在他们面前展示了一片宽阔而富饶的土地和国家，引起他们对于东方的浓厚兴趣。而对于那个时代的欧洲人来说，马可·波罗的故事确实使他们大开眼界。有人说，马可·波罗的中国之行，"揭开了欧洲人心灵对于亚洲文化想象的序幕"。就像 200 年之后的哥伦布一样，马可·波罗为欧洲人发现了一个新世界。

直到十五六世纪，欧洲人对于东方的历史和地理知识逐渐丰富，《马可·波罗游记》的价值才被注意和重视起来。怀疑化为相信，伴随而来的是惊奇和羡慕。所以，有人说，马可·波罗用了 20 年时间认识中国，而欧洲人认识马可·波罗却用了 200 年。

200 年后，世界历史进入大航海时代，而《马可·波罗游记》展现的中华文明，成为刺激欧洲人发动大航海运动的强大心理动力。当时一些著名航海家和探险队的领导人曾读过马可·波罗的游记，从中受到鼓舞和启示，激起他们对于东方的向往和冒险远游的热情。张星烺先生曾说，《马可·波罗游记》"诱起"哥伦布决心漫游东方而至发现美洲，正是此书"最伟大之功绩"。

在马可·波罗到达中国之前，先有教皇派遣修士柏朗嘉宾（Jean de Plan Carpin,1182—1252）出访蒙古，后来又有一位叫鲁布鲁克（William of Rubruk）的法国方济各会修士受法王路易四世派遣，于 1253 年出使蒙古汗廷和林。鲁布鲁克在和林住了 8 个月，自蒙古返回欧洲。他抵达塞浦路斯时，当地的主教不允许他赶到法国去见路易王，而是叫他把旅行经历写下来，另派人转交国王。鲁布鲁克只得这样做。于是他以长信的形式记下了他的行程，此即流布后世的《鲁布鲁克东行纪》。不过，他在报告的末尾要求到法国面见国王，大概获得了准许，所以后来鲁布鲁克还是回到了法国。几年后，英国著名哲学家和科学家罗吉尔·培根（Roger Bacon，约 1214—1293）在法国遇到他，向他详细询问了旅途的经历和发现，并且几乎将每个地理细节都在他的名著《大著作》中披露出来。关于火药的知识，也是在这次会见中鲁布鲁克向罗吉尔·培根介绍并第一次进入欧洲文献中的。

另一位传教士更为著名，叫鄂多立克（Odoric of Pordenone，约 1280/1285—1331）。他更是以一位旅行家著称于世。他和马可·波罗、伊本·白图泰、尼古拉·康蒂一起，被誉为"中世纪四大旅行家"。鄂多立克是意大利人，圣方济各会修士。1318 年，他开始了长达十几年的东游旅行，大约在 1322 年到达中国的广州。他由广州东行，至福建的泉州、福州，北上经三省交界的仙霞岭，至杭州和南京。再从扬州沿大远河北上，最后约在 1325 年到达元朝大都，受元泰定帝接见，并在大都留居 3 年，于 1328 年启程回国。返程取道天德军（河套），经陕西、甘肃到达拉萨，然后经中亚、波斯，返回意大利。鄂多立克回国后，将旅途见闻口述，由索拉纳的僧侣威廉笔录成书，即流布于世的《鄂多立克东游录》。此书一经问世，就受到人们的重视，以后陆续有拉丁文、意大利文、法文、德文等各种语言抄本达 76 种之多。

另一位同样被称为"四大旅行家"之一的伊本·白图泰（Ibn Battūta，1304—1377）是生于西北非洲摩洛哥的阿拉伯人。1325 年，伊本·白图泰离开家乡，取道陆路前往埃及的亚历山大城，从此开始了他的游历生涯。他用了 26 年的时间，行程 12 万余公里，游历了半个世界，足迹遍及亚、非、欧三洲的大地。1349 年，伊本·白图泰经过多年的旅途生活，回到故乡，来到摩洛哥首都非斯。他的关于世界的渊博知识受到非斯苏丹阿布·伊南的赏识，召他入宫任职，并委派他出国去完成外交使命。他再次回国后，阿布·伊南命他回忆在世界各地旅行的情形，由文学秘书穆罕默德·伊本·玉萨笔录成书。经过一年多的勤奋工作，这部举世闻名的《伊本·白图泰游记》于 1355 年 12 月完成。

伊本·白图泰的游记原名为《异域奇游胜览》。在这部著名的游记中，伊本·白图泰详细介绍了他游历世界各地的见闻，描绘了阿拉伯、突厥、印度和中国文明的生动图景。它最初被收藏在马林王朝皇家档案馆，直到 1840 年被译成葡萄牙文出版。此后注家蜂起，竞相翻译，至今已有 30 多个译本，被译成了 40 多种语言。

在马可·波罗时代，还有几部关于中国的文献，有《海屯行记》《光明之城》，以及实际上是伪书的《曼德维尔游记》等。这些文献，以及马可·波罗和诸位传教士、旅行家们留下的报告，代表了那个时代西方人对中国与中华文化的认识和了解、西方人关于中国的知识所达到的水平。

到了 13—14 世纪，从客观条件来说，由于蒙古的西征和四大汗国的建立，中西交通大开，有了更多的接触和交往的机会。从主观方面来说，一方面，11 世纪以后，欧洲的经济、社会和文化都有了较大的进步，出现了新的复兴和繁荣；另一方面，蒙古人西征的威胁，强化了欧洲人了解东方的愿望和自觉性。因而，13—14 世纪欧洲人关于中国的知识，无论是在广泛性和丰富性上，还是在知识的层面上，都达到了一个新水平。

13—14 世纪，欧洲人关于中国的知识，已经主要不是得自传闻，而是来自那些亲自到中国游历和在中国生活过的旅行家们的经历和见闻的记录，来自他们对中国事情的记述和报道。他们在中国生活的时间有的甚至很长，如马可·波罗竟在中国 17 年之久。因而他们有机会与中国社会各方面人士接触，包括皇帝、官员、僧侣、商人，乃至普通百姓；他们有机会在中国广泛游历，南至广州，北至哈剌和林，甚至到过西藏，马可·波罗到过云南大理。因而他们面对面地认识了中国人，他们对中国和中华文化的了解是直观的、具体的、生动的、真实的。他们不再是把传闻而是把直接的感性经验作为中国知识的基础。

在这一时期欧洲人对中国的认识中，商人也发挥了很大的作用。如我们已经知道的，马可·波罗就是以商人的身份来华的。有的研究者认为，马可·波罗在中国 17 年中的主要活动也是经商。由于商业活动的特点，他的活动范围不限于上层和少数人，而是有可能深入社会，与更广泛的人群接触。所以，如前面提到的，与他同时代那些传教士的记载相比，马可·波罗的游记更深入、更充分、更具体、更富有感染力。

通过《马可·波罗游记》及鄂多立克、伊本·白图泰等人的游记，以及伪书《曼德维尔游记》等文献，欧洲人建立起了一个比较完整的中国地理观念。在古罗马时代，人们只是对产丝的"赛里斯国"有一个大致的方向，即在遥远的东方，而现在的欧洲人则已经对中国的疆域有了比较清楚的概念。这个时代的文献中，都说到中国地域辽阔、疆土广大，全国分成十几个省。有的把中国北方叫作"契丹"，把南方叫作"蛮子"，有的则把"蛮子"看作是契丹的一个省。无论是哪种提法，所指的地方都是具体而且准确的。在这些文献中，对中国的地理环境也有所描述，如提到北方的沙漠、南方的平原，提到长江、珠江乃至大运河。同时，还提到朝鲜、日本、印度等中国的邻邦，提到中国东临大海。总之，这个时候的欧洲人通过那些旅行家的描绘，已经对中国的地理位置和行政区划有了大体准确和清楚的概念。

马可·波罗等旅行家们对中国的城市怀有极大的兴趣。几乎所有重要的游记、报告和书信，都不厌其烦地描述中国的城市，包括大都、杭州、泉州、广州，还有福州、苏州、南京等大都市，也包括忽必烈之前的蒙古汗国都城哈剌和林，甚至涉及一些中小城市。他们往往都以赞美和惊叹的口气详细地描述这些城市规模巨大宏伟，宫殿建筑辉煌壮丽，城市繁华、交通便利、人口众多、物资丰盈。大都和杭州更是他们大加渲染、赞颂的对象。这些旅行家们往往对这些大都市的文化氛围乐此不疲，深为其陶醉。这种现象，不仅仅反映了他们个人的兴趣与感受，而且与当时欧洲城市文化的兴起有很大关系。城市的兴起并日益成为社会生活的中心，成为政治、经济和文化的中心，是 10 世纪以后的一种世界性政治、经济和文化现象，是欧洲资本主义前夜的一种历史现象。正因为有这样的背景，所以那些从欧洲来的旅行家们，对在中国看到的规模宏大、欣欣向荣的大都市会特别地关注；而他们对这些都市的描绘，也会引起欧洲读者们的热烈反应。

他们都注意到并且着力描写中国的疆域广大、人口众多、物质繁荣和社会富庶。对正处于中世纪的欧洲人来说，面对着如此繁华的强大的中国，他们会发出由衷的赞叹和惊讶。同时，他们深入日常生活领域，对中国的社会经济文化生活有了更广泛的涉及。他们不仅介绍了中国的典章制度、礼仪规范、丰富的各种物产，而且用很多篇幅描绘他们所了解的风俗习惯和日常生活。中国人的婚丧礼俗、饮食起居、家庭伦理、社会刑罚等等，都为他们的报告所涉及。

无论是马可·波罗的游记，还是鄂多立克、伊本·白图泰等人的叙述，都给欧洲人展现了一个新的世界，一个完全新奇的奇异之邦，因此也刺激了西方世界对东方这一神秘、虚幻之地的兴趣。这在随后欧洲对东方的想象和知识建构中起到了相当重要的作用。

第九讲

郑和下西洋与文化交流

一、海上丝路的文化盛事

宋元两代，中国与东南亚和南亚广大地区的各个国家的官方交往和民间交流都比以前有所发展，海上丝路进一步开辟和延伸，商船往来不断，贸易活跃繁荣。东南亚地区各国成为中国与印度开展文化交流的中转站，成为海上丝绸之路的中转站。而至明初，中国与东南亚和南亚地区的交往和文化交流、中华文化在东南亚和南亚地区的传播，出现了一次前所未有的高潮。而这个文化交流高潮的出现，则肇始于号称"明初盛事"的郑和下西洋。

郑和下西洋不是简单、孤立的事件，而是永乐时期文治武功和对外交流的一个有机组成部分。明初，明太祖对内采取"休养安息"政策，对外实行"怀柔"的羁縻手段，对外关系和经济文化交流出现了新的态势。明太祖宣布将朝鲜、日本等15个海外国家列为"不征之国"，告诫后世子孙不得恣意征讨。这15个国家，是当时与明朝建立了交往的国家，是明朝初年已知范围内周边"隔山限海"的国家。这些国家基本上都是在当时明朝人认为的东洋范围，即今天的东北亚和东南亚地区的国家。

明朝是当时亚洲乃至世界强国，为了彰显其大国地位和稳定周边局势，成祖继承洪武时期外交政策，其外交政策的核心仍是"锐意通四夷"。他以与汉唐宋元盛世相比隆的气势，提出"抚驭万国"的政治原则，广泛派出使节遍访海外诸国，招徕它们入明朝贡，"宣德化而柔远人"，以和平方式竭力构建明朝视野中的世界新秩序。

作为郑和下西洋这次大航海行动决策者永乐皇帝的基本想法，是鼓励海外诸番纳入天朝礼制体系。在这个体系中，中国皇帝是"天下共主"，在这个大一统的国际格局中，以和平的手段，谋求实现中国与海外诸国"共享太平之福"的对外总方针。郑和下西洋，正是大明王朝整体外交政策的重要一环。

郑和下西洋是明朝初期大力发展中国与海外诸国之间友好关系的重

中外文明交流互鉴十五讲

要举措。明初洪武至永乐年间，海内升平日久，国运昌隆，使明朝皇帝更倾心于追溯历代盛世中帝王的治绩，向往在海外树立威望，享有盛名。因此，明朝廷对海外诸国采取了以和平外交手段广为联络，建立以中国为主导的国际间和平相处局势的方针。这种方针也就是所谓与海外诸国"共享太平之福"，就是要建立起一种国际和平环境，既在各国之间消除欺寡凌弱的现象，又使中国免受外患的威胁，并发展中国与亚非各国之间在政治、经济、文化诸方面的友好关系。永乐皇帝派遣郑和数下西洋，就是为了贯彻、实现这一外交方针。

郑和下西洋的旷世壮举，正是明朝初期为大力发展与海外诸国的外交关系，包括文化交流和贸易关系的一项重大举措，是古代中国致力于走向世界、建立以"天朝礼治秩序"为基本框架的国际关系格局的一次重要努力。当然，这样的重大举措和努力也并非偶然出现的，它是中国向海外开放历史过程的延续，特别是中国与东南亚、南亚广大地区交通往来历史过程的延续。而宋元以来造船和航海技术的发展以及宋元两代发展的中国与东南亚、南亚各国的海上交通，为郑和下西洋提供了历史的和技术的前提，明初国内生产的繁荣、经济的发展，为郑和大规模的航海活动提供了雄厚的物质基础。

郑和下西洋的船队是一支规模庞大的船队。郑和的船队每次远航，随行者总数在二万七八千人之间。郑和船队完全是按照海上航行和军

郑和第五次下西洋前夕在泉州东郊灵山行香所立《郑和行香碑》拓片

事组织进行编成的，船队的船只有的用于载货，有的用于运粮，有的用于作战，有的用于居住。分工细致，种类较多，是一支以宝船为中心、各舰密切配合的庞大的混合舰队。

郑和船队的每次远航，一般由63艘大、中号宝船组成船队主体，加上其他类型的船只，共"乘巨舶百余艘"。据记载，第一次下西洋时乘船208艘，"维峭挂席，际天而行"，蔚为壮观，是七次下西洋中动用船只最多的一次。

关于明初"西洋"的地理概念，"东洋"和"西洋"是从海上划分的。根据马欢《瀛涯胜览》记载，当时是以南渤里国为东、西洋的分界，它位于今天的印度尼西亚苏门答腊岛。在岛的西北有一个很小的帽山，帽山以西被认为是西洋，也就是说今天的印度洋才被称为西洋。按今天的航区概念来说，即以马六甲海峡西口为界，其西的广大北印度洋水域为"西洋"，其东的东南亚和东亚水域为"东洋"。

郑和下西洋，先后七次，历时近30年之久，其间又可分为前后两个时期。前期从永乐三年（1405）郑和第一次奉命出使，至第三次下西洋于永乐九年（1411）归国为止。在这一时期中，郑和使团的活动范围，不出东南亚和南亚，而主要往来于东南亚各国之间，主要为解决中国在东南亚和南亚所面临的一系列问题，树立起中国在东南亚和南亚各国中的威信，"重振已坠之国威"，进行广泛的外交活动。后期包括郑和下西洋的第四次到第七次的航行，从永乐十一年（1413）到宣德八年（1433）间。后期航海的主要任务，是向南亚以西继续航行，到达波斯湾以远地方，通过开辟新的航路，让从来不通中国的海外远国，重译而来，"宾服"中国。在后期航海中，郑和船队经过南洋群岛，横渡印度洋，取道波斯湾，穿越红海，沿东非之滨南下，最远到达赤道以南的非洲东部沿岸诸国及马达加斯加岛一带，分航甚至远达西非沿岸。

上述七次下西洋，所航行的路线略有不同。在航海沿途，船队设立了四大交通中心站和航海贸易基地。这四大交通中心站分别是占城、苏门答腊、锡兰山别罗里和古里。占城和苏门答腊属于中南半岛、马来半岛范围，为郑和船队发展南海及南洋海上交通，与东南亚各国进行航海贸易的要冲之地。别罗里和古里属印度半岛及其附近范围，为郑和船队发展印度洋和阿拉伯海上交通，与南亚、西亚和东非各国进行航海贸易的要冲之地。郑和船队以上述四大交通中心站为海运的枢纽，在广大的海域内建立起纵横交错的海上交通网络，使船队的航行尽可能达到所能达到的地方。

从永乐三年（1405）首次下西洋，至宣德八年（1433）结束最后一次航程，郑和"浮历数万里，往复几三十年"，到达亚非30多个国家和地区，在世界航海史上谱写了光辉的一页，创造了巨大的功绩。梁启超称赞郑和下西洋之伟大业绩："及观郑君，则全世界历史上所号称航海伟人，能与并肩者，何其寡也。"

二、赐冠服、颁正朔与文化交流

郑和下西洋是中外关系史上的一件大事，更是中国与东南亚、南亚地区经济文化交流史上一件具有划时代意义的大事。郑和七下西洋的伟大历史壮举，对于扩大明王朝的国际声威、传播先进的中华文明、加强

郑和船队停泊在南洋岛国

中国与海外诸国之间的相互了解与交流，起到了巨大的推进作用。

郑和的船队与所到国家建立了友好的关系，不仅向各国展示和传播了中华物产的丰盈和中华文化的灿烂辉煌，加强了中国与这些国家的交流往来，扩大了中华文化在海外的传播，而且进一步开拓了海上交通，促进了海外各地社会经济文化的发展。郑和下西洋，既是海上丝路上的一篇宏伟篇章，又是海上丝路的进一步延伸与开拓，使中国与南海诸国以及更远国家贸易和文化交流，使中华文化在海外的传播，达到了更高的水平。

郑和下西洋的主要任务，是与东南亚、南亚乃至更远的国家开展广泛的外交活动，加强与这些国家的官方联系，建立以中国为主导的国际和平环境。郑和在历次奉使出航中，都认真贯彻明王朝的和平外交方针，致力于发展与各国的友好关系，使明朝的国际威望大大提高，与海外诸国的官方关系更为密切，取得了重大的外交成就。

由于郑和下西洋的影响，明永乐、宣德年间与东南亚、南亚等地区的交通往来出现了空前繁荣的盛况。许多国家纷纷向中国派遣使节，以通友好。包括那些位于"绝域"的远方国家，"如祖法儿以下诸夷，多有自古未通者"，出自对中国的敬慕，沿着郑和所开辟的航路，不远万里，纷纷来华。有的国家是国王携妻带子与陪臣一同入朝。郑和每次返航时，都有海外诸国使者随船来华——第一次下西洋返国时，有苏门答腊、满剌加、古里等国的使者随行；第五次下西洋返国时，带回了 17 个国家和地区的使者；第六次下西洋返航时，出现了暹罗、苏门答腊等 18 国 1200余名使臣同时来华的盛事。

郑和下西洋不仅在发展与海外诸国的官方联系方面取得了巨大成就，而且在向海外诸国传播中华文化、促进当地社会的文明开化和文化进步方面做了大量工作。从下西洋船队的派遣者明成祖，到船队的统帅郑和，乃至郑和的一般随行官员，都对向海外传播中华文化有着自觉的认识，并高度重视这项工作。郑和在亚非各国访问时，本着"王者无外，中天下而立，定四海之民，一视同仁"的精神，努力宣扬文教，以中国先进的文化和精神文明成果，来影响海外国家的精神生活，提高其文化程度，接受中国的礼仪，改变其落后的习俗。

在中国古代政教制度中，历法和冠服是最具有民族色彩的事项，一向为国家施政上最重要的措施。所谓"改正朔，易服色"，是封建国家对内对外的两件大事。

对船队所至国家给赐冠服，是郑和下西洋的使命之一。给赐冠服具有让海外国家接受中国礼仪、移风易俗的意义。郑和到访时，奉命"颁诏"，赐明朝冠服予渤泥、暹罗、爪哇、占城、满剌加、锡兰山、古里等国，同时主持"施恩封泽"仪式，对各国国王赐以皮弁玉圭、麟袍、龙衣、犀带，而对一般使节赐以"朝服"和"公服"。如永乐七年（1409），郑和代表明朝廷赐给满剌加冠带袍服后，满剌加头目拜里迷苏剌的身份发生了变化，由一个部落的酋长正式成为一个国家的国王，冠服之制如中国，这就改变了原先那种"不习衣冠疏礼义"的落后状态。后来，拜里迷苏剌入明朝贡，成祖又几次赐给他及王妃冠服仪仗等。其他各国也是如此，"愿比内郡依华风""仰慕中国衣冠礼仪，乞冠带还国"（《明成祖实录》卷四〇）。

明初对四邻国家屡次颁给历法。《明实录》中载有许多这方面的实例。据申时行等重修的《明会典》记载，在正统朝以前，琉球、占城等国，俱因朝贡，每国给予王历一本，民历十本。郑和出使海外诸国，"所至颁中华正朔，宣敷文教，俾天子生灵，旁达于无外"。所谓"颁中华正朔"，就是颁给本朝的历法，要求海外诸国承认明主朝为"正朔所在"，奉行明王朝颁给他们的历法。郑和第五次下西洋时，将《大统历》赐予占城国王占巴的赖。宣德元年（1426），明廷又派人前往占城颁赐《大统历》。从此，占城普遍采用明朝的《大统历》。明代颁布的《大统历》是源于元代的郭守敬创制的《授时历》，是当时比较先进的历法。郑和向出使国家颁给历法的重大意义，不仅在于使它们有一本比较精确的历法，以便于日常生活和生产，而且更在于使诸国能以接受中国的礼俗，促其社会文化面貌向前接近于中国方面转化。

明代的历法分为"王历"和"民历"两种，每种都有历注，记载一些应行的事宜。两种历法历注所载62事，包括上至国家大事，下至百姓日常生活的各项事宜，其内容极为丰富，集中了中国人民千百年实践对季节、气候的规律性认识，包含了中国国家政治、社会生活、日常礼俗的各个方面，是中国农业文明的集中体现。郑和所到之处，通过"颁正朔"活动，将中国的政教礼俗和先进文化介绍给海外诸国学习，作为让海外诸国"变其夷习"的依据，以此对之实行引导，改善其落后的生存状态，发展其社会文明。郑和对海外诸国颁给历法，对促进当地天文历法的进步也有重要意义。

郑和下西洋时，还向海外诸国赠予中国图书，比如有记载《列女传》。当时凡郑和使团舟车所至的国家和地区，都得到明朝廷赠给的《列女传》。成祖亲自为这部《列女传》作序，表示赠书的目的是向海外诸国宣扬"经纬之道"，以"修太平之业"。如此广泛地向海外诸国赠送书籍，乃是郑和下西洋时期中华文化向海外传播的一件大事。

总之，郑和及其率领的庞大船队，在七次下西洋、遍访诸国的航程中，在发展与这些国家政治、经济关系的同时，大力宣传和传播中国的先进文明，推动当地的文明开化和文化繁荣，做出了重大贡献。中华文明的礼仪典制、儒家思想、天文历法、度量衡制、农业技术、制造技术、建筑雕刻技术、医术、航海造船技术等对西洋各国，特别是东南亚地区，产生了重要影响。随着丝绸、瓷器、建筑艺术的传入，各国的服食器用水平得到了提高；中国的钱币流入西洋各国，促进了当地货币的流通和使用；铁器等先进生产工具的引进，加快了南洋岛国的开发；明朝典章礼仪制度的传入，则深深影响了各岛国的文明进程。由于郑和及其船队的努力，中国与东南亚、南亚等地区的文化联系更为密切。中华文化在东南亚和南亚地区的传播，也由于郑和的努力而达到一个新的水平。

马来西亚槟城寺庙的郑和下西洋宝船壁画

三、郑和下西洋与海外贸易

发展对外贸易，与海外诸国互通有无也是郑和下西洋的目的之一。郑和船队在海外活动的近 30 年中，始终进行着广泛的贸易活动。因此，每次出航，都携带大量货物，或作为礼品赠送所到国家国王和头目，或与当地物产交换，进行官方贸易。通过资赐和贸易，将深受国外欢迎的中国彩币、瓷器、名贵药物、铜器等传播于诸国，对各国有很大的吸引力。郑和下西洋时期，明代的海外贸易达到最繁荣、最活跃的时期，不仅马六甲海峡以东的邻近各国，甚至整个印度洋地区国家都纷纷通过官方途径和中国发展直接的贸易关系。

郑和船队访问亚非各国，在与各国建立友好关系后，即与该国社会各阶层人民进行广泛的贸易活动。郑和既是明王朝的国家使节，也是政府的通商代表。与所到各国进行通商贸易，是郑和船队的主要任务之一。郑和第二次下西洋时，曾到达泰国海湾，将丝绸、瓷器、铁器等礼品赠于阿瑜陀耶王朝的王公大臣，另将大批货物在当地进行贸易。马欢在《瀛涯胜览》中记载，在祖法儿国，"中国宝船到彼，开读赏赐毕"，在国家之间的外事活动结束后，"其王差头目遍谕国人，皆将乳香、血竭、芦荟、没药、安息香、苏合油、木别子之类，来换易纻丝、瓷器等物"。这在每个所到国家都是这样。

所以，郑和船队每次出航，都携带大批货物。郑和船队运往各国的货物，包括有红丝、刺绣、湖丝、雨伞、绸缎、瓷器、麝香、烧珠、青瓷盘、碗、书籍、樟脑、橘、金、银、铁鼎、米、谷、豆等。船队所携带的货物不但数量可观，而且更以产品的独特见长于世。中国特产的锦绮、纱罗、绫绢、纻丝以及青花、釉里红瓷器，都是独步世界的产品。各种青瓷盘碗、烧珠、麝香、大黄、肉桂、铁鼎、铜器等也是大宗出口货物，其中尤以丝绸、瓷器数量最多。

船队所到各国，对中国的货物都非常喜爱和欢迎，都希望能够普遍地得到供应。郑和船队所进行的贸易活动，处处呈现一派繁忙的景象。

除了颁赐给当地统治阶层的赏赐外，郑和船队所携带的货物，都是按照市场的价格进行交易。郑和首次下西洋到达古里，船队带来瓷器和丝绸，古里国国王派掌管国家事务的大头目带领二头目、算手、中介人和明朝官员面对面议价，进行平等交易，击掌定价，书写两份合约，各收一份，此后无论货物价格升降，双方都信守合同无悔。古里国以六成金币"法南"和银币"答儿"支付货款，随后古里国的富商带来宝石、珍珠、珊瑚等货物来议价，为期一到三个月。

郑和船队有时还直接与当地居民进行交易。郑和船队抵达一国后，并不仅限于在国都或大码头、大市镇进行交易，而且派遣船只到各国内地的市集上去做买卖。《郑和航海图》所标地名极多，于偏僻处注明"有人家"字样。由此可见贸易活动范围极广。船队还允许随船官员、海员、兵弁携带一定的私人出海贸易，以鼓励参与这项出海时间长、危险性大的航海人员的积极性。第六次下西洋前夕，1421年，永乐皇帝在敕令中特别关照"其官军原关粮赏，买到麝香等物，仍照依人人数关给"，当时麝香在热带地区为俏货，货轻价高，供不应求。皇帝允许下洋"官军"携带"麝香等物"贩之海外。船队返航时也允许兵弁海员携带"番货"回国。

郑和每次下西洋，都携带大量中国铜钱，或作为礼品馈赠，或为贸易之用。使用中国铜钱，对促进各地农业、手工业和商业的发展意义重大。中国的金融制度在东南亚通行了几个世纪，直到 20 世纪前半期，印尼巴厘岛等地还在使用中国清代的铜钱。

在漫长辽阔的海上丝绸之路上，郑和还在满剌加、古里、忽鲁谟斯建立了三个航海贸易据点，又在占城等地设立规划贸易的大本营，以充分发挥船队从事海外贸易的潜力。这些地方也因此出现了繁荣的景象。

郑和下西洋，建立了当时世界上贸易最为活跃的贸易圈之一——亚洲贸易圈。通过郑和下西洋，亚洲贸易网络形成。在这一网络基础之上，亚洲区域贸易的整合得以实现，东西方的连接也由此完成。郑和船队在发展与亚非各国的贸易方面取得巨大成就。郑和下西洋打通了中国和东南亚以及西洋各国的海上贸易通道，不仅把中国和东南亚各国的政治交往推向了高峰，也为这一地区的繁荣铺平了道路，促进了当地经济的开发和社会的发展。而在下西洋结束以后，在海道大开的背景下，民间私人海上贸易蓬勃兴起，东西方贸易进入了一个崭新发展阶段。

四、郑和下西洋与欧洲人大航海之比较

15 世纪是人类走向海洋的时代，是人类的大航海时代。15—16 世纪世界大航海的意义都是堪称巨大的。在这 100 年略多一点的时间里，中国人于欧洲先后从欧亚大陆的两端，分别进行了空前的向海洋的大进军，这一场大进军不仅显示了人类征服海洋的勇气、智慧和技能，更重要的是标志着人类从此进入了一个带根本性的历史转折时期：世界各大洲居民相对封闭隔绝的状态，从此渐被彼此密切交往，人类渐成一体的状态

郑和与侍者像

代替，与此相适应，人类的文明发达程度急剧提高，生产力低下的古代和中世纪成为过去，高度发展的新的时代向人们迎面走来。

郑和的远洋航行，正发生在15世纪初，是他拉开了整个大航海活动的序幕。他的航行比哥伦布发现美洲大陆早87年，比达·伽马早92年，比麦哲伦早114年。李约瑟说，当世界变革的序幕尚未揭开之前，在地球的东方，郑和下西洋呈现出一幅中国人海上称雄的光辉灿烂的景象。

从1405年开始，在近30年间，郑和率领中国大明皇朝的200多艘船航行在世界海域上，航线从西太平洋穿越印度洋，直达西亚和非洲东岸，途经30多个国家和地区。郑和下西洋，其船舶技术之先进、航程之长、影响之巨、船只吨位之大、航海人员之众、组织配备之严密、航海技术之先进，在当时的世界上，都是罕有的。甚至在航海时间，船队规模以及航海技术诸方面，均是哥伦布等人的航海活动所望尘莫及的。郑和率领的这支船队，是15世纪规模最大的远洋船队。在郑和下西洋停止之后几十年的15世纪末和16世纪初，几支著名的西方远洋船队也无一能与郑和的船队相比拟。如，1492年横渡大西洋到达美洲的哥伦布船队，只有90名水手、3艘轻帆船，其中最大的旗舰"圣玛丽亚号"不过250吨，仅为郑和宝船的十分之一。1497年绕过好望角航达印度的达·伽马船队，有160人、4艘小帆船，主力旗舰120吨，全长不到25米。1519

中外文明交流互鉴十五讲

年进行环球航行的麦哲伦船队，有265人、5艘小帆船，其中两艘130吨、两艘90吨、一艘60吨，全船队的总吨位也不过郑和一艘宝船的五分之一。

可见，郑和在世界航海史上占据着领先地位，是当时任何西方海上强国都无法望其项背的。据李约瑟估计，1420年间中国明朝拥有的全部船舶，应不少于3800艘，超过当时欧洲船只的总和。今天的西方学者承认，对于当时的世界各国来说，郑和所率领的舰队，从规模到实力，都是无可比拟的。

从郑和庞大的远洋舰队可以看出，当时中国在航海上，无论是造船技术还是航海技术，都远远居于世界领先水平。如此大力开拓航海技术和远洋探险在世界范围来说也是空前的。

但是，在15世纪，欧洲的航海事业也取得了巨大的进展：航海活动扩大，地图科学的发展，古典时代的知识重新被认识。而在15世纪后期，葡萄牙、西班牙等国统治者对航海活动的支持，更促进了航海活动的开展。到了15世纪末，欧洲的大航海时代开始了。欧洲人的大航海活动取得的成就也是巨大的。不过，这些成就之所以能取得，实是基于人类航海能力的空前提高，以至达到了具备航行于全球所有海洋的能力，而这一能力的提高，乃是全世界各国人民长期共同努力的结果。同时，在欧洲人进行这些海洋探险时，还得到过非欧洲人的帮助，所以从这一角度来说，15—16世纪世界性大航海活动中通过欧洲人之手而取得的成就，应归功于整个人类。

对于欧洲的大航海事业，梁启超认为郑和"与彼并时而兴"，是"全世界历史上所号称航海伟人"，他的航海比哥伦布等人都要早数十年。但"郑君之烈，随郑君之没以俱逝"。郑和远航与西方人开辟新航路的结局，有着截然不同的后果。郑和下西洋的航海活动虽然声势浩大，但明成祖和郑和死后不久，中国船队便绝迹于印度洋和阿拉伯海，中国的航海事业突然中断了，这使得中国与西洋各国业已建立起来的联系戛然而止。从此，中国人传统的海外贸易市场逐渐被欧洲人占据，并最终退出了正在酝酿形成中的世界性市场。相反，哥伦布和达·伽马开辟新航路后，在西欧激起了远洋航海的热潮。东方的商品和航海贸易的利润直接加速了资本主义的原始积累。欧洲人对美洲的新开发，绕过非洲的航行，给新兴的资产阶级开辟了新的活动场所，从而揭开了资本原始积累的序幕。从这一点来看，哥伦布等人的航海活动，对于西欧乃在世界历史的发展，产生了深远的影响。

第十讲

商品与思想：欧洲的中国热

一、中国商品与全球贸易体系

16 世纪初开始，西方各国开辟了到东方的航线，开展了全球化的大贸易，中国成为主要的世界工厂和主要的货源地，中西之间的商品贸易交流达到了前所未有的高峰。

在葡萄牙人最早发现了绕过非洲好望角的新航线之后，西欧各国陆续都卷入大航海的浪潮中。先是葡萄牙、荷兰，继而是英国、法国、瑞典等国，后来还有美国的加入，在持续三个世纪的时间里，成百上千的欧洲的商船，乘风破浪，踏海扬波，最后云集在中国的港口。它们都是冲着中国的商品而来的。它们是海上丝绸之路的搬运工。那时候，中国丰饶的、数量巨大的商品支撑着整个中西贸易网络。广东的"十三行"是当时世界上最大的贸易集散地之一。

中国输出的商品门类齐全，不仅数量巨大，而且品种繁多。其中除了一定数量的农副产品和初级工业原料产品外，大部分是具有高度工艺水平的手工业产品，包括丝绸、棉、麻、毛纺织品，服装衣物、食品香料、家具漆器、珠宝首饰、生活日用品、工艺美术品、药品和中草药等等，几乎涵盖了日常生活领域的各个方面，以及火炮、火器等军需品。特别是丝绸、瓷器、茶叶畅销数世纪，风行欧洲各国，号称中国的"三大贸易"，是这一时期全球贸易体系中的突出内容。

自从 6 世纪拜占庭引进中国的蚕种和养蚕制丝技术以后，欧洲也逐渐发展起来自己的丝织业，但欧洲并没有减少对于丝绸的进口，丝绸贸易一如古代那样重要。中国丝绸以其价廉、特殊工艺质量和装饰魅力在欧洲市场竞争。当地的丝绸产品包括对中国丝绸的仿制品，一是价格要比中国货高出许多；二是因为消费者偏爱外国货，地产品远远比不了中国丝绸的诱惑力。中国的丝绸依然在中西贸易中担当着不可替代的主角地位。来自中国精美的丝绸制品仍然通过各种渠道，包括走私的渠道，源源不断地输入欧洲各国。各种丝织品，比如服装、地毯、挂毯、窗帘、床罩等一起输入欧洲。直到 19 世纪以前，中国丝绸一直是向欧洲出口的主要商品。

16 世纪初开始，中国瓷器大量销往欧洲。由于在各地瓷器都有着广泛的市场需求，因而具有巨大的利润空间，这种巨大的商业利润激发着人们不辞劳苦，不畏风险，去从事贩运瓷器的远程贸易活动。欧洲人狂热地赞美中国瓷器，把购买、搜集中国瓷器说成像是去"寻求黄金"一样。在接下来的三个世纪中，中国瓷器销售到欧洲的数量达到 3 亿件之巨，另外还有巨量的瓷器销往东亚及东南亚各地。300 年间，中国瓷器外销欧亚每年合计高达 300 万件。

17 世纪初，欧洲人开始进口茶叶贸易。在整个 17 世纪和 18 世纪初，荷兰是欧洲国家中最大的茶叶贩运国和茶叶经销商，几乎独占长达 80 年之久的茶叶贸易。欧洲饮茶风在 18 世纪已很盛行。茶叶贸易的巨大利润吸引欧洲国家竞相加入茶叶贸易的行列。英国东印度公司是当时世界上最强大的跨国公司，从 18 世纪开始支配了世界的茶叶贸易。英国东印度公司完全依靠茶叶得到迅速发展。在它的全盛时期，它掌握着中国茶叶贸易的专卖权，操纵着茶叶买卖，限制茶叶输入英国的数量，控制着茶叶的价格，垄断了茶叶的国际市场。由英国东印度公司运销的中国茶叶，在 18 世纪 70 年代占广州全部外销茶的 33%，到 80 年代增至 54%，90 年代激增至 74%，19 世纪初达到 80%。英国东印度公司不仅造就了世界上最大的茶叶专卖制度，也是茶叶宣传最早的原动力，结果促成了英国的饮料革命，使英国人放弃咖啡而变成嗜好饮茶。

持续了三个多世纪的茶叶贸易，把数量巨大的中国茶叶运抵欧洲，为那些从事这种远程贸易的欧洲各国东印度公司以及其他商人创造了超额的巨大利润，积累了前所未有的财富，为以后近代资本主义的发展奠定了雄厚的基础。法国历史学家布罗代尔认为，在工业成为资本主义的理想活动场所之前，远程贸易以其高利润率和集中性等特点，成为资本主义"自己的家"。因此，正是香料、胡椒、咖啡、茶叶等在人类经济生活中显得微不足道的"小"东西，为欧洲资本主义、全球贸易和经济体系的早期发展奠定了基础。中国人发现和生产的茶叶，就这样参与了早

从英国出航穿过南中国海的七艘东印度公司商船

期资本主义发展的进程，参与了近代西方文明发展的历史。

那么，到底有多少种类、多少数量的中国商品，已经无法统计。我们知道，从 16 世纪开始，这样往返于欧洲与中国的商船络绎不绝，每一艘商船都是满载而归。由此我们可知，运往欧洲各国的中国商品数量巨大。

中国输出的这些商品，是具有古老传统的产品或手工艺品，凝聚着数千年的文化积淀，既体现着复杂的工艺技术，又具有丰富的文化内涵。而瓷器、丝绸和茶叶在这一时期欧洲生活方式和艺术风格的变化中扮演了重要的角色。物质领域的交换和交流，进一步发展成为艺术的、思想的、文化的交流，中华民族创造的精神文化产品也走进了欧洲大陆，成为"公共的财产"，成为"世界的文化"。

近代西方社会的变革是从大航海时代开始的。新航线发现的直接后果，是建立了世界性的贸易体系，建立了世界市场。海外贸易是资本主义原始积累的主要形式之一，是现代资本主义得以发展起来的最初的物质基础。正是在大规模的海外贸易中，欧洲各国为资本主义的发展积累了大量的货币财富。不仅如此，这种大规模的国际贸易，还把整个世界连成了一片，开始了最初的全球化进程。

这个全球化进程有两个大的方面的特点：一个是在物质生产和消费领域；一个是在精神文化和文明的领域的全球性交流和融合。前一个方面是通过欧洲国家的远东贸易来实现的；后一个方面主要是通过来华传教士们的活动来实现的。通过这两个方面，东方与西方、中国与欧洲，进行着全面的、大规模的和直接的交流和对话。

由地理大发现而引起的商人资本发展的大革命，从根本上改变了原先世界的贸易格局。它不仅开辟了大西洋航路，而且突破了历来相对独立而又平行发展的四个航海地区的界线，将波罗的海、北海、地中海、印度洋和西太平洋等贸易区串联起来，形成了统一的世界市场，即全球贸易体系。另外，从 15 世纪末至 16 世纪初，伴随地理大发现而发生的商业激变，为欧洲工农业生产带来一片生机。但自 16 世纪中叶以后，欧洲开始出现经济衰退的征兆。从美洲掠夺的贵金属大量流入欧洲，持续了 100 多年的时间，造成银价下跌和物价上涨。西方学者把这一历史时期物价、地租和工资等经济指数的激变以及由此引起的社会震荡称为"价格革命"。在 1551—1600 年价格革命的高峰年代，欧洲的工业生产水平有限，陷于严重萧条之中，物价飞涨，各类商品极端匮乏。价格革命是资本原始积累的重要因素之一，它加速了西欧封建制度的解体和资本主义关系的发展。

与欧洲经济衰退的景象相反，在同一历史时期的明代，我国商品经济正处在蓬勃发展之中，当时只有中国才能为世界市场提供物美价廉的商品。于是，欧洲国家掀起一股争夺中国商品的竞争热。中国精美的丝绸、瓷器以及各类工艺品不断涌入欧洲。所以，在这一时期的世界贸易体系，是以欧洲和中国为主要两极的贸易，而且是由欧洲各国主导的远东贸易为主要内容的。我们看到，从葡萄牙、西班牙开始，各国纷纷建立东印度公司，每年都有大批的商船从欧洲远渡重洋，来到中国采购商品，并由此延伸到经过澳门到日本长崎、经过马尼拉到墨西哥的商船航线以及东南亚、印度洋的航线。一时间，全世界都卷入这个贸易体系中，辐辏相随，络绎不绝。

在16—18世纪的全球贸易体系中，中国商品处于支配地位，这首先是因为这个时代的中国在全球经济中的领先地位和巨大的生产能力。中国是全世界最强的经济大国。直到鸦片战争前不久，中国经济不仅在绝对规模上，而且在增长幅度上，都雄踞世界各大经济地区之首。

许多西方学者认为，从地理大发现到工业革命的时代，已经是经济全球化的时代。而经济全球化中的东方，是世界经济的中心。德裔美国学者弗兰克（Andre Gunder Frank，1929—2005）说，在18世纪中期以前，西方只不过是在"亚洲经济列车上买了一个三等厢座位，然后包租了整整一个车厢，只是在19世纪才设法取代了亚洲在火车头的位置"。

在这样大规模的国际贸易中，中国成为当时的"世界工厂"，源源不断地为"世界市场"，为遥远的欧洲各国生产着它们翘首以待的精美的物质产品。

由于中国社会生产力水平高于同一时代的欧洲，所以中国的商品在世界市场上表现出强劲的竞争力。由于社会生产力的发达，劳动生产率高，商品的价格就相对低廉。物美价廉是中国商品的强大优势。早在16世纪来华的欧洲人中，就对中国商品的价格低廉有深刻的印象。中国商品的低廉价格在国际市场上显得十分突出，在美洲和欧洲的市场上，与欧洲和其他地区的商品相比，中国的商品都具有明显的价格优势。欧洲的商人对中国商品趋之若鹜，无非是因为中国的商品品种多、质量好、价格低廉。这些优势都是当时欧洲各国所不具备的。

从16世纪初开始的一直持续了三个多世纪的远东贸易，为西欧各国积累了大量的财富，为它们完成资本原始积累、开始现代工业化进程奠定了雄厚的物质基础。而作为这种贸易的另一端，主要是中国，之所以能够支撑着这样持久和大量的贸易，首先在于中国强大的社会生产力。中国为这个时期的全球贸易贡献了巨大的物质财富。瓷器、丝绸和茶叶三大中国物产，以及其他珍贵的中国工艺品，是这一时期全球贸易体系中的突出内容。瓷器、丝绸和茶叶在这一时期欧洲生活方式和艺术风格的变化中扮演了重要的角色。所以，这种贸易具有明显的文化后果。物质领域的交换和交流，进一步发展成为艺术的、思想的、文化的交流，中华民族创造的精神文化产品也走进了欧洲大陆，成为"公共的财产"，成为"世界的文化"。

二、中国商品带来的异域风情

来自遥远中国的、充满异国情调的、新颖奇特的各类物产，大大地开阔了人们的眼界，丰富了人们的知识，满足了人们极大的好奇心。所以，在那个时代里，痴迷地追逐新奇的中国物品，在生活的各个领域、各个方面拥有、收藏、使用、品评鉴赏中国的东西，成为社会普遍流行的时尚。

大量的中国商品涌进欧洲后，在当时的欧洲人看来，这些东西是先进的、高品质的、高档次的、精致的、充满异域风情的，因而也就是时髦的、时尚的、流行的。在那个时候，拥有和享用来自中国的商品，是一种身份的标志，是跟上时代的象征。在当时的欧洲社会，人们以拥有中国物品为时尚和荣耀，中国物品是高雅与先进的象征。皇室、贵族以及上流社会的富人阶层，大量地收罗来自中国的东西，引领社会的消费时尚，即使是普通百姓，也希望拥有一两件中国丝绸的服装、几件中国瓷器和漆器，甚至是一把扇子、一件小饰品等等，以跟上社会的潮流。所以，大家都趋之若鹜，乐此不疲。

在巴黎、伦敦等许多城市里，都有专门出售中国商品的商店或店铺。葡萄牙是最早开展东方贸易的，由于中国瓷器和其他物品的输入，葡萄牙首都里斯本很快成为欧洲专门销售中国古董和中国手工艺品的中心，不少专门经营中国瓷器和手工艺品的商店也蓬勃兴起。此外，还有许多出售中国商品的售货亭和货摊。早在 17 世纪初，在巴黎就有一些专门从事贩卖中国商品的商人和店铺。巴黎的圣日耳曼大街和圣罗兰大街的大型集市上，有大量的中国瓷器和古玩在那里出售。所以，在当时买到和拥有中国的物品并不很难。在英国也早就设立了专卖中国商品的商店。据说早在 1609 年，伦敦就有了第一家瓷器店。据 1774 年的《伦敦指南》中记载，在伦敦至少有这种专门出售瓷器、漆器和其他中国工艺品的商号 52 家。这些商家兼有商贾和艺术家的双重身份，他们根据顾主和市场的需要，设计造型和装饰图案，委托东印度公司的商人带到中国制造他们需要的瓷器等艺术品。到 18 世纪，即使是在偏僻的乡村杂货店里，也能买到东方缎带等一些时髦的奢侈品。

在那个年代里，品种多样、制作精美、丰富多彩的中国商品走进了欧洲人的日常生活，丰富了他们的生活内容，提高了他们的生活品质，改变了他们的审美趣味，甚至在一定程度上改变了他们的生活方式和生活态度，使他们的日常生活丰富起来、精致起来、美化起来。所以，这些中国商品成为一种时尚、时髦，成为一种风向标，同时也成为个人品位、地位和身份的象征符号。不仅如此，他们也通过这些看得见、摸得着而且每天就在生活周围存在的物质化的东西，获得了一定有关中国的知识，至少激起了他们对于中国的想象。

来自中国的丝织品因其明亮的色彩、异国情调的纹样和相对低廉的价格，受到欧洲上层社会妇女们的欢迎，成为她们的主要服饰之一，并成为某种社会身份的标志。巴黎贵妇人的高跟鞋面有些也是以中国丝绸、织锦为面料，上面绣有各种精美的图案。伦敦贵妇人以中国丝绸服装视为时髦。这些服装往往绣着象征吉祥如意的麒麟、龙凤等图案，古典华贵。有些妇女喜欢穿着中国刺绣的服装，披着中国刺绣的披肩、围巾，口袋里装着有中国刺绣的手帕，甚至请中国刺绣工匠绣制丝绸名片。17世纪晚期，中国的手绘丝织品成为欧洲社会非常流行的样式。

瓷器传到欧洲后，引起了人们狂热的追捧，特别是在宫廷王室贵族社会中，出现了一大批瓷器爱好者。作为非西方文化的艺术品，中国古陶瓷在世界上获得的广泛认同和青睐是独一无二的，它的价值和品位已

法国扇面图案《中国陶瓷店》

经可以比肩于西方任何一个门类的艺术品，以及西方历史上那些声名显赫的艺术大师的作品。收藏和展示东方瓷器，成为欧洲王室和贵族奢华生活的重要形式之一。

对于中国瓷器的爱好和收藏不仅是在上层社会的皇室和贵族之间流行，这种风气也流传到民间。至 18 世纪时，瓷器逐渐成为普通家庭用品。精美绝伦的各种瓷器，深入到社会的各个阶层，走进人们的日常生活，给欧洲人的日常生活带来很大的方便。瓷器在日常生活领域的广泛影响，不仅仅局限在餐桌，不仅仅是改变了人们的餐具、茶具等日常使用品，还作为居室的陈设、装饰，美化着人们的生活环境。

大规模的茶叶输入，使茶叶成为深入欧洲人日常生活中一种普遍的消费需求。饮茶不仅仅是消费一种饮料，而且成为一种生活方式，成为一种普遍流行和接受的民间文化。17 世纪后期，饮茶习俗已经在英国社会各阶层中普遍流行了，成为英国上层贵族和文人学子们流行的雅好。饮茶已经不仅仅是上层社会的雅好，而且成为普通百姓的日常生活的一部分。在英国的任何家庭，无论是在家里还是在家外，茶叶都已成为英国人生活方式的一部分。饮茶成为英国社会中根深蒂固的一种生活习惯。

在那个时代的欧洲，收藏是一种社会风尚，而收藏的重点，主要是来自东方的奇珍异物。欧洲一切富裕的人都在搜集包括中国的瓷器和漆器在内的物品。许多贵族和社会名流在家里专门开辟了中国工艺品陈列室。许多皇室和贵族以及上流社会的人都有收藏中国物品的雅好，或多或少也要收集一些中国的工艺品，以显示自己的文化和时尚品位。

在欧洲人日常生活的其他领域，也随处可见中国风的余韵和影响。一切广告、书籍插图、舞台布景、演员化妆，都以中国风尚为引人注意、争尚新奇的创造。例如，中国折扇在十七八世纪法国特别流行，法国宫廷贵妇不论冬夏，都一定手持中国式绢制聚头扇，即折叠扇，以代替16世纪时流行的羽毛扇。欧洲人还把中国情调引进到他们的娱乐游戏中。中国服装舞会和化装舞会首先在巴黎、维也纳出现，后来又在其他宫廷举行。

这是一个"以中国为时髦之风气的鼎盛时代"。"中国风"流行于社会的各个阶层，上至宫廷国王王后、贵族政客，下至黎民百姓，都以自己的方式和能力追逐这股时尚潮流。追求中国趣味，模仿中国样式的风尚广泛流行于各个艺术领域，一切来自中国的工艺品，如瓷器、漆器、丝绸、餐具、陈设、家具、各种小摆件、小手工艺品，等等，都成为人们热烈追求的对象，同时出现了许许多多体现中国趣味、中国风格的仿制品。在许多贵族和上流社会人士的宅邸中流行中国风格的装修，或者保留一间所谓"中国房间"。这种"中国房间"，有专门摆放和收藏瓷器的"瓷屋"，或用漆绘木板装饰的"漆屋"，还有的就是按照他们想象的中国风格，进行装饰和装修：地上铺中国地毯，墙上贴中国壁纸，挂中国画，陈设中国家具，摆设中国的瓷器、漆器和其他工艺品。其中一切物品都是中国的，如果没有真的，就用仿制的。

总之，在这个时代，中国成为炫目的魅力之源。迷恋中国的物品与风情，成为普遍流行的社会时尚，成为一种大众流行文化。而这种大众流行文化，首先是从物质文化、从对中国的商品的追捧和迷恋开始的。

在世界文明史上，中华文化在世界各地的传播，出现过几次以中国商品为热点的"中国风"。在古罗马时代，中国的丝绸大量输入到罗马，在那里的社会生活中引起了巨大波澜，造成了一种社会风尚，这种追求异域风情和奢侈浮华的风气弥漫于整个社会。也可以说，这是中华文化在欧洲引起的第一股"中国风"，这股"中国风"以丝绸为主要载体——虽然当时的人们还不知道"中国"。在奈良时代的日本出现的"全面唐化"风潮，幕府时代日本的"唐物趣味"，在元朝的波斯即伊儿汗王国时代出现的"中国风情"，还有就是17—18世纪欧洲出现的"中国风"，这几次"中国风"的共同特征是，中华文化的传播和影响，是通过具体的进入消费领域的物质载体实现的。因而，就具有这样几个特征：一是深入公众的日常生活层面，部分地成为当地人们日常生活的组成部分，甚至改变了人们的生活方式。二是以贸易的形式，使大宗中国的物品进入消费领域，并且成为人人喜爱的物品。三是带有明显的美学性质，部分地改变了人们的审美情趣。四是带有大众文化的特征，成为一个时期内人们争先恐后谈论、模仿、追逐的社会流行时尚。而所有这些，都是源于对"中国"的想象，对来自遥远中国的异国情调的向往。中国也适时地提供了可以看得到、摸得着的带着鲜明中华文化色彩的创造物，起先是丝绸，而后是瓷器、茶叶以及其他许许多多美好的东西。

三、中国趣味的艺术风格

中国商品的异域情调，中国工艺美术的神秘意蕴，以及风行的中国趣味，共同塑造了欧洲的艺术风格，这种风格被称为"洛可可风格"。

在17世纪末18世纪初，欧洲艺术领域的主导风格是巴洛克风格。巴洛克样式的特点是宏大、辉煌、壮丽，但又失之刻板。此时正值路易十四时代，所以又叫"路易十四风格"。而17世纪后期，正是欧洲人为中国的物品和艺术所迷狂的时期，与当时欧洲艺术领域的巴洛克风格正好重叠。巴洛克艺术虽然源自古典风格，但它华丽的装饰感、昂贵的材质、奢华的氛围，与那个时期人们对中国的想象是基本合拍的。这个外销瓷器上的釉色和华丽的装饰，比大理石更为光洁的中国漆家具，奢华的中国锦缎和刺绣上色彩的丰富变化，甚至外销艺术品昂贵的价格，有关东方旅行神奇而又冒险的经历，都符合这个时代的总体精神。

但是，中国艺术风格对于欧洲的影响，更表现在对洛可可风格形成所起到的促进和推动作用。这种风格，模仿中华文化、艺术中的柔美梦幻色彩，表现在许多生活层面上：壁纸、柳条盘子、壁炉台、木头檐口、格子框架、家具、亭子、宝塔，以及最重要的园艺。

"洛可可"（Rococo）一词源于法语"rocaille"，意为假山石或装饰用的贝壳。"洛可可风格"是18世纪风行于欧洲的一种艺术上的解放运动。洛可可风格的特点是轻飘活泼，线条丰富，色调灰淡，光怪陆离，重自然逸趣而不尚雕琢，与欧洲以前流行的严谨匀称的古典风格完全不同。

洛可可风格不仅仅是一种艺术形式的特殊风格，而且也是一种审美观念、一种社会情调。作为欧洲文化史上一个重要阶段的洛可可时代，处弥漫着中华文化的优雅情调，是中西文化交流史上别具风味的一章。洛可可艺术与中国古代艺术风格之间具有神奇般的契合，它实际上就是一种"中国味的新风格"。

在当时欧洲人的心目中，中国是一个遥远、神秘、开明、温和、文质彬彬、道德高尚的"文化中国"。而大量流入欧洲社会的中国美术工艺品，更是激起了人们对那个遥远帝国的想象与神往。实际上，在当时流入欧洲的中国商品中，有很大一部分具有很鲜明的艺术性质，而且这些商品又有许多是以生活日用品的形式出现的，深入人们的日常生活之中，就使这种艺术性质深入、渗透到大众文化领域，因而具有广泛的群众性。瓷器、绸缎、漆器、屏风、壁纸、绘画、雕刻所具备的艺术性质，使得它们格外引人注目。这是因为，中国外销艺术品精美的工艺和别致的造型，以及全然不同于西方传统的装饰纹样，为欧洲提供了异国情调的审美体验与想象空间。大部分没有到过中国的欧洲人，正是通过这些外销艺术品认识中国，并感知中华文化的。以淡色的瓷器、色彩飘逸的闪光丝绸的美化表现形式，在温文尔雅的18世纪欧洲社会之前，揭示了一个他们早已梦寐以求的幸福生活愿景。这个文雅轻快的社会，闪现于江西瓷器的绚烂彩色、福建丝绸的雾绢轻裾背后的南部中国的柔和多变的文化，激发了欧洲社会的喜爱和向慕。

中国瓷器对洛可可艺术风格的形成有重要影响。在中国制瓷技术的影响下，欧洲各国相继办起瓷器工场，它们大都模仿中国瓷器，描绘亭台楼阁、小桥流水、菊花柳树等独特的中国艺术风格的图案。温雅清脆的中国瓷器不仅为洛可可艺术提供了新的物质材料，而且象征了洛可可时代特有的光彩、色调、纤美，象征了这一时代特有的情调。

欧洲各国的丝织业大都模仿中国的丝织技术和纹样图案，特别是法国生产的丝绸丝质柔软，并且大量采用中国的纹饰图案。

在瓷器和丝绸的设计方面，都采用了来自中国的风格和图样，成为当时流行的"中国风"设计的重要表现形式。有人说，中华文化对于洛可可风格的影响，不在于文字方面，而在于中国清脆的瓷器和各种丝绸上绚艳悦目的光泽，这种光泽反映了欧洲18世纪社会一种想象中的快乐的人生观。

在洛可可时代，中华文化对欧洲的绘画艺术也产生了重大影响。一方面，大量工艺美术品的传入，形成了普遍的审美意识的"中国趣味"；另一方面，一些中国山水画、人物画流传欧洲，为欧洲画家直接欣赏借鉴中国绘画艺术提供了可能。所以，和当时收藏中国瓷器、漆器等工艺品一样，中国画也为人们所热心搜寻珍藏。当时的人们，已为中国画的气氛和奇妙形式所陶醉而向往。他们最初在瓷器中所发现的并深为喜爱的风致，在丝绢中所发现的使他们为之倾倒的绚烂多彩，在中国画里又重新接触到了。法国画家华托（Jean-Antoine Watteau，1684—1721）在许多方面借鉴了中国画法，给风景画注入了一种独立的生气。他以山水烘托人物，把山水作为背景或壁画。他使用娇嫩而半透明的颜料作画，喜爱玫瑰色、天蓝色、紫藤色和金黄色的调子。从这些色调和构图所呈现出来的画面，产生了一种非常和谐的效果。特别是他描绘的风景，层峦叠嶂、流云黯淡、烟雾迷蒙，晕染出一片朦胧之美。华托还画这不少中国景物和人物画，但都是凭想象画成，画中的境界反映了他幻想中的东方。

中国的园林和建筑艺术对欧洲人有着特别大的吸引力。在中华文化的影响和刺激下，欧洲各国的建筑园林艺术在洛可可时代有了突出的发展，形成了欧洲造园艺术文化史上一个有特殊意义的阶段。

中国的"自然式园林"与欧洲的"几何规则园林"形成了强烈的反差和对比。中国皇宫的富丽堂皇、南方民居的典雅清秀、庙宇塔寺的庄严肃穆，都明显具有东方文化的特点。来到中国的欧洲人，看到与他们习惯的园林式样完全不同的中国园林，看到与他们习惯的建筑样式完全不同的中国建筑，一定会留下十分深刻的印象和产生强烈的视觉冲击。所以，在近代早期来华的传教士、商人等，都有对中国园林和造园艺术以及中国建筑风格热情洋溢的介绍。

大约在 1770 年前后，中国的园林及建筑实际上成为英国某些公园的主题，涌现出一批"中国风"园林。这一时期的英国园林，堆几座土丘，叠几处石假山，再点缀上错落的树丛，造成景色的掩映曲折感，增加层次，引三两道淙淙作响的流水，穿过高高的拱桥，偶尔形成急湍飞瀑，汇集到一片兼葭苍苍的小湖里去，湖里零散着小岛或者石矶。溪畔湖岸，芦蒲丛生，乱石突兀，夹杂几片青青草地伸到水中。道路在这些假山、土丘、溪流、树丛之间弯来绕去，寻胜探幽。再有意识地造一些景，大多以建筑物为中心，配上假山和岩洞，傍密林深处的水涯。18 世纪后期，中国式庭园建筑在英国蔚成风气，日趋完善。此风传到法国，便有"英—中花园"之称。法国一些贵族刻意模仿中国园林，在私人花园里建造亭台楼阁宝塔、小桥流水、假山石岛，甚至把圆明园的花卉移植到法国。巴黎的一些花园被设计成"自然式"，里面有湖面、小溪，还有中国的桥、岩洞和假山，即在凡尔赛曾流行的所谓"乡村之景"。在 18 世纪的欧洲，仿造中国式的园林，或者说建造一座"英—中花园"，已经成为贵族的一种时髦。

四、传教士对中华文化的研究和推介

1582 年 8 月，有一位意大利青年来到澳门，踏上了他多年神往的中国大地。他的到来，注定是中西文化交流史上的重大事件，也是中华文化走向西方、走向世界的重要的一步。

这位意大利青年的中文名字叫利玛窦（Matteo Ricci，1552—1610），这一年他刚满 30 岁。利玛窦在澳门停留了一年，主要是研习中文，获得关于中国语言文字的初步知识。1583 年 9 月 10 日，利玛窦和同伴罗明坚（Michele Ruggieri, 1543—1607）得到两广总督郭应聘的邀请，到达肇庆。他们在肇庆建造了一座教堂，在那里住了下来。从此，西方传教士在中国的传教事业迈出了第一步。

从利玛窦开始，先后来华的基督教传教士有近千人。这些传教士来自不同的国家，以意大利人和葡萄牙人为多，也有一些人来自西班牙和法国以及其他欧洲国家。在 17 世纪末和 18 世纪来华的传教士中，最有影响的是由法国政府派遣的传教团。当时来华的法国传教士中，有不少人是法国科学院的成员，因而有"一个真正的科学教会"之称。

早期来华的利玛窦等人，都是当时的饱学之士。有学者评论说，利玛窦是"文艺复兴中的人物"。17 世纪末和 18 世纪来华的法国传教士，如洪若翰（Jean de Fontaney, 1643—1710）、白晋（Joachim Bouvet, 1656—1730）等人，因为本身就带有科学研究的任务，所以在科学修养上都具有很高的水平，每个人还都有自己专长的研究领域。对于传教士们的学识修养，中国的知识阶层也给予了充分的肯定。徐光启赞扬他们说："其

利玛窦像

道甚正，其守甚严，其学甚博，其识甚精，其心甚真，其见甚定。"传教士们的文化修养和科学修养，是他们在来华后进行人文历史和科学研究的基础，也是他们实现自己的传教使命和文化使命的必备条件。

传教士们在持续 200 年的传教事业中，书写了大量的书信、报告、著作以及翻译的汉文经典，在欧洲各国出版和流传。他们对于中华文化西传的贡献，主要是通过这种文献的传递而实现的。而以文本形式传入的中国的知识，与当时大量传入的中国商品相比，是欧洲人了解中国更为重要的来源。文献书写的语言有拉丁、葡、西、意、法、德、荷、波、捷等欧洲语言，广泛分布于众多的档案馆和图书馆、博物馆之中。

由于传教士们大部分都是学有专长的专家学者，他们在中国的活动也一直为欧洲学术界所关注，所以他们与欧洲的学术界保持着密切的联系。如邓玉函（Johann Schreck，1576—1630）、汤若望（Johann Adam Schall von Bell，1592—1666）、罗雅谷（Giacomo Rho，1593—1638）都是意大利近代科学兴隆时期最著名的科学社团"灵采研究院"的成员。邓玉函还曾在"灵采研究院"与伽利略共事多年，而汤若望至少亲自聆听过伽利略的学术报告。邓玉函还曾与开普勒保持着通信联系。这些传教士在欧洲学术界都是很受关注、很受欢迎的人，他们都与欧洲学术界人士保持长期的通信联系，在他们返回欧洲期间，更是与学术界的人士频繁接触交往，开展多方面的学术活动。

在这一时期，各个领域的专家、学者、思想家们争先恐后地与传教士建立交往和联系，是欧洲学术界一大特别的现象。启蒙运动时期的思想家们，如马勒伯朗士、莱布尼茨、伏尔泰、孟德斯鸠等，都与传教士建立了个人的友谊，保持了长时期的通信联系。他们的许多重要著作，或者是应传教士的邀请而写作，比如马勒伯朗士的著作，或者是接受了他们提供的大量资料，或者是受到了他们的启发。

在这 200 年间，传教士们撰写了大量的介绍和研究中华文化各个方面的著作，包括一些全景式的描述性著作和专题研究著作，对于中华文化的西传具有更大的意义和价值。他们源源不断地将在华见闻和关于中华文化的研究成果呈现在欧洲读者面前，向欧洲传递了中国的形象，是欧洲人了解中国知识的首要来源。欧洲学者论述中国的许多书籍，都是以这些著作为材料基础而进行写作的。

大批传教士们的书信、旅行日志、著作等，不仅为当时的欧洲提供了日益丰富的关于中国的知识，更有意义的是，许多传教士的作品激发了欧洲人的想象力。

在传教士来中国之前，已经有一些旅行家到过中国，有的深入中国内地，大多数只到过一些沿海地区。这些人有的留下了一些游记或回忆录，成为大航海时代以来最早关于中国的报道，也就是欧洲人获得的最早的关于中国的知识。但是，这些知识往往还是片面的、零散的，而且多是亲身经历的见闻或者是来自不同方面的传闻和道听途说。

传教士来到中国后，对他们来说，面对的仍然是一个不了解、不熟悉的新鲜的世界，他们要在这里生活和传教，首先需要了解这个国家的基本情况，了解中国的山川地貌、风土人情、社会制度、语言文化，而他们向欧洲教会组织报告的、向亲友介绍的，以及他们最初研究的，就是关于中国的基本国情。所以，我们看到，在早期来华传教士的书信、报告和著作中，从利玛窦开始，都一再重复地介绍中国的基本国情，只是由于他们深入中国的内地和政治文化中心，并且有与各阶层中国人广泛接触的机会，同时他们还学会了中国的语言和文字，能够与中国人直接的交流和阅读中国的文献，所以，他们对于中国国情的了解和研究，要比早期的旅行家们全面得多、深刻得多，也更加准确了。他们向欧洲介绍中国，首先就是介绍他们所了解的、所研究的这个地域广阔的国家的基本状况。

经过传教士们的介绍和研究，以及其他旅行家们的著述，17世纪的欧洲人已对中国有了一种明确的概念，形成了西方对中华世界的最早总结。在此之后的传教士们的书信、报告和著作中，也有许多对中国国情进行概括性介绍的内容，但随着研究的逐渐深入，他们更多的是转向更为具体的专门领域的研究，并在这些研究中取得了很多重要的成果。

在来华传教士们的著作中，有不少是关于中国历史的著述。中华民族和中华文化延续几千年的持久不衰、一脉传承的发展史，记述中国悠久文明的丰富的历史著作，一直使传教士们惊叹不已，保持着经久不衰的兴趣和研究、探索的热情。

在来华传教士中，有许多人都是杰出的科学家，他们对中国的科学技术十分关注，也进行了大量的研究和介绍。其中他们最关注的首先是天文学领域。在17—19世纪，博物学尤其是植物学堪称当时的"大科学"，吸引了从科学界、政府机构、海贸公司到殖民地官员的广大兴趣和支持。来华的传教士们对中国丰富的物产和自然资源十分关注，特别是对中国的植物学、动物学都有许多比较深入的调查和研究。

来中国的欧洲传教士在中国发现了孔子。他们把他们的发现传播回欧洲，使孔子及其思想进入欧洲思想文化界的视野，为欧洲的思想文化提供了新的资源。孔子走向了西方，走向了世界，成为世界思想史上的宝贵精神财富。

传教士们不仅热情地向欧洲介绍孔子的儒家学说，还动手将儒家的经典翻译成欧洲文字，直接介绍给欧洲读者。在当时由传教士翻译的中国典籍中，柏应理的《中国哲学家孔子》是最重要的和影响最大的。1687年，他在巴黎出版了《中国哲学家孔子》的拉丁文本，中文标题为《西文四书直解》。《中国哲学家孔子》是传教士提供的第一部论述中国人思想的专著，是欧洲 17 世纪对孔子形象及其著述介绍得最为完备的书籍。《中国哲学家孔子》是第一部比较完整地向西方介绍中国传统思想文化的书籍，对中华文化的西传具有启蒙意义和先驱作用。它第一次把"中国""孔子""政治道德"三个名词连在一起，孔子在欧洲因此被称为道德与政治哲学上"最伟大的学者与预言家"。欧洲的学者们欢呼这位被拉丁化了的孔子是人类最伟大的

在《中国哲学家孔子》中，孔子被描绘成为一个贤明学者的形象。这一形象在当时的欧洲广为流传，代表了 17—18 世纪欧洲对中国的积极印象

英雄人物之一，是"中国的苏格拉底"。由此，孔子的伦理观风靡欧洲社会。

第十一讲

东方与西方的相互发现

一、相遇与相识：东西方的相互启蒙

在中西文化交流史上，16—18世纪是一个非常重要的阶段。这一阶段的中西文化交流，既是过去历史的继续，又是在新的时代条件下的发展。如果从交流所持续的时间以及交流所达到的深度来看，甚至可以说，正是在这个时期，中西两大文化体系开始了实质性的、直接的接触，开始了大规模的、多层次和多渠道的交流，中国与西方之间彼此有了较为全面的认识。莱布尼茨曾热情地赞颂这种中西文化交流的积极意义，称"这是一次互相的启蒙"，是那个时代最大的事情，其伟大意义将超越人们的想象。

16—18世纪中国与欧洲的文化交流史，是中西关系史上一段令人陶醉的时期。这是中国和文艺复兴之后的欧洲高层知识界的第一次接触和对话。这种交流和接触，不仅对于中国与欧洲双方的文化具有特别最要的意义，而且更是文化全球化历程的一个极为关键的事件。

明清之际中西文化交流的契机，在于西方人的东来。首先是新航路的开辟，早期殖民主义向东方的扩张，接着是随着这种扩张而来的中西贸易的增加。贸易历来是文化交流和传播的重要渠道。在不断增长着的中西贸易中，不仅是双方的具有民族特色的物产传播到对方的国家，而且人员的往来增多，文化信息的交流在增加，而且彼此都增长着进一步互相了解、互相认识的愿望。来往于中国和欧洲之间的商船，劈波斩浪，扬帆渡海，交换着两地人民创造的物质文明成果，也架设着中西文化交流的桥梁。与此同时，大批传教士东来，成为两种文化联系的先锋。他们本来担负着寻找新的福音之地的宗教使命，却成为中西文化交流的使者。传教士们在向中国传播基督教的同时，也把西方的文化，特别是西方的科学知识传到中国；他们通过书信、著作、翻译等方式，又把古老的中华文化介绍给西方，向西方人展示出古老而神秘的中华辉煌画卷。在明清之际的中西文化交流中，传教士们起到了非常重要的作用。

明清之际的中西文化交流是全方位、多层次的。在这一时期，中国和西方之间，不仅仅是通过贸易进行的物质文化层面的交流——虽然物质文化的交流仍然是十分重要的，也不仅仅是生产技术的传播，如前一时期"四大发明"、制瓷技术、丝织技术等等在西方的传播，而且是深入科学知识和艺术文化的层面，深入思想观念的层面。在中国方面，传来的西方科学文化知识，包括天文学、地理学、算学、力学、物理学、医学和药物学等，还有西方哲学和逻辑，以及美术和音乐等艺术形式，部分地改变了中国人的学术传统和关于世界的观念图景。在欧洲方面，传来的中国儒家伦理思想和文化典籍，对反宗教专制的启蒙思想起到了激励和参照作用，而中国的艺术风格和审美趣味，渗入西方人的日常生活领域，成为社会追求的时尚，部分地改变了他们的生活方式。因此，明清之际的中西文化交流，既包括器物层面文化的交流，也包括艺术层面文化的交流，也包括思想观念层面文化的交流。并且各个层面上的交流都是在较大规模、较大范围上进行的。

因此，16—18世纪的中西文化交流在双方都产生了一定的积极影响，对各自的文化发展都起到了一定的积极作用。在这一时期的中西文化交流中，从总的趋势来说，形成了一种积极的、正面的互动关系。

二、中西文化交流的基本态势

这个时期的中西交流，是以西方人到东方来为主要载体的。在这一时期，欧洲人对于中国的兴趣，远远大于中国人对于欧洲的兴趣，甚至已经来往了很长时间，中国人还分不清葡萄牙人、西班牙人、荷兰人和英国人，只是笼统称之为"夷人"或"洋人"。那时候中国人中并没有多少醉心于研究欧洲知识的人。反之，对于欧洲人来说，中国却是一个巨大的知识场域，一个急于探索的广袤之地。谈论关于中国的知识，是这个时代知识分子的一种基本文化修养，是他们的浓厚兴趣所在。所以，这一时期大规模的文化交流，都是欧洲人从西方来，航海家们寻找新的航路，商人们来这里寻找财富，传教士们来这里传播福音，科学家们（传教士身份的）来这里探寻未知的世界。而没有中国人去欧洲传播儒学，去进行贸易，去研究欧洲的学问。

所以，不能说，这一时期的文化交流是完全平衡的。就总体而言，明清之际中西文化交流的基本态势，是中华文化对于西方的影响作用，大于西方文化对于中国的影响。无论是就其产生影响的深度还是就其广泛性来说，这一时期的西方文化都多得益于中华文化。

所以，明清之际的中西文化交流史，主要是以中华文化大规模西传、以西方效法中国为其显著特征的文化交流史。

明清之际中西文化交流的这种基本态势，是由中西文化各自的发展水平以及双方接触的程度和关系决定的。

关于明清之际中西文化发展水平的比较，有的研究者认为，相对于中华文化来说，明清之际传入的西学是一种"高势能文化"，这种高势能的异质文化猛烈撞击了中华文化传统。这种看法是从西学东渐对中华文化影响的角度而论的，并且是长期主导中西文化关系的一种看法。但是，这种意见并没有充分估计到当时中学西渐对欧洲文化的巨大作用和影响。如果从当时中西文化相互影响的整体来比较研究，上述关于中西文化"势能"的论断可能就不准确了。关于中西文化孰高孰低的判断，需要放到世界文化发展的历史长河中、放到当时世界文化的整体格局中进行比较考察，才能得出比较合乎历史事实的结论。

关于一个民族、地区、国家以至区域的文化势能之高低问题，似乎不能简单地、笼统地来加以对比和论列，尤其当两种文化都是高级的大文化系统、具有高度复杂的构成时，更不能这样做。因为，这很容易失之片面和偏颇。大凡遇到这种问题时，要考虑到条件、范畴和视角，要把以下三种因素纳入认知范围内：条件包括时代、地理、历史和交流的状况等；范畴则包含整体与部分、优点和弱点、不同部分的文化，等等；而视角便是从什么角度来选取对比因素以及做何种性质的对比等等。如果我们从这些方面来考虑立论，就不会轻易简单地做出一个或优或劣的总体结论。

我们在考察整个人类不同文化之间的传播过程，会发现这样一个基本现象：在某一特定时期内，不同文化之间的信息和文化要素的传

17 世纪欧洲生产的瓷匾，描绘了当时西方人对中国的想象

播往往不是双向的对称性交换，通常情况下是以基于政治、经济、军事等综合实力相对强势的文化向相对弱势的另一文化的输出为主。所谓文化势能，就是在特定时期内，一个基于更强综合实力或独特文化异质性而获得相对强势地位的文化对其他相对弱势的文化在心理上产生的吸引、可信任和可接受程度的总和。它反映的是一个文化对另一个文化的一种模糊而综合的心理认可，是两个文化之间客观存在的因综合实力或文化异质性而产生的相互认可和接受程度的心理势差。文化势能的产生有其客观的现实社会经济基础。首先，世界经济社会发展的不平衡性提供了产生文化势能的现实基础。世界经济社会发展的不平衡，必然会导致不同国家或地区在同一时期形成不同文明程度和文明形态的文化，导致两个文化之间出现文化势差，从而形成文化势能。其次，经济社会发展的不平衡造就了世界文化的丰富性和多样性，使不同文化之间的异质特征也会对对方产生一定程度的吸引力，从而形成各自文化的相对优势或相对优势的文化，使自己能够获得对方一定程度的认可，奠定自己文化输出所必需的文化势能。

如果从未来的角度、从文化史发展的趋势来看，近代西方文化建立在近代科学和工业文明的基础上，反映了新兴的资本主义生产关系，因

而是一种新生的、正在成长着的、代表文明发展未来的文化，而明清之际的中华文化，则仍属于中国传统文化的历史范畴，是建立在传统的农业文明基础上、反映封建生产关系，因而是一种陈旧的、正在走向衰落的、属于文明发展的过去时代的文化。如果从文化的时代性来看，明清之际亦即 16 至 18 世纪中华文化和西方文化分别属于文化发展历史上的不同阶段，具有不同的时代性。这一时期的西方文化较之中华文化是先进的、进步的，是更有蓬勃发展的力量和光明前途的。但是，这种先进性、进步性仅仅是从文化史的发展趋势来看，并不就说明在当时世界文化的总体格局中西方文化比中华文化占据明显的优势。这一时期文化格局的实际情况是，虽然近代西方文化具有先进的时代性，但在当时还属于正在生成和发展的初级阶段，正处于早期发展的过程中，一切还都不完备、不成熟、不那么强大，虽然它具有巨大的发展潜能。而中华传统文化虽然已经步入苍老之境，日呈沉暮气象，但在当时还没有到达全面崩溃瓦解的阶段，而是处于漫长发展过程中的最后一个高峰，一切都还显得那么成熟、完备和强大，显得那么气度恢宏和辉煌灿烂。

那么，这两种分属于不同时代性的文化在同一个时期相遇和比较，就不能简单地以时代性来判断文化势能的高低。如果一定要进行这样的比较，毋宁说，在这一时期的世界文化总体格局中，无论是就发展的成熟程度来说还是就创造的文明成果来说，中华文化都明显高于西方文化。所以，关于当时文化交流和传播的态势的判断，恰恰是高势能的中华文化向低势能的欧洲文化圈的流灌，虽然并不排斥西方文化向中国的流动与传播，但两者无论是在深度、广度、速度上，还是在对于人类文化发展进程的影响上都存在着明显的差异。美国汉学家费正清在论及明清之际西方殖民主义者向东方的扩张和冒险活动时指出，欧洲人的扩张反映出的不仅仅是他们的贪婪、好奇、忌妒，其中也有某种程度上的落后。

因此，明清之际中华文化对西方的影响，在深度和广度上都远远超过西方文化对中国的影响。当时传入中国的西学，的确给古老的中华传统文化以一定的冲击和震动。特别是在学术思想领域，近代西方科学知

中外文明交流互鉴十五讲

识扩大了中国知识分子的视野和世界图景，在学术精神和思维方法方面引起部分的变化，从而启发和刺激中国传统文化的自我批判和反省，为近代中国的文化蜕变和更新提供了一定的历史性前提。但是，明清之际西学对中华文化的影响及其所引起的变异毕竟还是很微弱的，并没有对中华传统文化体系造成实质性的冲击，并没有引起中华文化的结构性演变。这与19世纪末20世纪初发生的，西方文化大规模地冲击，中华传统文化体系的大厦无可挽回地坍塌下来，从而引起中华文化结构性地蜕变和更新这种情况是无法比拟的。从发生影响的广泛性来说，明清之际的西学东渐，虽有传教士深入民间的传教活动，但西方传来的物质文明成果，多数仅作为贡品在宫廷和贵族中玩赏，西方的学术思想、科学知识以及艺术文化等基本上还限于在知识分子中流传，没有引起广泛的社会兴趣或普遍的"西学热"，也没有可能对日常生活领域发生深刻的影响。与这种情况不同，在这一时期，中华文化在欧洲的传播和影响则是相当广泛和深刻的。西传的中华文化成为一种社会时尚，部分地改变了欧洲人的日常生活方式。不仅如此，中国的儒家伦理思想给启蒙思想家们以新鲜的思想材料，被理想化的中华大地成为巨大的乌托邦宝藏。在批判基督教神学和封建专制制度的斗争中，中华文化成为一种有力的思想武器和参照系。当时的欧洲文化正处在历史性转折的关键时期，正处在由中世纪神学文化向近代科学文化蜕变的历史演进过程中。而在这时大量西传的中华文化，为这一转折和演进过程提供了新鲜的思想源泉和刺激力量。简单地说，明清之际中华文化的大规模西传，对西方文化的结构性演变发挥了重要的作用。

文化传播所发生影响的深度与广度，既有传播一方文化势能的原因，也有接受一方现有文化条件的原因。从文化传播的一般规律来看，一种文化传播到另一文化圈中并发生作用，需要通过特定的文化机制，使之由外来变为内在，才能逐步与本土的传统文化相会通。在明清之际，中华传统文化的经济社会基础还比较稳固，足以抗拒和排斥外来异质文化的冲击，所以在这一时期东渐的西学没有机会对中华文化发挥更重要的影响。而西方文化正处于历史转折时期，新生的社会力量成长起来并作为融合和会通异质文化的主体，社会提供强大的动力促使人们积极接受外来的异质文化，而中华传统文化作为一个文化实在参与了欧洲近代文明的构建过程。这也是中学西渐并产生重大影响和功能作用的重要原因。

三、西方对中国的发现与认识

从 16 世纪开始的中西文化交流，在很大的程度上就是西方探寻中国的历史，就是西方对中国的发现和认识的历史。

自 16 世纪初以来，一直到 18 世纪，欧洲与中国的相遇与相识，是两大文明第一次实质性的接触和相识。早在希腊罗马时代，由于丝绸的关系，欧洲人对遥远的东方和中国，有一些传闻，有一些想象，有一些比较模糊却很有趣味的认识。在此以后，直到马可·波罗的游记出版，人们开始对他所描述的"大契丹"有了一些了解，更多的是有了一些向往和憧憬，尽管这种向往和憧憬的目标仍然是模糊不清的。然而，正是在寻找"契丹"的感召下，欧洲人开始了走向东方的探险。东方的诱惑，对于西方文化来说，是深藏于历史文化心理深处的一种记忆，而东方作为一种神秘和神奇的文化想象，几乎是西方文化精神从诞生之日起就与生俱来的一种基因。在这个时候，在寻找"契丹"的激励下，这个"文化记忆"再次被"激活"了。于是，16 世纪的地理大发现、大航海时代的来临，第一

西方人想象的中国皇帝和皇宫

中外文明交流互鉴十五讲

次建立了全球性的交通和贸易体系，迎来了全球化时代的第一次浪潮。而在这个历史进程中，按照西方历史学家的话说："在北美西方发现了土地，在东亚西方发现了文明。"

这一时期中西文化交流的基本特点是，成千上万的商船航行在广袤的大海之中，在中国"发现"了巨大而富饶的物质财富，从而形成大规模的物质文化交流；一代又一代传教士们背井离乡，来到遥远而陌生的神秘土地，在中国"发现"的发达而丰富的灿烂文化，从而形成大规模的精神文化交流。于是，中国与欧洲，进入从物质到精神的全面的相遇、相识的大交流时代。这种大交流对于西方具有决定性的意义。一位美国历史学家认为，没有亚洲就没有今日的西方文化，只是在西方掌握了这个世界以后，他们编造出了"东方与西方""现代与传统"这样二元对立的模式，真实的历史其实不是这样。

所谓西方对中国的发现，不是一种简单意义上的"看见了原来未曾看见过的事物"，比如，像哥伦布发现了美洲新大陆，那只是原来不知道有这块土地现在发现了，其为"土地"（陆地）是同"旧大陆"一样的。但是，西方对中华文化的发现却大为不同，具有一种"新的品质"的发现的意义。在"发现中国"以前，它是一个神秘的所在，人们知道它所出产的丝绸、瓷器等，但除此之外则是一片模糊。现在，不仅发现了这个遥远的国土原来这么古老、这么富足、这么文明，拥有这么多不可思议的东西，而且过着一种"另一样的生活"。这后一种发现，更加是本质意义上的发现，原来人类还可以这样来生活，原来人类还有这样一种生活方式：这样来对待"天"——自然、对待社会、对待生活、对待人自身。与此相连的则是：原来还有这样一种文化，人们拥有一片新的、不同于西方的文化天地，他们这样来思考、认识，这样来反映世界（用各种物质的和精神的手段与方式），这样过一种理性的与情感的生活。

这才是真正的发现。

在深层和本质的意义上，西方对中国的发现，正是这种"另一种模式的文化范型"的发现。正是由于有了这种发现，西方才在文化上有了一个参照系，并从这个参照系中获得刺激、启迪，从而推动了自己文化的提高和发展。

四、中华文化与启蒙思想的形成

中华文化在欧洲的大规模传播，给欧洲思想界以强烈的刺激和震动，引起了各国思想家对中华文化广泛而热烈的兴趣。他们对中华文化，特别是西传的中国孔子儒家思想进行了不同程度的了解和研究，发表了许多关于中华文化的议论和评论。这些议论和评论，是他们对一种过去他们不了解、不熟悉的而又属于完全异质性的文化所做的"诠释"和"解读"，是对从远方传来的中国精神和中国思想的"理解"和"接受"，也是对中华文化大规模冲击的"回应"。

发生在18世纪以法国为中心并波及几乎全西欧的启蒙运动，是人类历史上一次伟大的文化革命，是一场波澜壮阔的思想解放运动。启蒙运动的主题是以理性主义为旗帜，对基督教神学世界观以及整个封建专制主义意识形态进行无情的、摧毁性的批判，为行将到来的法国大革命做出思想上和理论上的准备。启蒙运动几乎延续了一个世纪，涌现出一大批启蒙思想家，创造了法国历史上一个光辉灿烂的时代，即"启蒙时代"。

在启蒙运动时期，中华文化，特别是中国儒家思想学说，已经在相当大的范围内进入了启蒙思想家们的思考和知识视野，成为他们时常援引的例证和思想材料，并以哲人的睿智对中华文化做出种种评说。

启蒙思想家们首先是一批社会批判家和改革者。他们把斗争的矛头指向基督教神学世界观，因为这种世界观是封建专制制度的意识形态和精神支柱，它为封建专制制度罩上了一种神圣的灵光。批判基督教神学的权威，也就是对封建专制制度的批判，就是从思想观念上、从意识形态上否定封建专制制度存在的合理性和合法性。不仅如此，许多启蒙思想家还把批判的矛头直接指向封建专制制度本身，揭露这种制度的腐朽、黑暗、残暴和反动，揭露封建统治者的腐败、愚昧、无知和堕落，揭露社会生活中的种种弊端，揭示社会生活中种种日益尖锐和激化的矛盾与危机。他们反映了资产阶级和第三等级广大群众反对封建秩序的要求，抱着"对真理和正义的热诚"，追求正义、向往光明，"本身都是非常革命的"人物。这些启蒙思想家在批判旧制度的同时，也都在探索建立新制度的模式和途径，提出了种种社会改造的方案，憧憬"建立理性和永恒正义的王国"。

在启蒙思想家们批判旧制度、憧憬新王国的理智活动中，遥远的中国成为他们一个理想的典范。在传教士、商人和旅行家们大量的报道中，中国常常被描绘成这样一个国家，在这个国家中，一片繁荣富庶，安定和平，人民安居乐业，讲究道德，彬彬有礼，充满智慧、文明与和谐的气氛。他们特别赞美中国的制度，认为它是稳定与经久不衰的保证。在传教士们的著作中，中国的最高统治者皇帝也受到高度的赞扬，特别是康熙皇帝被描绘成一位睿智、大度和开明的伟大君主。总而言之，在当时关于中国的报道中，中国几乎成为一个"天堂般的地方"，与破败凋零、危机四伏的欧洲形成了鲜明的对照。

于是，中国成了启蒙思想家们心目中的"理想王国"。对当时的欧洲人来说，中国就是一个他们所向往的理想之乡、"乌托邦"。

西方文化具有创设"乌托邦"的传统。人们一直在尝试描绘一种超越于现实生活的、尽善尽美的社会画面。这种"乌托邦"理想一方面反映了人类理智活动的超越性特征和对理想社会的不倦追求；另一方面也反映了对现实社会状况的不满和批判意识。因此，"乌托邦"既是对现实社会的一种批判性的观照，又是对社会改造前景的一种主观设计。不论这样的乌托邦理想设计得是否粗朴或精致，是否有多大可能具有现实的合理性，它都是人类进步精神的一种表征，而且在实际上成为推动人类文明进步的一种精神动力。

在跨文化交流中经常出现这样一种现象，即在一国人民基于对现实生活的不满，向往一个根本不同的"他者"社会，在这一基础上形成了对于异国的表述，这就是一种乌托邦。在18世纪，对于欧洲人来说，特别是对于法国人来说，中国就是这样的一个"他者"。从16世纪开始，人们就致力于去想象、描述、赞扬、憧憬这个"他者"，形成了无数的关于中国的文字和图像的形象。启蒙思想家们在反对封建专制制度的斗争中，一直致力于追求建立一种"理性和永恒正义的王国"。那么，他们在关于中国的各种报道中，就发现了这样的"理想王国"。中国成了启蒙思想家们的政治理想和社会理想的化身，成了他们的"希望之乡"。实际上，关于中国的乌托邦是欧洲人制造出来的，在其中包含了他们大量想象的成分，就像他们曾经制造出"理想国""太阳城"一样。他们把自己的政治理想和社会理想加诸到一个想象的"中国"上，然后对它大加仰慕和推崇，实际上亦即对自己的政治和社会理想的仰慕与推崇。

然而，他们所设想的这个乌托邦也并不是与中华文化毫无联系。从中国传来的文化信息，介绍中国社会制度和政治制度的材料，译介到欧洲的中国儒家典籍，都是他们思考和探索社会改造方案的思想材料，是他们想象和设计理想社会的范型和摹本。因而，他们创设的这个乌托邦是在中国华化信息的刺激下出现的，中华文化是激发他们想象和智慧的源泉。

无论如何，在18世纪启蒙运动中，中国成了人们向往和追求"理想王国"的一个典范。这种典范或乌托邦首先发挥了巨大的参照系的功能。

启蒙思想家们以中国这个参照系来反观欧洲的社会现实状况，对封建专制制度的腐败没落、暴虐黑暗，对社会生活的种种弊端，以及对基督教会和神学教条的荒谬，都有了更为深刻、更为具体的认识，从而增强了与之斗争的坚定信念。许多启蒙思想家也都拿有关中国的材料来比照批评欧洲社会。另外，中国这个典范或乌托邦还对启蒙思想家的社会改革方案起到示范作用。例如伏尔泰和魁奈都大力赞赏中国的专制制度，认为"开明君主"制。中国的重农主义经济政策、单一农业税制、教育和科举制度、设置谏官、兴修水利、德治主义等，都受到启蒙思想家们的赞扬和推崇，并希望从中国的政治文化中吸取实际的经验和智慧。

孟德斯鸠与伏尔泰、魁奈等人不同，对中国的专制主义持批评的态度。但他们都持有纠正法国专制制度的目标，孟德斯鸠对中国专制制度的批评和分析，实际上也是对法国专制制度批评分析的一种参照。孟德斯鸠同时也指出了中国的专制政体与一般专制国家的不同之处，认为它较有节制。他认为中国虽无基本法律，但有与法律效力相似的道德、礼仪和风俗，都具有法律的作用。简而言之，无论对中华文化的价值做怎样

咖啡馆里的启蒙学者们

的估计，启蒙思想家们在批评社会现状、构想社会改造方案的时候，都充分利用了中国的材料。

当时的人们都在寻找社会改革的方案，为了论证自己的改革方案，需要寻找合适的、有用的思想资源。古希腊罗马传统是一种思想资源，中国的儒家思想也是一种思想资源。改革需要批判旧制度，为了这种批判，需要寻找理想的镜鉴、进行批判的依据。中国的"乌托邦"就是这样的镜鉴和依据。

中国的典范或"乌托邦"还在启蒙运动中起到了激励作用，激励人们坚定对"理想王国"的向往和追求，激励人们为争取"理想王国"的实现而奋斗。因为制造了这么一个关于中国的"乌托邦"，就是宣称在遥远的地方已经存在着一个新的世界，因而就意味着建立新的世界并不是不可能的，就意味着启蒙思想家们所设想的理想王国具有现实的可能性和合理性，就意味着他们为之奋斗的事业是可能成功的。

理性主义是启蒙思想家们的一面旗帜。区分"理性"与"信仰"，并且用理性主义批判蒙昧主义和信仰主义，是 18 世纪启蒙思想家的主要特征。不仅如此，"理性"还成了他们的基本思想原则，成了他们检验和衡

量一切的真理标准和价值尺度。启蒙运动崇尚理性的精神，据许多研究者认为，至少部分源于中国。当然，古希腊的哲学传统，以及近代自然科学的发展，都是启蒙运动的思想源泉。至于中华文化的影响，更可能的情况是，中国儒家思想学说被启蒙思想家做了诸种理性主义的理解和解释，并从中选择了某些成分，充作理性主义的思想材料。不论是哪种情况，在启蒙思想家大力张扬的理性主义旗帜上，确实带有明显的中国儒家文化的印记。

以儒家思想为核心的中华传统精神文化，是一种非宗教性的以人为本位的伦理型文化。儒家学派对中国宗法制度下的人际关系进行了理论上的概括与总结，形成了一套完整的伦理道德观念和理论体系，构成中华文化意识形态系统的核心。中国传统伦理学是世界诸文化体系中最完备的伦理学之一。当中华文化传入以基督教神学为统治意识形态的、祥本主义的欧洲时，欧洲人在宗教神学的权威之外看到了另外一种权威的存在，即伦理道德的权威。他们发现，中华文化中的伦理道德权威，不是来自"上帝"的启示，而是来自一个人自身的"良知"与"良能"的启示。正是这样的发现，使启蒙思想家们从传入欧洲的中华文化中，似乎看到了批判基督教神学的理性之光，找到了摧毁基督教神学权威的思想武器。

中华文化对启蒙思想家的这种激励功能可能是潜在的，但它的作用却是明显的。在启蒙思想家们批判旧制度、旧文化，追求新社会、新文化的伟大斗争中，从遥远东方传来的中华文化，是他们拥有的一个巨大的"乌托邦"藏，成为激发、刺激欧洲文明走向进步的一个精神动力。

在中西文化交流史上，启蒙时代是一个重要的时期。历史提供了一个难得的机遇，使中华文化走进西方文化转型的关键时刻，从而为启蒙思想家们的理智活动，为西方新文化的创造和发展产生了重要的影响。由于启蒙运动在世界文化史上的重要作用和地位，因此也可以说，中华民族的文化创造、孔子的儒家思想学说，也通过启蒙运动在这一时刻间接地参与了世界文化历史的进程。

第十二讲

近代中国的西学东渐

一、鸦片贸易与战争

1840 年，英国的舰队带着工业革命锻造的先进武器，浩浩荡荡，直接向远方的古老中国驶来。他们代表先进的西方向落后的中国开了第一炮，揭开了近代西方列强侵略掠夺中国的历史。

他们是为进行自由贸易，特别是保护鸦片走私贸易而来的。因而发生在中英两国之间的这场战争被称为"鸦片战争"，而英国人认为他们主要是为了在中国进行自由贸易，为了平等地通商，所以他们把这场战争称为"通商战争"。

在长期的中西贸易中，由于当时西方国家的工业还没有发展起来，直到 19 世纪初，中国的对外贸易都一直保持着出超的有利地位。中国的茶叶、丝绸、瓷器、手工艺品等大量畅销国外。特别是中国的茶叶，日益成了英国人生活中一项非常重要的消耗品。为了使茶叶的需求不致中断，英国便必须保持其与中国的贸易关系。

自从英国开始了海外殖民，它们便在世界各地进行着广泛贸易。许多国家的产品，如非洲的咖啡、印度的糖和中国的茶叶，都源源不断地进入英国。18 世纪初，英国的茶叶进口量已超过 10 万磅，到 19 世纪初，已达到了 300 万磅，茶叶税收占英国政府总税收的 10%。而包括英国在内的西方国家还拿不出大量的工业品与中国商品进行交换，只能用银圆来支付。因此，英国必须以大量的白银来抵付贸易差额。严重的出超使英商几乎难以为继，然而他们又不能放弃中国内地广阔的市场。终于他们发现了鸦片这种特殊的商品，这将对解决和扭转他们的贸易困境起到决定性作用。

英国通过鸦片贸易，不但扭转了英中贸易的逆差，甚至扭转了 200 多年东西方贸易的逆差，到 19 世纪初，它还扭转了三个世纪以来东西贸易中白银流入中国的状况。随着鸦片危害愈烈，禁绝鸦片的呼声越来越高。道光皇帝深感银荒兵弱的严重威胁，决心严禁鸦片。他命各直省将军、督抚严禁鸦片，并宣召林则徐进京商议禁烟事宜，派林则徐为钦差大臣，节制广东水师，前往广州查禁鸦片。林则徐主持的虎门销烟壮举，震撼中外，产生了深远影响。

鸦片走私贸易在英国海外殖民贸易中占有重要地位，中国禁绝鸦片的严厉措施，等于断绝了英国的一个重要海外财源。英国工商界和鸦片贸易集团纷纷要求英国政府对华开战。1840年4月，英国议会正式通过向中国派兵，揭开了鸦片战争的第一幕。

战争断断续续地进行了两年。在持续了两年的战争期间，有英军坚船利炮的疯狂进攻，有中国军民的英勇抵抗；有英国侵略者的威逼利诱，有清朝官员的退让妥协。总之是中国被打败了，被迫签订了城下之盟，即《南京条约》，割地赔款，开放通商口岸，片面最惠国待遇，种种在华特权……满足了英国侵略者的大部分要求。《南京条约》是中国历史上第一个不平等条约。

《南京条约》签订以后，美国、法国、俄国等国也接踵而来，要求"共同分享"侵略利益，强迫清朝政府签订了十几个条约。这些是近代中国的首批不平等条约。

虎门海战图

鸦片战争的直接后果之一是将香港割让给英国，成为英国在中国领土上的殖民地，也成为西方文化向中国内地传播的一个重要的中转站，是晚清西学东渐的必经之地。《南京条约》中的主要内容之一是开放五个通商口岸。正是这些通商口岸，不仅成为西方商品输入中国的口岸，成为最早来华西方人的聚居地，也成为西方文化大举进入中国的主要门户。

　　西方殖民主义强行打开了中国大门，大大扩大了中外人员的往来和交流。西方殖民者、商人、传教士、外交人员等大批涌向中国，扩大了西方了解中国和中华文化的渠道，也作为传播西方文化的载体，把西方文化和生活习俗带进了中国。他们为晚清时期西学东渐发挥了重要作用。

　　鸦片战争的失败和城下求和的耻辱，使中国人的心灵受到强烈的震动。英国以炮舰为先导的分割中国主权的要求，以条约的形式固定下来，使人们感到这一次的战败与历史上任何一次战争失败都不同，这是一次旷古未有的"奇变"。

　　鸦片战争对中国近代发展的影响是十分重大的。在英国大炮的轰击下，一直被认为是稳固的中国传统社会和传统文化的大厦开始衰落了、摇晃了、坍塌了，中国人的迷梦被打破了。

　　中外学术界一般都把鸦片战争作为中国近代史的起点，作为中国历史的一个重要转折点。从鸦片战争开始的西方列强的入侵，促使中国社会发生了重大的甚至是根本性的变化。与此同时，中国传统的农业经济被打破了，新型的工业经济、商业经济开始出现，使社会的经济结构开始了从传统向现代的转型；传统的文化格局被打破了，新的文化因素正在生长，使社会的文化结构开始了从传统向现代的转型；封建皇权的权威受到挑战，旧的国家机器正在瓦解，传统社会的组织结构正在无可奈何地走向解体，社会阶级和阶层也正在大规模地变更和改组，出现了新兴的政治力量和思想力量；这一切变化，构成了那个时代极为繁纷复杂、极为活跃激烈，又极为悲壮、极为痛苦的社会生活画面。中国社会和中华文化正在经历着一场前所未有的痛苦和嬗变。

二、晚清中西文化交流的基本态势

19世纪中期，自鸦片战争以来，中国与西方关系的诸方面情况，首先是英国挟坚船利炮之利，对中国发动战争，强迫中国签订了《南京条约》以及以后的一系列不平等条约，清政府被迫割让土地，开放口岸，西方的商品、资本大量进入中国，大批的外国人以商人、外交官、传教士、洋雇员等诸多身份来到中国。在这样的大背景、大形势下，西方文化的各个方面的内容大量地传入中国，给中华传统文化造成了巨大的冲击，对中国社会文化的发展变化产生了巨大的影响。

这一时期西方文化之所以能滚滚东来，所依靠的是18世纪工业革命发展起来的巨大的生产力和崭新的科学技术。工业革命和技术革命是一种改变了整个世界面貌的力量，是将世界上所有民族都卷入的力量。与当时中国所处在的农业文明相比较，工业文明是一种先进的文化，一种高势能的文化。所以，是一次高势能文化向低势能文化的传播，是先进文化向后进文化的传播，是体现当时最高人类文明成果的工业文明对农业文明的冲击。这样一种文化交流的态势，就决定了当时的西学东渐，来势凶猛，波涛滚滚，势不可当。在西方的高势能的、先进的文化面前，中国传统文化已经很难再进行比较有效的抗拒。向西方学习，接受和吸收西方的先进文化，是历史的大势所趋，也是中华文化发展必须面临的选择。

但是，西学东渐是与西方殖民者的侵略和掠夺同时而来的。为了打开古老中国的大门，掠夺中国的财富，西方殖民主义者发动了一系列侵略战争。他们借炮口的威逼，强迫清政府签订了一系列不平等条约，控制中国的主权，瓜分中国的土地，侵吞中国的财富，破坏了中国传统的自给自足的农业经济，加重了中国劳动人民的负担。他们向中国大量倾销鸦片，给中国带来了严重的祸患。在中国的历史上，还从来没有遭受过这样的民族屈辱，还从来没有经历过这样全面深刻的民族危机。中国人民为了民族的生存，对西方殖民主义侵略进行了持续的、英勇顽强的抵抗斗争。而要抵抗西方列强的侵略、掠夺，实现自强图存，靠原有的技术、装备是不行的，靠原有的文化资源是不够的，必须学习西方的先进技术和先进文化，"师夷长技"方能"制夷"，使自己独立于世界民族之林。所以，蒋廷黻先生在《中国近代史》中开宗明义指出："我们研究我民族的近代史必须了解我们近代邦交是我们的大困难，也是我们的大机会。"中华民族要有"光明的前途"必须学习"西方的近代化"，从这个意义上说，列强既是近代中国的最大"敌人"，也是中国近代化的"老师"。因此，表现为目标与手段关系的"抵御外侮"与"学习西方"，其实存在深层的逻辑困境，即"我的老师正是我的敌人"，晚清外交正是在此逻辑困境中不断求索的过程。

把"我们的敌人"作为"我们的老师"，先是向西方学习，然后是向日本学习，总之是"师夷长技"，用世界上优秀的文化成果装备自己。这正体现了中华文化的博大胸怀和巨大的包容性。虽然在历史上，中国人的天朝大国心态、中国人的文化优越感、中国人对悠久文化传统的沉迷，一直是中国民族文化的心理基础，但另一方面，中华文化又具有强大的吸纳力和包容性，以开放的心态学习、接纳、吸收其他民族一切优秀的文化成果。中华文化在历史上有对其他民族文化的学习、接纳和吸收，以这些外来文化丰富和发展自己的传统，所以，近代以来对于外来文化的学习和吸收，是这种文化传统合乎逻辑的延续和发挥。只不过，这次的西学东渐，其规模之浩大、内容之丰富、影响之广泛、冲击之强烈，是前所未有，前所未见的。虽然在这次西学东渐中，出现了"饥不择食""消化不良"的病症，但总的趋势是全面地向西方学习，是全面地引进和接受西方的先进文化。

任何时候引进和学习外国文化，都会遇到本土文化的抗拒和抵制。在佛教进入中国的时候，有诸多排佛之论；在晚明和清初的西学东渐，有"南京教案"和"康熙历狱"这样政治迫害性质的对外来文化的抵制。

在同一文化系统中，都具有保守的和开放的两种倾向，开放的倾向可以积极地接受和学习外来文化的优秀成果，促进文化的发展；保守的倾向则在于保持文化的民族性和核心价值，对可能损害民族文化的外来文化进行限制。所以，在历史上，每当有大规模的外来文化传入，并引起本土文化的某些程度变化的时候，都会有保守主义站出来义正词严地抗拒和反驳。这两种倾向，一张一弛，共同构成了对外文化交流的图景，使对外来文化的接受、外来文化对本土文化的影响和改造保持在一个适度的范围。以往论者对保守主义都持有批判态度，多有不敬之词，其实，正是因为保守主义的出场，它们的限制和反驳，才使得外来文化的影响不是取代本土文化，而是丰富和发展本土文化。那么，在晚清时期，面对大规模的西方文化的涌入，也有保守势力出来抵制，也有像"天津教案"和义和团运动这样大规模的排外行动。但是，与以往的历史相比，晚清时期对于外来文化抵制的声音要微弱得多，保守主义已经发挥不了与西方文化抗衡的作用。因为面对汹涌而来的西方文化，面对空前的民族危机，首要的问题是自强和救亡，自强和救亡就要"师夷长技"，特别是洋务运动以后，向西方学习先进的科学技术，"中体西用"，已经成为国家的意志，成为上至朝廷下至士民的普遍共识。而义和团极端暴力形式的排外主义，所包含的愚昧、无知和野蛮，已经不会有多少共鸣了。

但是，对于向西方学习的这种文化选择，并非自鸦片战争之后即刻开始的。对于我们所面对的这种世界文化的大趋势，对于西方文化的优越性和先进性以及学习引进的必要性，也有一个逐步认识、逐步深化的过程。鸦片战争的胜败反映了当时东西方科技以军事为主的巨大差距。当时只有极少数人物，如林则徐、魏源等，开始对于西方科技的进步注意，并著书介绍西方事物，但包括朝廷在内的绝大多数人，并没有因鸦片战争而改变对西方的看法，更不用说对于向来所轻视的"夷人"学习。清廷的战败并没有使其进行改革，反而继续行保守的闭关政策，引致后来的第二次鸦片战争后，才出现洋务运动等的自强救国运动。

晚清时期的西学东渐，实际上经历了三个阶段。先是鸦片战争之后，有先觉者如林则徐、魏源等首先开眼看世界，但还只是少数人的认识。第二阶段是从第二次鸦片战争之后开始的，洋务运动掀起了西学的热潮。而到甲午战争之后，则出现了进一步全面地学习西方、学习日本科学技术、思想文化的大趋势。总之，晚清时期的西学东渐，波涛汹涌，外呼内应，势如破竹，形成了一个蔚为壮观的文化交流的大景观。

19 世纪的西学东渐，与中国从传统社会向现代社会转变的过程是一致的，与中国反抗外来侵略和争取民族自强的过程是一致的，与中华文化经历的历史性蜕变和重建的过程是一致的。

三、明清之际与晚清中西文化交流的比较

明清之际和晚清这两个时段，出现了两次西学东渐的文化交流高潮。虽然都是西方文化在中国的传播，并且都发生了一定的影响，但两次文化交流的高潮，因为所处的时代不同，而表现出了一些不同的特点。将这两次文化交流高潮做一些比较分析，可以更好地理解文化交流的一些规律性的问题，也可以更深入一些地认识西方文化对中国的冲击和影响。

首先是传播的主体。明清之际西方文化来华传播的主体是以利玛窦为代表的天主教传教士。持续 200 多年，先后近千人，来自欧洲各国的传教士们承担了当时中西文化交流的主要责任主体。在那个时代，也有许多商人来中国进行贸易，但都是在广州等口岸活动，并没有在文化交流上发挥多大的作用。到晚清时期，传教士仍然承担了重要的文化传播的责任，不仅仍然有天主教传教士，而且还有来自英美等国的新教传教士，并且新教传教士在这一时期发挥了更大的作用。这一时期的西学报刊、出版物，教会学校和教会医院，等等，影响大的主要是新教传教士主持的。除此之外，这时来华的外国人还有许多外交官、商人、洋雇员、

教习等。他们也都在文化传播上发挥了不小的作用。比如外国商人，这一时期进入中国的外国商品，已经深入中国人的日常生活中。他们开办的工厂企业，也带进来先进的科学技术和管理经验。分散在企业、国家机构和学堂的雇员、教习，更是直接传播着西方文化知识。这样，从文化传播主体上来说，晚清时期来华的外国人就要比明清之际那个时候多很多，活动的领域也更广泛。

　　不仅如此，这一时期中国人也对西学的传播采取了更为积极主动的态度。洋雇员、洋教习都是中国政府机构和学堂聘请的。就拿翻译西书来说，前期的翻译工作主要是由传教士承担，但后来就有了同文馆、制造局翻译馆这样官方的翻译机构，使翻译西书成为一种国家文化事业，传教士在这些机构中与中国学者合作共同来完成。到了19世纪90年代以后，翻译西书则是以中国学者为主，这样就有了更多的选择性。与此同时，中国还派出一些外交官、游历使到国外进行考察，派出大批留学

《伦敦新闻画报》中北京的一所教会女子学校

生分赴欧美和日本、俄国留学，到西方文化的前沿进行直接的接触和交流。这些考察和留学，成为西方文化向中国输入的一个重要渠道。从洋务运动到戊戌变法，再到清末的新政改革，都体现了向西方学习的基本思路。在这个时期，学习西方，引进西学，已经成为晚清政府的国策，成为自上而下的国家意志。如果没有国家层面的决策，没有行政力量的主导，没有充分的资金支持，在西学东渐的过程中，许多事情都是不可能的。

因此，在晚清时期，西学东渐，不仅是西方人向中国的传播和灌输，更多的是中国人的主动选择和接受，是"走出去、请进来"的多渠道、多领域的全面学习运动。

这样，与明末清初的西学输入相比，晚清西方科学文化的输入，规模大、数量多、质量高，而且基本上都是西方近代自然科学的最新成果，因而具有新的特点。明末清初引进的西方文化，基本上是文艺复兴以后发展起来的新兴科学文化，而晚清输入的则是18世纪工业革命以后发展起来的现代科学文化，以及与之相联系的现代工业技术，还有在这个时期涌现的最新的哲学、社会科学和文学艺术成就。以哲学为例，明清之际侧重介绍的是亚里士多德和托马斯·阿奎那的宗教哲学，而19世纪介绍过来的重点是培根的科学方法论以及在培根、笛卡尔影响下发展起来的近现代理性主义、经验主义哲学。可以说，在这个时期，工业革命以后发展起来的科学技术文化、哲学和社会科学等最新理论知识都已经介绍过来了。晚清西方文化的输入，不论从近代科学整体看，还是从某个学科的具体领域看，都具有全面系统的特点。凡在18世纪已形成体系的各个学科，都已介绍进来。这种全面系统的译介，就为中国近代科学的发展与学科建设创造了有利条件。

与此相联系的则是快，西方自然科学新著出版时间不长，即被译介到中国。其中一些主要著作原书初版与译书的出版时间，除西方19世纪40年代以前出的著作同在中国翻译出版的时间相差稍长外，50年代以后

中外文明交流互鉴十五讲

出版的原著，与译本的出版时间，一般只差 10 余年时间，有的则只晚三五年，个别的甚至当年出版，当年即着手翻译，次年即出版发行译著。如《算式解法》，原著 1898 年出版，次年译著即问世。

晚清时期译介西方自然科学，大都与洋务运动的练兵制器、建厂采矿等近代化建设紧密相连，因而具有很强的实践性和现实性。洋务派的"求强""求富"活动推动了对西方自然科学的翻译与引进，而与近代化建设相结合，既翻译西方自然科学的学术著作，又翻译出版一些具有实用价值的普及性著作，包括各种教科书，则是此次引进西学的最显著特点之一。在明清之际，那个时候西方的近代科学尚处在起步的阶段，大多数还没有转化为技术和生产力，基本上处在一种理论的形态。而到了18 世纪末 19 世纪初，许多领域发展出来新的技术，并且很快转化为生产力，进入人们的生产生活领域。这些新技术对于中国的洋务运动更有直接的现实需要和迫切性。所以，在引进西方科学理论的同时，许多最新发展起来的新技术，包括军事技术、工业技术和农业技术等，都通过聘请专家、派遣留学生等渠道引进来，并立即应用到实践中。这对中国的经济和社会发展的作用更是直接的、巨大的。

晚清的西学东渐，还有一个重要特点，就是普遍性和普及性。西学不仅仅是士大夫们茶余饭后的谈资，不仅是少数专家学者问学的内容，更重要的是进入大众的文化视野，扩大了广大民众的知识空间。明清之际，来华传教士的西学传播工作，主要是在上层社会开展。他们进入宫廷，以天文学、地理学、医学和音乐、绘画艺术为皇帝和宫廷服务；与士大夫阶层交游，谈学论道，翻译西书。虽然也有很多成就，但基本上是限制在少数人的范围内。19 世纪则不一样了。这时的传教士虽也有一些人活动在社会上层，如李佳白（Gilbert Reid，1857—1927）、李提摩太（Timothy Richard，1845—1919）等人，与达官显贵、士人学者广为交游，并直接参与了洋务运动和戊戌维新变法活动。但更多的时候，在更多的情况下，传教士们把传播西方文化的重点放在大众方面，即"开启民智"上。他们创办了一系列报纸杂志，翻译出版了一系列西学著作。由于采用了新的印刷技术，这些报刊书籍发行量很大，还有很好的发行渠道，如傅兰雅（John Fryer, 1839—1928）自己亲自创办书店，《万国公报》有遍布全国的发行网络，所以这些报刊书籍在社会上产生了很大的影响。传教士还创办了许多教会学校，更使其成为直接传播西学的阵地。教会学校和后期出现的新式学堂，都采用新式的教科书，全面系统地介绍各学科的西学知识。这样，西学就从少数上层社会知识分子进入大众的层面，进入社会普及的层面。所以它产生的影响，就要比明清之际的西学传播影响更广泛、更深入了。这样，就在"我国引起一种精神运动"，我国的文化不再是"依然保留了旧观"了。

不仅文化不能保留"旧观"，更重要的是，传统的农业经济被打破了，新型的工业经济、商品经济开始出现，使社会的经济结构开始了从传统向现代的转型；传统的文化格局被打破了，新的文化因素正在生长，使社会的文化结构开始了从传统向现代的转型；封建皇权的权威受到挑战，旧的国家机器正在瓦解，传统社会的组织结构正在无可奈何地走向解体，社会阶级和阶层也正在大规模地变更和改组，出现了最初的资产阶级和无产阶级，出现

传教士伯驾和他的助手在做一个眼科手术

了新兴的政治力量和思想力量。还有，古老的中国结束了自清前期以来的闭关自守、独处东方的状态，走进了近代世界的国际秩序中。

因此，晚清的西学东渐，无论在传播的内容上，还是在影响的广泛性上，都是明末清初那次文化交流所不可比拟的。它对中国近代社会文化的冲击、改造和发展都具有极为重要的影响。直到今天，我们仍然可以感受到那次西学东渐、那次文化冲击的震撼，仍然可以触摸到那次中西文化交流大高潮的余波。

第十三讲

开眼看世界的人们

一、近代早期中国人的世界观

晚清时期，西方来的传教士发挥了重要的文化传播作用，其他如西方各国的外交官、商人以及各种侨民，中方聘请的洋员以及在学堂任职的外国教习，都为中西文化交流发挥了各自的作用。而鸦片战争的震撼、外来文化的冲击，也使一些先进的中国人开始把目光转向外部世界，去争取了解、认识西方文化，寻找中国重新振兴的道路。这样，就有了以林则徐、魏源等最早开眼看世界的人们。他们代表了近代以来最初的向外部世界的探索，代表了最初的走向世界的努力。

不仅如此，在晚清时期，陆续有中国人走出国门，其中有外交官员、留学生，还有专门出国考察的游历使、考察西方政治的大臣和各级出国考察学习的官绅，以及少数自行出国的旅行者。这些走出国门的中国人去亲眼看西方世界，去亲身体验西方文化。其中有不少人把他们的所见所闻写下来，传播给国人直接的西方文化的信息。这些见闻和记录，就不是魏源所说的"西洋人谈西洋"，而是"中国人谈西洋"，是中国人亲眼所见、亲身感知的西洋，是经过中国人的眼光所筛选、比较和认知的西洋。特别是在这一时期的后些年，这些走出国门的中国人，成了学习和吸收西方文化的主要渠道。

在近代地理学传入中国之前，中国人对世界的构想是以中国为中心的，都是以"中国"与"四夷"相对称，也就是用"中国中心"的世界坐标轴来认识世界的。"天圆地方""天处乎上，地处乎下。居天地之中者曰中国，居天地之偏者曰四夷。四夷外也，中国内也"。中国士大夫的世界观是"中国即世界、世界亦中国"的天下国家观念。

16世纪中叶，随着传教士和贸易商人来华，世界地理知识开始输入中国，对中国传统的世界地理观产生很大的冲击，同时也为中国摒弃传统的世界观，形成全新的近代世界观提供了一个有利的契机。

在明末清初传教士传来的西学中，十分重要的一项就是关于世界地理知识。如利玛窦的《万国舆图》和《山海舆地图》、艾儒略的《职方外

中外文明交流互鉴十五讲

纪》、庞迪我的《海外舆图说》、利类思的《西方要纪》等，对五大洲、气候带的分布以及各国的政教、历史、人情风俗等做了较为详尽的介绍，向中国介绍了许多崭新的世界地理知识。这些西方知识都是当时中国人见所未见、闻所未闻的，在当时部分士大夫中引起了不小的轰动。但这些传入的世界地理知识，在当时的影响还是有限的。在相当长的时间内，西方世界地理知识的传播仅局限于很小的学者圈子。即便是相信其说的，如徐光启、李之藻、冯应京等人对于这些世界地理知识，"亦未能穷其究竟"。梁启超说："言世界地理者，始于晚明利玛窦之《坤舆图说》，艾儒略之《职方外纪》。清初有南怀仁、蒋友仁等之《地球全图》。然乾嘉学者视同邹衍谈天，目笑存之而已。"

因而，此时近代世界地理观远远没有进入一般有知识的中国人的世界认知中。当利玛窦、李之藻、徐光启等人过世后，世界地理知识很快被人遗忘、失传。当1792年英国特使马戛尔尼率团来华时，清廷几乎无人知道"英夷"究竟在何方。嘉庆朝时，关于世界及周边国家的情况依然相当模糊，嘉庆朝所修《钦定大清会典图》卷八十七的中国全图中，只包括了中国和诸藩部以及周边的朝贡国，至于中国在世界中的地理位置，甚至在亚洲的地理位置，都没有在地图上反映出来。

鸦片战争前后，西方传教士创办的报刊和出版的了一系列涉及世界地理历史知识的书籍，输入了新的世界历史地理知识。这些世界史地著作为那些开眼看世界的士大夫提供了解世界的窗口，并逐渐促使他们在世界观念上发生着变化。

鸦片战争爆发后，了解外国已经成为一种迫切的需要。因此，一些士大夫积极从事世界形势及各国历史、地理的研究以筹划出制夷之策。中国近代出现了第一批介绍和研究世界历史、地理和现状的著作，其中以林则徐《四洲志》、魏源《海国图志》、梁廷楠《海国四说》、徐继畲《瀛环志略》等最为重要。据统计，从1840年到1861年止，至少出现了22种有关世界史地方面的著作。

这些著作已经在一定程度上把"天下"的概念建立在近代地理科学

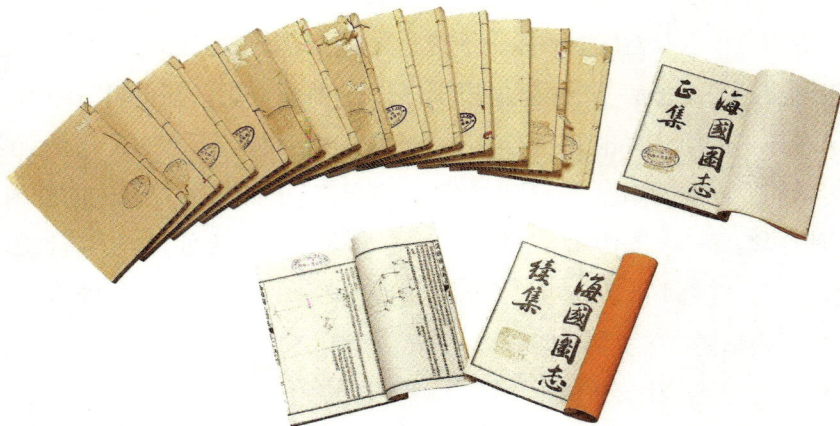

《海国图志》

知识的基础之上，还较为系统地介绍了世界各国的概况，基本上向国人提供了一个较为完整的世界形象。例如，魏源的《海国图志》明确了地球的概念和整个世界的地理构成，介绍了东洋、南洋和欧美国家的简明历史，初步形成了世界政治地理的概念。这些书籍以确证可信的地图地理知识，表明了地球的形状，世界各国的地理位置，证明英法等并非为围绕中国周边的蛮夷下国，而是远隔重洋、久被隔绝在地球另一端的文明强国。这种新的世界观念，打破了中国人千百年来的中华为天下中心、自以为居"天下之中央"的华夏中心观念，中国人第一次不得不面对列强林立、充满竞争和威胁的世界。

历史地理知识是世界观中最基本的知识基础。近代世界地理知识和观念的传入，促使先进的士大夫开始摆脱"中国独居天下之中，东西南北皆狄夷"的传统世界地理观，同时也认识到西方人也并非古之夷狄，开始承认西方文明。随着地理观念的变化，历史观念也随之发生变化，而历史观念的变化，也隐含着关于文明的传统观念的崩坏和转型。这些世界史地著作通过对欧洲列强历史、政事、财政、商务、军事、文化、教育、宗教、风俗等方面的记载，大略地描绘出一种与中国传统文化迥然不同的文明体系，从而表明它们并不是茹毛饮血的野蛮部落，而是已具有发达文明的国家。此时，中国士大夫所看到的西方文化，已经不再是利玛窦等传教士所介绍的西方中世纪文化，而是高度发展了的近代文明和近代科学。这些文明具有了新的时代特征："坚船利炮"练兵制器的技艺、"天文算术"的自然科学、"以商贾为本计"的经济制度、"凡事会议而后行"的政治制度等西方近代文明。

对西方侵略者的"坚船利炮"，中国人早有认识，至鸦片战争发生后，谈起"坚船利炮"的人就更多了。《海国四说》里详细介绍了轮船、火车及蒸汽车机原理。《瀛环志略》对西方火轮船如何行驶做了一番细致的考察，其最后发出"船之行也，轮激水如飞，瞬息不见，一昼夜约千余里"和"可谓精能之至"的惊叹。《海国图志》以整整12卷篇幅专门介绍了西洋火轮船、洋炮、炸弹、炮台、水雷等的原理、制法、用法。当时的中国出现了研究船炮技艺的热潮，刊刻了不少这方面的著述。

有不少外国史地著作论及西方"以商贾为本计"的经济制度。这些议论远远谈不上是对资本主义经济制度的本质认识，而只能算是一种表面、肤浅、直观的归纳总结，但在千余年来一直有崇尚农本、耻言贸易、卑商贱商传统的中国，则又是颇有见地、值得称道之论了。

这些著作对西方资本主义政治制度也颇感兴趣。林则徐编译的《四

五大臣出洋时合影

洲志》，最早注意了解和介绍西方资本主义政治制度，它向国人介绍英国议会民主制的同时，也概略地提到了美国的资产阶级共和制度。随后，《海国图志》《海国四说》和《瀛环志略》等对西方政治制度的介绍不仅远溯西土"声名文物之邦"的亚德纳斯国（即雅典），还扩及欧美数十国，涉及总统选举、议会设置、司法程序、宪法条款以及三权分立等内容。在介绍西方资本主义政治制度的基础上，他们几乎是以相同的言辞对之进行赞美。

但在这时期，士大夫阶层及其他国人对外部世界的理解和认识仍然是很肤浅的。虽然有了对外部世界的史地认识，承认西方文明的先进，但中国的士大夫依然固守文化上的传统世界观，其内心深处的华夷对峙的情节依然没有消解。他们并没有把西方文明看作足与华夏文明对等的文明体系，也没有视西方国家为真正平等独立的国家，华夏文化的优越感、天朝上国的意识仍根植于他们的文化思想。对中国外部世界仍然冠以"海国""瀛环""四裔"之类的华夷观念下的老名称，对西方先进科技还是附以"百工技巧""艺技""奇器"等称谓。传统世界观念的根深蒂固，使得这时期国人对世界的认识基本局限于对世界史地的描述上，而未能更深入地对西方文明进行分析和探察，也就不足以从整体上改变国人对"天下""世界"的认知。

但是，这些著作所反映的努力却具有开创性意义，这不仅打开了认识世界的一个窗口，而且从根本上来说也是对传统的封建专制制度的一个冲击。

二、"出洋"与"开眼"

19世纪中期以后，有一些中国人以不同的形式走出国门，去亲眼看看一个不属于"天朝帝国"的"世界"。

在这时期出洋的中国人中，有的是个别从事对外贸易的商人或替西方商人、洋行、外国外交、宗教、文化教育机构团体服务的买办、雇员、翻译。例如福建人林鍼，受雇于厦门美商，1847年6月到美国，工作一年多后于1849年3月回国，并写了一部《西海纪游草》，是晚清中国人最早的美国游记，书中介绍了自己在美国的见闻。又如广东南海文人罗森，1854年担任美国培理将军远征日本舰队的汉文翻译，随培理舰队到过日本横滨、下田、箱馆等地，回国后写了一篇《日本日记》，是晚清中国人的第一部日本游记。还有王韬1867年应英国传教士理雅各邀请，赴欧洲访问，写了许多内容丰富的漫游随录。

清政府向西方各国派遣的使臣是这一时期对外人员交流的重点。使节是国家之间交往的重要纽带。自古以来，中国历代王朝都与许多国家，特别是周边国家互派使节，保持着使节往来的关系，往来不断。中国派出的使臣，在许多情况下为发展中外交流做出了重要贡献。他们回国后撰写的出使报告或其他文献，成为中国人了解、认识外部世界的重要渠道。

第二次鸦片战争后，中西之间建立正式的外交关系在事实上已经不可避免，清政府中比较务实的洋务派以比较积极、主动、求实的姿态接受西方事物，对付前所未有的变局，即所谓"今日夷务，在筹未然之防，兼救已然之弊"。近代使节制度在这一历史情境下被当作一种处理中外关系、解决中外矛盾的手段。

1866年，清政府海关总税务英国人赫德（Robert Hart，1835—1911）请假回国，总理衙门派遣前山西襄陵县知县斌椿与其子广英以及凤仪、张德彝、彦慧三名同文馆学生，随赫德赴欧洲观光游历。他们在英、法、荷、德等九国游历了7个月后归国，这是晚清中国官员走出国门、游历海外的第一次尝试。但斌椿使团主要还是观光考察的性质，并非正式的国家使节。1868年的蒲安臣（Anson Burlingame，1820—1870）使团，是清政府向海外派遣的第一个肩负外交使命的正式外交使团。蒲安臣使团的出使，在晚清政府的外交上取得了很大成功。1870年，天津教案发生后，清政府派遣刑部侍郎、三口通商大臣崇厚率领一个赔罪使团前往法

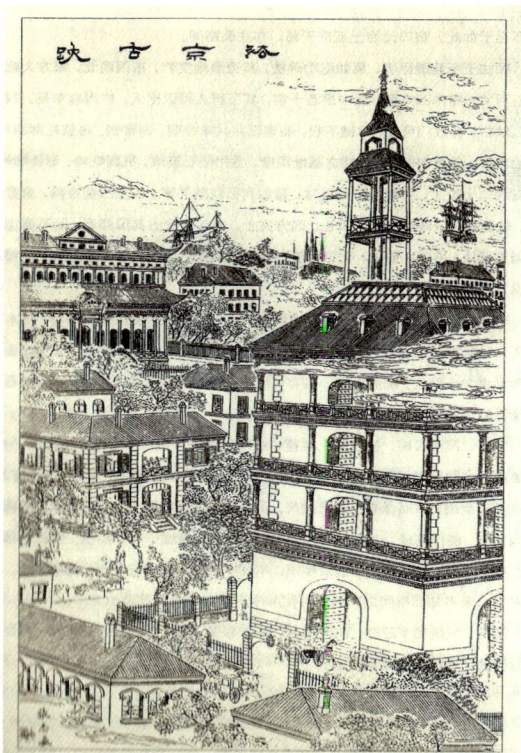
王韬《漫游随录》插图 "巴黎古迹"

国道歉。这是第一个独立派遣的正式的外交使团。

19世纪70年代开始，清政府开始直接派出驻外使臣。1875年任命的出使英国钦差大臣郭嵩焘，是晚清第一位驻外公使。自1877年至1878年，清政府陆续在英、法、德、日、美等国开设了驻外使馆，派遣了驻外使团，还在旧金山、古巴、新加坡等地开设了领事馆，并逐渐建立起一套驻外使领制度。截至1911年，清政府先后在英、法、美、俄、德、奥等16个国家派驻有公使，在新加坡、槟榔屿、仰光等世界各地的45个商埠设立了领事。1875年至1911年，清政府实派出常驻公使59人，出驻19个国家，且多为一人兼摄数国使节。

1895年之前，近代使节制度处于创建阶段，派出的使节数量较少，任职时间较长。这些使节大多数为思想比较开明的洋务专家，对西方世界的了解比当时大部分官僚士大夫要多一些，但无人受过正规的外语和国际法训练，仍然深受儒家学说的浸润，且外交官一般并非实官，只是一个临时差事。甲午战争后，驻外使臣则以接受专门教育而成长起来的职业外交官为主体。

19世纪70—80年代，清政府还派出一些官员独立地出洋考察、游历和调查。例如1874年清政府派出陈兰彬、容闳等官员专程到美洲古巴和秘鲁调查华工受虐待状况，力图维护华工权益。1876 年，派遣浙海关文案李圭与海关洋员一起前往美国费城参观世界博览会。1879 年，徐建寅受北洋大臣李鸿章派遣到欧洲订购铁甲舰，同时考察了各国工厂。1887 年，清政府还通过考试，从中央六部下级官员中选拔钦点了 12 名海外游历使，分别派赴亚、欧、南北美洲 20 多个国家，进行了为期两年的、以调查研究外国情况为主要任务的海外游历考察。到了 20 世纪初，又有五大臣出洋考察宪政。

这个时期地方大员也开始派员出国游历考察，如 1878 年四川总督丁宝桢派江西贡生黄楙材游历考察缅甸、印度等国。1879 年两江总督、南洋大臣沈葆桢派遣道员王之春赴日本，名义上是观光游历，实际上还负有对日本调查侦察的任务。他回国后写了《东瀛录》。1886 年两广总督派记名总兵王荣和等游历南洋群岛，考察华侨状况。到甲午战争之后，更出现了大批赴日官绅考察的热潮。

大批人员走出国门，成为早期直接接触西方文化的人。他们走出国门，置身域外，亲临其境，耳闻目睹，切实体察，获得关于外域的直接知识和经验，这种"开眼"的实际刺激和感触，是坐守国门之内所无法产生的。除了极个别的特例，晚清出洋的国人认识世界的视野都有所开阔，观念都有所更新。他们所看到并惊奇和羡慕的首先是西方物质文明的某些表象，诸如都市的繁华、建筑的宏丽、衣食的丰美、住行的便利、机器工艺的精巧、船舰枪炮的坚利等，大有如入"宝山""胜境""万象争奇，两目尽眩""泰西富强远迈华邦"之类的感慨。也有一些人，特别是出国考察的官员和知识分子，对异域能够进行更多方面的了解和体察，除物质层面外，视野和思维扩及政习商情、文化教育、宗教信仰、风土人情、历史地理等诸多方面。还有的在对外国情况有比较全面真切了解的基础上，有的放矢地侧重于社会政治制度方面的实际考察，并能进行较为深刻的理性思考，立意借鉴西方社会政治制度来改造中国。

晚清出国的中国人屡有出游海外并以文字载纪行程，增广见闻，察考制度，备述异国风情。此类行记大体构成一新的时代风气。

晚清中国人的海外行记，除却少数为事后追忆文章，如容闳的《西学东渐记》、单士厘的《归潜记》等，余者多沿用日记体。薛福成《出使英法义比四国日记》说其日记，"即有偶读邸抄、阅新报而记之者，亦因其事关系时局，不能不录"。间或记述道里行程、综述殊域方物制度、抄录重要碑传文献，这几种内容都是在中国古行记中常常出现的部分。

晚清的海外纪行，以官派出使考察的海外旅行所占比例最大，其风气盛行于19世纪60年代以后。出使海外事务例归总署管理，自从光绪初年清廷开始向海外正式派驻出使人员，鉴于朝臣对外国情形几无所知，为了解外情的需要，总署便规定，各出使大臣需逐日记述所驻之国政情民俗及交涉等诸情形，上呈总署以备考察。不仅各出使大臣皆需定期向总署呈送日记，其他随使人员如有相关著述也可呈送。这些出使人员都撰写了大量的出使报告和日记，及时地将在外的经历和所见所闻报告给国内。总理衙门除了上奏御览外，将其中的部分刊刻发行，成为当时国内了解海外各国情况的一个重要渠道。

最早的斌春使团有《乘槎笔记》和《航海述奇》，参加蒲安臣使团的志刚撰有《初使泰西记》、孙家谷有《使西述略》、张德彝有《欧美环游记》，都是他们出使的记录。郭嵩焘、曾纪泽和薛福成都有出使日记。李圭写了一部《环游地球新录》，记录了参观费城世博会及游历各国见闻。徐建寅写的《欧游杂录》是中国官员第一次对欧洲近代工业进行深入考察的珍贵记录。1887年的海外游历使，20世纪初出洋考察宪政五大臣，都有考察报告或其他记录。清末有许多官绅赴日考察，他们考察日本新政，涉及的范围很广，从宪政、法律、军事、教育、工业、商业、农业、交通到司法、卫生、监狱等。他们撰写了不少调查报告和考察记，为中国改革和建设提供了借鉴和参考。

除官方规定的写作之外，其他海外出游者也多有著述，如林鍼《西海纪游》、王韬的《漫游随录》、郭连城《西游笔略》、钱单士厘《癸卯旅行记》等。戊戌变法失败后被迫流亡海外的维新派领袖康有为、梁启超等也周游列国，考察和分析各国政治和文化，撰写游记。如康有为写了《欧洲十一国游记》，梁启超在 1902 年美洲之行后写了《新大陆游记》。他们的著作为中国人认识世界提供了新的视角和资料。

晚清海外行记，是综合了各家文体之优长，兼顾史家实录和文学描摹的一种文体。这些官方派遣的使臣和私人游历者们的著述，数量很大、体裁各异，内容丰富、蔚为大观，成为中国人走向世界、认识和了解世界的重要文献。

在技术不发达的时代，使节、旅行家和商人的域外游历见闻，向来是人们知天下事的信息来源。不仅如此，这些游记或日记等文献，开始了中国人对西洋的亲历和描述，对于西方世界，不再转手西洋人的说法，有了中国人自己对西洋的观察。而在这些观察和记述之中，他们自己的见识和观念也发生了相应的变化。实际上，这些走出国门去体认西学、见过世面的中国知识分子，是一批受过传统教育又走出传统去实地领略西学的人物，是真正看到了海外世界并回头探索中国社会变革的先驱者。

三、求学海外的留学生

出国留学，是学习、接受和吸收外国先进文化的一种重要途径。中国大规模向国外派遣留学生，是在 19 世纪中期以后，是这个时代西学东渐大潮的一个重要组成部分，是中国人主动走出国门学习世界上的先进文化的一项重要举措。这些留学生是西学东渐的主要载体之一，是学习、理解和接受西方文化的骨干力量之一。他们学成回国后，在中国的政治、经济、科学技术、文化教育等各个领域发挥了重要作用，在中国社会近代化的变革中发挥了重要作用。

从 19 世纪 60 年代开始，清政府就对留学教育有所关注。1870 年冬，曾国藩在向清廷奏请批准的同时，开始筹办幼童留美事宜。1872 年 8 月，

首批赴美幼童

第一批幼童詹天佑、梁敦彦、容尚谦等 30 人，由陈兰彬等率领由上海启程，抵达美国，揭开了中国近代历史上出洋留学的新篇章，也是中国近代教育史上前所未有的一件大事。在此之后三年内，中国幼童均按计划分三批到达美国。留美学童一般是先进小学，再进中学，而后入大学，循序渐进。据不完全统计，到 1880 年，共有 50 多名幼童进入美国的大学学习。其中 22 名进入耶鲁大学，8 名进入麻省理工学院，3 名进入哥伦比亚大学，1 名进入哈佛大学。他们刻苦耐劳、勤奋好学，有许多人的成绩超过美国学生。

但是，到了 1891 年，清政府把这些留学生撤回，其中许多人还没有完成学业。尽管留学生被中途撤回，但不少人还是学到了些长技的。他们中还有不少专业技术人才，对后来中国实业的发展起了较大的作用，有些人成为中国近代史上赫赫有名的人物。其中最出名的有京张铁路的设计者詹天佑，湘潭煤矿的发现者、中国第一代矿业工程师邝荣光，北洋大学校长蔡绍基，主持架设了从北京到内蒙古电报线路的程大业，曾任北洋政府的交通部长朱宝奎，担任过民国初年国务总理的唐绍仪等。

此次出洋留学之举尽管遭受了挫折，但留学欧美的风气却从此大开，在这之后的几年，李鸿章就选派了许多官员、学生前往英、法、德等国学习军事、造船、矿学、法律等不同学科。李鸿章说：留学的"风气渐开，虽未必人人能成，亦可拔十得五"，对国家的建设"不无裨益"。

继幼童赴美之后，福建船政局开始向欧洲派遣留学生。福州船政学堂第一届出洋留学生，其中学习驾驶的 12 名学生赴英国留学，学习造船的 18 名学生在法国留学。第一届留欧学生经过 3 年的学习，于 1880 年左右先后回国。1881 年续派学员 10 名，分赴英、法、德三国学习驾驶、制造。1885 年派第三批学员 34 人，分赴英法各国学习。1897 年派出第四批官派船政留欧学生 6 人，赴法国进入各工程大学学习。这几批留学生分别在英、法、德三国学习船舶制造、驾驶、鱼雷等技术。他们的年龄都在 20 岁左右，出国前已经受过 5 年以上的专业和外语训练，而且留学的目标明确，因此留学的成效比较显著。他们是最早具有先进的科学知识、直接接受西方工程技术教育的中国第一代军事专家和工程师。他们回国以后大都成为海军和陆军的骨干力量，或在实业、外交、教学等各个方面起到重要的作用。

晚清新政伊始，两江总督刘坤一、湖广总督张之洞第一次会奏变法事宜，其中一条就是奖励游学，随后的第三次会奏变法事宜中有广派游历的条款。1901 年 9 月 16 日，清政府正式下令各省选派学生出洋留学。清廷为出国留学的学生制定了许多规章制度及办法，为留学生提供了制度保障。清政府不仅是选派官费生出洋留学，同时还鼓励自费留学。另外，民间也酝酿着大规模的"留学救国"的热潮。甲午战争后，尤其是八国联军入侵之后，民族危机日益深重，救亡图存成为主流思潮，而出国留学就被当时人们视为挽救民族危亡的途径之一。

这样，在 19 世纪末 20 世纪初，上有朝廷的鼓励和提倡，下有留学救国的满腔热忱，于是，出现了前所未有的浩浩荡荡的留学热潮。而在这一时段的出国热潮中，赴日留学成为一时的主流，成千上万的莘莘学子漂洋过海，远渡东瀛，学习日本明治维新以来近代化的先进经验，学习经过日本转译的西学。

在大规模赴日留学的同时，这一时期也有许多留学生继续赴欧美学习。当时，经过洋务运动，一批近代化的企业已经在那里建立起来，新兴的工矿企业、新式的机器设备等，都在呼唤新式的人才。随着留学阅历增多，中国留学人士已经逐渐认识到了日本在科教实力上明显落后于欧美各国。日本毕竟不是近代"西学"的发源地，而是在明治维新后模仿学习欧美等国发展起来的，其"西学"是经过选择过滤的"西学"，与真正的欧美"西学"还有较大的差异。因此，直接到欧美去留学，学习真正的科学知识，就成了许多中国学子的选择。清政府还有意识地规定了欧美留学方针以自然科学为主。留学美国的，以学习工艺实用技术者为多；留学法国和比利时的，多学铁路工程；留学德国的，多学海军。

1902 年 9 月，清廷被迫与列强各国签订《辛丑条约》赔付白银 4 亿5000 万两，史称"庚子赔款"。1908 年，美国政府提出退还部分庚款，资助中国学生留学。庚款留学计划由此全面启动，成为自幼童留美计划之后，现代中国最大的一项官方留美计划。1909 年 10 月，第一批庚款留美学生 50 人赴美，这些学生分别进入麻省理工学院、哈佛大学、普林斯顿大学、缅因大学等各所大学，所学专业大多是化工、机械、土木、冶金及农、商各科。后来的清华大学校长梅贻琦就是其中之一，还有北京高等农校校长金邦正、中国现代物理学奠基者之一胡刚复，以及曾当选中国工程师学会会长的徐佩璜等。第二批庚款生中，出现了胡适、赵元任、竺可桢、胡明复、周仁、秉志、过探先、姜立夫、吴宪、孙学悟等著名学者。1911 年初，清华留美预备学校正式成立，简称清华学堂。学生皆由各省选送，再经选拔录取，首届毕业生中有金岳霖、侯德榜、叶企孙、杨石先、汤用彤、吴宓等人，后来也都成为各自学科的佼佼者。中华民国成立后，"庚款留学生"的计划继续进行。1924 年，美国实施"二次退款"，就是全部退还庚子赔款余额，并于 1924 年 9 月组成中华教育文化基金会，具体管理这笔庚子退款。1909—1929 年间直接或间接受庚款资助的留美学生达 1800 余人。

中外文明交流互鉴十五讲

美国的庚款留学计划，受到了其他国家的仿效。英、法、荷、比四国也相继与中国订立协定，退还应付赔款，设立机构管理使用。

到了民国时期，在各级政府和社会各界的积极鼓励下，出国留学的热潮持续高涨。除了中央政府选派的官费生之外，各级地方政府也出资遣派留学生。在民间广大知识分子中，留学的热情也很高涨，许多家庭经济条件好的也有选择自费留学的道路。一些世家大族甚至订立了章程，鼓励族中子弟出国留学。

从19世纪60年代开始的海外留学，持续上百年，历经几次高潮，对引进先进的西方文化、促进中华文化的现代化转型发挥了重要的作用，在中华文化史上具有极其重要的意义。

自留美幼童出国留学之后，留学教育已成为中国100多年来教育的一种重要形式，为中国培养了数以万计的人才。他们分布在各个学科领域，接受正规的西方教育，站到科学前沿，直接与各学科的世界级大师接触，有的甚至成为爱因斯坦、居里夫人的学生。他们成为学习和移植外国先进文化的骨干力量。在近代中国的社会变革中，留学生群体发挥了极为重要的作用。

留学生是西方科学和学术文化传播的主要载体。从清末开始，早期出国的留学生陆续学成归国，中国人中掌握外国语言文字和科学知识的人日益增多起来，他们积极传播西学，并逐渐取代传教士成了西学东渐的重要力量。进入民国以后，随着留学生的大量回国，他们完全成为西学东渐的主体。由于留学生接受过系统的新式教育，又有长期国外生活的经历，无论是对西方语言文字的掌握，还是对西方文化学术的了解，都更直接和全面。因此，他们很快成为传播西学的主体。在几乎所有的学科、所有的领域，归国留学生都起到了西方文化传播者的作用，甚至可以说，现代中国的各个学科几乎都是由留学生们建立的，文学艺术的创新和发展也是由留学生们来实现的。他们把西方的一些新兴学科（比如说人文科学方面的考古学、人类学、语言学、法学、经济学、政治学、社会学等，自然科学方面的数学、化学、物理学、地质学、天文学、气象学、生物学等）移植到国内来，真正将西方科学的整体性面目介绍到中国来，并使之在中国土地上生根。他们不仅将西方科学首次完整地移植到中国来，而且身为之倡，他们在大学里设置专系，开设课程，创办学术刊物，组织学术团体，使新兴学科很快在中国生根发芽。他们成为中国近代科学的奠基人。

四、晚清的西书翻译活动

1897 年，梁启超在《论译书》一文中说，"处今日之天下，则必以译书为强国第一义"，并开列出应译的九大类书籍。梁启超的这句话，既是对鸦片战争以后西学东渐大势的一种总结，也是对进一步引进西学的呼吁。在他看来，要实现中国的国家强大与文化繁荣，翻译西书具有特别重大的意义。

书籍交流在中外文化交流史上有着重要地位。书籍是文化记录、保存和传播的最重要的载体，中华文化向海外的传播，外国文化向中国的传播，都离不开，甚至在有的情况下是主要依靠书籍的交流和传播。在 19 世纪，特别是 1860 年以后，西书的翻译活动十分活跃，成为西学东渐的主要渠道之一，形成了西书翻译史上的一次高潮。

最初的西书翻译是从传教士开始的。19 世纪 60 年代以后，清朝政府主动介入西书的翻译活动，成立江南制造局翻译馆和同文馆，作为官方的译书机构。这样，翻译西书就成为一项国家的文化事业，官方为西书的翻译提供了人力、物力的保障，又创造了广阔的发行渠道，使之可以发挥更大的作用。一些官绅也以个人名义为西书翻译出版提供资助。比如伟烈亚力（Alexander Wylie, 1815—1887）和李善兰翻译的《几何原本》的全译本，就是在曾国藩的资助下得以出版发行的。

19 世纪末至 20 世纪初年，商办民间私家出书剧增，译书不再由官方译书机构所专营。由于甲午战败，国运艰辛，救国之士从日本的崛起中，

中外文明交流互鉴十五讲

感到了西洋文明的力量，更欲从译书中寻求救国之道，使得这一时期的译书活动，呈现出比以往更为绚丽的色彩。到处兴起的译书社团，表明了译书已具有广泛的社会基础。这些民间译书社团，有商务印书馆、译书汇编社、广智书局、教育世界出版社、启新书局、励学译编社、合众书局、翻译学塾，等等。这一时期，译书业在开拓新的读者群方面也取得了可喜的进展，译著的行销量呈明显放大的趋势。

这样就形成了晚清西书翻译事业的三大力量，即传教士、官方译书机构和民间学者。这三方面的力量既有交叉，也有互动，共同推动了晚清西书翻译事业的发展。

这个时期的翻译主体从外国传教士逐渐转向以中国学者为主。导致这种变化的主要原因是自近代以来开始创设外国语学校和派遣留学生这两大举措。近代外国语学校，首推京师同文馆，内设英文馆、法文馆、俄文馆，后增德文馆，成为中国第一所培养外语人才的学校。此外，各种教会学校和新式学堂也设有外语专业和外语课程，培养了一大批外语人才。更全面的外语人才则是尔后的留美、留欧、留日的学生。所有这一切都为近代大规模翻译西方的思想文化成果提供了广泛的现实基础。

早期翻译的西书以科学技术类为主。翻译西书的目的是向西方学习，当时理解的学习西方文化，主要内容就是学习其军事技术和机器制造，也就是自然科学，当时称为"格致"，即声、光、电、化等。此期的译书有算学、测量、汽机制造、水陆兵法、天文学、重学（力学）、化学、光学、医学等。江南制造局翻译馆所译的160多种著作中，绝大部分属于

徐寿、李善兰、华蘅芳在江南制造局翻译馆

自然科学类。据统计，其自然科学译书占 80% 以上。

70 年代以后，随着与西方的频繁交往，中国使外人员也日渐增多，他们通过在西方国家学习，以及实地观察、亲身体验，逐渐感悟到：西方国家之所以强盛并不全在船坚炮利和自然科学的发达，主要的还是由于它们先进的社会制度和文化，如议会、民主选举、新式学校、自由、平等、博爱。于是便对西方政治、法律、教育、历史等方面开始感兴趣，并着手翻译，即进入了梁启超所说的"将世界学说无限制地尽量输入"的阶段。这种看法逐渐成为一批有识之士的共识。

19 世纪 80 年代以后，翻译的人文社会科学书籍日渐增多。活动在 19 世纪八九十年代的上海广学会的译书则 80% 为社会科学著作。特别是 19 世纪末 20 世纪初的民间译书，在选题上主要集中在哲学、社会科学领域，尤其重视反映新文化、新政治思想和新社会制度的著作的翻译，即梁启超所称的"以政学为先，而次以艺学"的时期。这个时期译述的西方哲学、社会科学著作，无论是涉及的学科、思潮，还是人物，都是前期鲜有所闻的。特别是《天演论》《民约论》《法意》《原富》《群学肄言》《穆勒名学》以及《道德进化论》等名著的翻译，不仅为国人带来了全新的社会政治思想，更为我国知识界初创哲学、政治学、经济学、社会学、逻辑学、伦理学、美学等学科门类，推动我国知识体系从传统向近代转型，起了奠基作用。

在 20 世纪初，译书的来源由以欧美国家为主转而以日本为主。翻译日本著作或转译日本学者译自西方的书籍，契合了译书界"政学为先""次以艺学"的选题方向。因为，日本具有因政治维新而在短期内崛起的示范效应。同时，这一转向也蕴含着一个如何将西学本土化，以充分发挥新知识的实效的话题。日本也是较好地将西学本土化的榜样。所以，这一时期的译坛出现了"日本每一新书出，译者动数家"的景象。

与自然科学和社会科学的翻译相比，近代的文学翻译出现得稍晚。甲午战争之前，外国文学作品的翻译仍然很少，据目前所知，由中国人翻译、独立成册的翻译文学，只有小说《昕夕闲谈》和长诗《天方诗经》

两种。甲午战争后,翻译文学才陆续出现。1896 年,张坤德翻译的柯南·道尔的四篇侦探小说在《时务报》上陆续刊发。1899 年,林纾与王寿昌翻译的《巴黎茶花女遗事》正式出版。后者的问世揭开了翻译文学的序幕。20 世纪初,翻译文学如雨后春笋,迅速形成繁荣的局面。

在晚清的最后几十年中,形成了强大的西书翻译浪潮,翻译了上千种西方科学技术、社会科学、历史文化、文学艺术等方面的著作。从1811 年马礼逊出版第一本中文西书,到 1911 年清王朝统治结束,首尾100 年,中国共翻译、出版西学书籍 2291 种。这是一个十分庞大的数字。这些书籍不仅极大地丰富了中国典籍的宝库,同时兴起的近代出版事业,使这些西学著作得到广泛流传,对于中国社会向现代化的变革,对于中国知识体系的更新与改造,以及对于中华文化从传统向现代的转变与发展,都发挥了巨大的作用。

晚清西书的大量翻译和引进,大大扩展了中国知识分子的知识空间和阅读空间。为了适应大量西书出现的情况,一些出版机构陆续编辑出版了多种西学汇编资料。这些汇编资料是按照知识分科的架构对中译西书进行分类的,但更意味着是针对传入的西学知识进行二度创造,亦即知识的再生产,体现了编者对西学的一种认知和接受的选择性倾向。近代西书翻译,翻译哪些书,先翻译哪些书,并不是随意的,而是经过了认真的选择挑选。比如,在洋务运动时期,为了适应当时急于引进西方科学技术的需要,翻译的西书以西方最新的科学理论和应用技术为多。那时的文化口号是"中体西用",而所谓"用",更在于"实用""急用",所以人们的关注点多在"西用"的科学技术方面。甲午战争之后,为了适应维新变法的要求,要以西方的政治制度、社会文化为参照,因而以翻译社会科学理论包括政治学说、法律学说为多。

晚清西书翻译出版的数量是十分巨大的,如果再加上清末日文书籍的大量翻译出版,这个西书的翻译,无论是从数量还是从所涉及的内容来看,都是前所未有的、空间巨大的。这样巨量的西书涌现在中国读者的面前,大大扩展了阅读空间,也对人们的认知结构造成了巨大的冲击。

为了适应阅读上的需求，就出现了不少"汇编"性质的西学资料。这些"汇编"则体现了对所译西书的再选择。

　　进入民国，翻译西书仍是西学东渐的重要途径。但与晚清不同，民国时期译书的主体是归国留学生。他们既精通西方语言文字，又对西方文化学术有比较深入的了解，因此，他们彻底抛弃了"西译中述"的模式。作为某一学科领域的专家，他们翻译的内容更为丰富和准确。不仅如此，很多对西学有相当了解和研究的思想家和学者撰写适合中国读者的介绍西学的著作。这些介绍对西学东渐起过非常重要的作用。

中外文明交流互鉴十五讲

第十四讲

西风从东方吹来

一、日本近代化对中国的刺激与启发

在甲午战争之前，中国知识分子中的一些有识之士，如黄遵宪、王韬等人，在赞叹日本维新成效的同时，初步提出了学习西方和日本，在中国进行变法改革的主张。鸦片战争以来，"师夷长技"的主张逐渐获得人们的普遍接受，特别是 60 年代兴起的洋务运动，就是在学习西洋的旗帜下展开的。但是，当时就有一些人看到，向西方学习，日本比中国成效显著。曾经在明治维新之后到日本游历的王韬说："巍巍上国，堂堂天朝，岂反不如东瀛。"一些主张洋务的人士欲急起直追，他们认为中国并非完全没有追上去的条件，"我中国幅员万里，地非不广也；生聚三亿，民非不众也；采山搜海，材非不足也；能自奋发何求不济！"

1871 年中日缔约后，两国建立了正式的外交关系。但此后，日本几次企图修改条约，获得特权，并先后侵略台湾，吞并琉球。这给清朝以很大震动和刺激。一方面对于日本的扩张企图保持警惕；另一方面也提出学习日本的经验。黄遵宪在日本担任公使馆参赞期间，对日本进行了深入的研究，作《日本杂事诗》和《日本国志》，系统地提出向日本学习的想法。中国驻日使馆的设立为中国人东游提供了便利条件，他们联翩东流，耳闻目睹了明治维新后的日本社会情况，留下了一批介绍日本情势、代表中国人对明治维新最初认识的著述。尽管他们所注重的是日本的风土人情习俗，但是给来日的中国人印象最深的是日本吸取西欧文明、推动富国强兵的政策。瞩目于日本的近代化，反映了当时中国人对明治维新或保守地持否定的批评，或欣慰地持同情、赞扬的最初态度。虽然他们只是对明治维新做了一些表象的了解和介绍，然而他们的行动对于近代中国人了解明治维新起了积极的先驱作用。

但总体来说，中国从朝廷到民间，对日本都没有足够的重视，洋务运动中提倡学习西方，主要是面向欧美，聘请的洋员专家、翻译的西学书籍、学堂里的外国教习，都是欧美人士。

1894 年，中日之间爆发了无论是对中国历史还是对整个东亚历史都具有重要影响的甲午战争。日本通过这次战争强迫清政府签订空前屈辱的《马关条约》，勒索巨额赔款，割占中国领土台湾，控制和奴役朝鲜，日本却因此开始"脱亚"，如同欧美列强一样，获得了殖民地帝国的地位。

甲午一战，中国惨败于东邻小国日本，俯首签约，割地赔款，一时举国震动，朝野哀痛。人们痛惑不解：这个孤悬海外、一向不被国人留意的蕞尔小国，怎么一下子变得如此强悍？日本的情形究竟如何？对此朝野上下一片茫然，一时关心时务的士大夫文人们无不为此痛心疾首。空前的瓜分危机和迫在眉睫的亡国大祸，强烈地刺激了中华民族的觉醒。广大中国爱国知识分子一面愤怒地谴责日本军国主义的野蛮侵略，同时也更加迫切地渴望了解和探究日本得以迅速富强的原因，进而提出了仿效日本明治维新，在中国通过变法维新以救亡图存的主张。因而，总结与吸取日本明治维新以来变法自强的经验教训，便成为19世纪末20世纪初中日文化交流的中心课题。

甲午战争后，人们看到明治维新带来了日本的强盛，于是模仿日本变法维新成为一种社会思潮逐步蔓延开来。要救国，只有维新，只有学西方，日本人向西方学习有成效，这给当时主张变革的传统知识分子以极大的启示。

甲午战争使中国人惊醒，学习外国的眼界得到新的开拓，不仅要学习欧美，而且还要效法日本，一个学习、研究日本的热潮在中国知识阶层里开始涌动。有识之士开始意识到，以日本为媒介摄取西方近代文明是中国求存图强的最佳捷径。这是因为日本和中国相比，在政治体制、思想意识、历史文化、地理环境、风俗习惯等各方面均有许多共同和相似之处。他们相信，只要中国仿效日本实行新政，就可以事半功倍、后来居上。

因此，清末中国大致可归纳为派遣学生留日、赴日参观考察、招聘日本教习、翻译日本书籍四个主要途径。它们各有特点，互为补充，共同构成了近代中日文化交流史上蔚为壮观的场面。

二、日本教习对中国新式教育的参与

晚清政府之所以聘请大批日本教习，主要是在面临晚清的政治变局不得不进行适当改革的背景下，推行教育改革、创建新式学堂的过程中人才缺乏所致。虽然从 1896 年就开始派遣学生留学日本，甚至在 20 世纪初还出现了"留日潮"，但在大批留学生学成归国前国内的新式学堂已经大批建立，新式的课程需要大批的新式教员。与欧美教习相比，日本教习的薪水相对较低，既能满足教育的需要，又不至于增加太多的财政负担。而且通过聘请日本教习培养本国学生比直接派遣学生留学日本在经济方面更节约，还可避免学生留日后思想控制的困难。

另外，日本对晚清政府的需求做出了积极的反应。甲午战争之后，日本重新考虑在与西方争夺中国过程中的对华政策，"清国保全论"一度兴盛。这种"清国保全论"，实质上是在"帮助中国"这一冠冕堂皇的借口下，排斥其他资本主义国家而独占中国，是用比较隐蔽的方式来推行"大陆政策"。虽然在热心参与中国教育事业的日本人中也存在着真诚帮助自己邻国强盛的美好愿望，但从根本上来说，日本积极参与中国的教育事业对日本国家的利益是热心于中国教育事业的日本人清楚认识到的。

在各省陆续开办新式学堂时，在这些学堂里担任新式课程教学工作的教习主要是日本教习。早期日本教习的聘请，并没有通过正式的官方的途径，更多的是通过私人间相托，或由清政府的地方大员委托日本方面相关人士推荐。正式聘请日本教习开始于 20 世纪初，但大量聘请，则是光绪三十一年（1905）以后的事。科举制度废除以后，各地新式学堂纷纷创建，师资缺乏的情况非常严重，于是才由清政府出面请日本政府代为遴选，但也不是由日本政府直接出面，一般是通过帝国教育会、东亚会或东洋妇人会等民间团体进行组织推荐遴选。

20 世纪初期，新式学堂聘请的教习以欧美等国为主，1904 年后，大量日本教习来华，在外籍教师中占了绝对多数。他们执教于各级各类学校，主要担任实业课程、自然科学课程和日语的教学，分布也极为广泛。

中外文明交流互鉴十五讲

东京—横滨铁路通车图

据 1909 年 7 月统计，405 名日本教习分布在直隶、四川、江苏、广东等 20 个省区，其中，在高等学校执教的占 80.9%（405 人中，在大学堂、师范学堂等高等学校执教的 328 人），保证了当时各级各类高等学校课程得以顺利开设，对缓解当时高等教育师资匮乏的状况起到了一定的作用。

1905 年后，由于中国国内掀起了一股收回教育权的运动，加之留日学生陆续学成归国在一定程度上解决了师资缺乏问题，同时由于聘用日本教习的薪水高于中国教习、部分日本教习素质低下导致中国人反感，美国退还部分庚子赔款加强了对中国文化教育的力量，这些因素使在华日本教习人数迅速减少，到 1911 年，日本教习影响中国教育的时代基本结束了。

虽然日本教习在中国活动的时间仅有 10 多年，但因为清政府的主动选择和日本的积极参与，中国近代教育改革打上了深深的日本影响的印痕。从学堂章程的制定、管理经营，到课程的设置、教科书的采用，以及教师的配置，无不受到日本影响，无不有日本教习参与其间。不仅新教育的主要方式例如学制、课程等直接仿效日本，而且因为由日本教习教授，所以教材也是直接采自日本。日本教习在晚清教育改革过程中扮演过重要的角色，对中国教育由传统走向现代起过积极作用。

第十四讲 西风从东方吹来

三、大规模的赴日留学运动

甲午战争之后，出现了大批中国学生涌向日本留学的热潮。中国人蜂拥前往日本留学，其中多数是青年学生，也有王公子弟、秀才举人、在职官员，甚至缠足女子、白发老翁亦不甘落后。有的夫妇同往，有的父子、兄弟相随，还有全家、全族留学的情况。留学生或官费送派，或自筹资金，纷纷东渡，络绎不绝，构成了一幅中日文化交流史上盛极一时的留日奇观。

这样一个声势浩大的留日热潮，与国内的形势发展有密切关系，反映了中国知识分子要求向日本学习以振兴中华的强烈愿望。昔日中国人的文化优越感，在对日战败中经受了强烈刺激。亲身到日本留学，直接了解日本改革富强的经验，并吸收经过日本引进消化了的西方文化，成了中国许多爱国有志青年的向往之路。学习日本的成功经验，成为中国知识阶层挽救民族危机的新希望。由于日本政府对中国留学生资格限制不严，不需办理护照及留学证书，加上国土相近，同文同种，且生活及学习费用低廉，日本的教育机关建立了完备的奖学金制度，吸引了大批青年学生东渡求学。

清政府对赴日本留学持有提倡和鼓励的政策。张之洞早在 1898 年就大力倡导留学日本，他在《劝学篇》说："出洋一年，胜于读西书五年""入外国学堂一年，胜于中国学堂三年""至游学之国，西洋不如东洋"。因此，张之洞认为留学日本乃"事半功倍，无过于此"。张之洞的《劝学篇》被认为是"留学日本的宣言书"。

1898 年戊戌维新期间，清政府下令各省督抚选派学生赴日留学。至 1899 年各省派赴日本留学的已有 100 多人，其中在日本陆军的预科学校学习军事的最多。如 1902 年 3 月袁世凯曾一次从北洋武备学堂选派了 55 名学生赴日留学。1903 年留日中国学生已达 1300 余人，1904 年的人数统计是 2406 人。

1903 年，清政府正式颁发《奖励游学毕业生章程》，规定对在日本

中外文明交流互鉴十五讲

大、中学毕业者经过考试，也授
以进士、举人出身。1905 年清
政府决定停止科举考试，出洋留
学成了知识分子的主要出路。清
政府还鼓励官费、自费并举，推
动了留日热潮的发展。1905 年
至 1906 年，留日学生人数猛增
到 7000 多人，中国人留学日本
达到高潮。

1907 年以后，留日学生人
数逐渐出现下降趋势。一方面，
日本政府颁布了《取缔留学生规
制》，对中国留学生制订种种限

日本留学时期的鲁迅

制和歧视措施，引起留日学生的反感，不少人愤然回国，有的国内学生
也因此取消留日计划。1906 年，清政府又颁布留学规定，限制留日学生
的资格，规定必须具有中学以上学历并学过日语才准许留学，而且停止
派遣速成科学生，使留日热开始降温。同时，中国的学校教育逐渐普及，
还聘请日本教师来华任教，因此一般普通教育不必出国留学。另一方面，
日本教育经费削减，而欧美各国特别是美国却开始积极招收中国留学生。
因此，1908—1909 年留日学生降到 5000 多人，1910 年有 4000 人左右。
到 1911 年武昌起义后，许多关心祖国前途命运的留日学生，都争相回
国，投入革命洪流，留日学生人数骤减到只剩 1000 多人。

19 世纪，清政府派往欧美的留学生几乎全是学理工和军事的。到了
20 世纪初，中国留日学生学习的专业非常广泛，从政治、文史、外语、
师范、军事到理工、农医、商业，以至音乐、美术、体育，应有尽有。
而且以学文科和军事的占多数，其中又以学政法和陆军为最热门。这不
仅反映了当时的时代潮流，也反映了中国爱国青年渴求学习外国社会政
治经济和文化教育制度寻求救国救民道路的热忱。

留日学生的另一个特点是学习速成科和普通科（相当于中学性质）较多，真正进入大学本科的不多，能学到大学毕业的就更少了。速成教育乃是日本教育界专为中国留日学生设置的一种教育形式。速成教育是在相对短暂的时间内，专门讲授实用知识和技能，使学生达到快速掌握、学以致用的目的。在日本，专为中国留日学生而设立的学校如雨后春笋般纷纷成立。

在19世纪末20世纪初，从中国赴日本留学的人数先后共计有数万人，有资料说整个清末时期赴日留学生的人数超过10万人。其数量之多、规模之大、学习专业之广泛、开展活动之频繁，在世界各国留学史上都是罕见的。有西方学者认为，这是世界历史上第一次以现代化为定向的真正大规模的知识分子移民潮。费正清则说："这可能是到此时为止的世界史上最大规模的学生出洋运动。"

20世纪初的留日热潮不仅有力地促进了中日文化的交流，而且对于近现代中国革命运动和现代化建设都产生了很大的影响。清末赴日留学生归国后其中相当一部分对中国社会产生了积极影响，主要涉及社会改革（包括政治、军事和社会活动诸方面）、师范教育、文学艺术及学术名流。

四、清人对日本的考察

在甲午战争之前，中国人对日本的了解并不多。虽然中国与日本是近邻，并且有着2000多年的交往史，但都是日本人主动与中国交往，学习中华文化，而中国人并没有多少了解日本的兴趣。中国古籍中日本往往被描写成虚无缥缈的仙岛神州，任意涂抹神秘色彩。历代正史中都有日本传，但正史中的日本传也是因袭陈说，很少有对日本做深入观察研究的。明代以后，有了一些关于日本的记述和研究，但这些研究主要是从防倭寇的角度来研究的，而且也不甚了了。鸦片战争前后，中国对日本的了解仍然甚少，魏源的《海国图志》与徐继畬的《瀛环志略》等著作，对日本的认识还是很模糊的。

19世纪70年代以后，特别是甲午战争之后，中国派驻日本的使馆人员，以官方或私人身份赴日本游历考察的人员迅猛增加。他们在游历途中或归国以后，纷纷撰写了游历的日记或笔记，记录他们在日本考察参观的经历，特别对明治维新以后日本引进西学、变法维新以及社会生活各方面的巨大变化，记录了他们的观感和印象以及相应的感想。其中有些人还写下了大量的游历诗，这些日记或游记通常被称为"东游日记"。

19世纪60年代以后，日本经过明治维新，迅速起飞，取得了巨大的社会进步，方才开始引起中国人的注意。1876年，李圭前往美国费城参加万国博览会，途经日本，在游历了长崎、神户、大阪、横滨和东京之后，留下一份简短的记录。这就是《环游地球新录》中的"东行日记"一卷。1877年，何如璋以首任公使身份赴日，留有《使东述略》，以日记形式详细记录了他离开北京到东京上任的经过。1879年，王韬东渡日本，由长崎经神户、大阪、横滨，抵东京，前后游历四个月时间，并将此次东瀛之行的所见所闻，撰写成《扶桑游记》一书公开出版。1879年12月，王之春以道员身份赴日游历考察，历时一个月，回国后写成《谈瀛录》三卷。1880年5月，李筱圃赴日游历，历时一个多月，留有记述《日本纪游》。1887年11月，清政府派傅云龙、顾厚焜等出国游历考察。次年，傅云龙编成20卷的《游历日本图经》，顾厚焜编成《日本新政考》二卷。1893年5月，黄庆澄前往日本游历，历时两个月，留有《东游日记》一部。

与此同时，还有相关的对日本的研究著作，其中最重要的是黄遵宪的《日本国志》，这部著作代表了当时中国人研究日本的最高水平。还有驻日公使馆官员姚文栋编成的《日本地理兵要》、陈家麟编成的《东槎闻见录》一部。

自明治初年到甲午战争前，在中国出版的有关日本情况的书有23种。甲午战前的这些游记和著述，论述了日本的有关情形，提供了有关日本历史、地理、社会、民俗，尤其是当时明治维新"易朝服，改仪制"的丰富图景，扩大了近代中国人对日本政治、经济、军事和文化状况的了解。如傅云龙的《游历日本图经》调查了日本的天文、地理、风俗等15类169项内容，详细反映了日本明治维新后近20年在近代化方面所取得的成就。黄遵宪的《日本国志》则从各个角度系统地研究了日本的历史和现状，尤其详于日本明治维新后新实行的各项制度，可称得上是一部"明治维新史"。

尽管这些日记或游记所注重的是日本风土人情习俗，但是给来日的中国人印象最深的是日本吸取西欧文明、推动富国强兵的政策，瞩目于日本的近代化。明治维新是当时中国知识分子对日本认知的一个重要内容。这些游记和著作几乎无一例外对日本的明治维新表示了关注。其中不少人都对明治维新持肯定的态度，他们赞赏甚至希望中国能仿效日本的明治新政。另有一些人肯定明治维新在学习西方军事与工业技术、推进工商业发展方面的作用，而反对和否定其改变祖宗成法、效仿西洋政治制度的做法。对待日本明治维新的不同认知，实际上反映了国内知识界对待引进西学、实现社会改革的不同看法。

甲午战争失败后，中国人痛定思痛，深感日本变法维新的巨大力量，学习日本变法维新的呼声几乎成为自上而下的共识。所以，在大批派遣留日学生的同时，由张之洞等人建议，1898年，清廷又将鼓励官绅自费赴日本考察列为国策之一。这一时期，中国官绅及各地人员的日本游历考察，有政府的安排，也有个人的行为，蔚然成风，人数众多。据不完全统计，自1898年至1911年的10余年间，有据可稽的赴日考察者就达1195人。他们以积极的心态，对日本的教育、政法、军事、农工商等进行细致的考察，并留下了大批考察记录。

和留日学生进入大学或高等专门学校集中学习基础知识不同的是，游学官绅多是考察实际政务或学务的。游历考察的内容也由甲午战争之前的浮光掠影、泛泛之游进而进入比较深入的专题考察。他们考察的内容很广泛，从宪政、军事、工业、农业、教育，一直到警察、监狱、卫生等各个方面。他们对日本变法维新、引进西学的各个方面以及教育、工商业等制度实务，进行更为具体的考察学习，作为中国的借鉴。

尽管他们考察的时间有长有短，收获有大有小，认识有深有浅，考察归国之后，官员都例行向派遣方提交了考察报告，以日记体的形式详述在日所见所闻，其他人也都写了考察报告或游记。从1898年至1903年，由中央政府或地方派遣乃至自费赴日考察且有考察成果出版的，约在15次以上，人数多达65人，出版的著作也近20部。他们在这些著述中，认为日本是一个很善于吸取外来文明的民族，如近代对欧美文明，既全面摄取全面学习，又没有简单模仿，而是结合本国国情加以消化吸收。他们认真思考日本由弱变强的原因，认为日本的许多做法及各种制度都是值得中国效法的，日本的政治、经济、军事、教育、文化都是中国的榜样。

一些游学官绅归国后，由于多担任官职或影响一方，在职权范围内迅速地将其在日本学到的先进管理措施，直接应用在司法、体制管理上，对行政管理体制向近代化转型产生了很大的推动作用。如在直隶地区，特别是北京、天津、保定等较大城市，是东游官绅的集结地，他们扮演了一个十分出色而又不可缺少的西方文化"二传手"的角色，将在日本的所学所见，植入直隶省的司法更新及行政管理、技术引进和实业宏大、教育改革和人才培养等方面，大大推进了直隶省的近代化进程。

五、日本书籍的翻译及其影响

19世纪中期以后，中国出现了历史上的又一次大规模翻译域外典籍的高潮。不过，在甲午战争之前，中国最主要还是翻译西方的书籍，对日本还注意不多。甲午之后，出于向日本学习的强烈愿望，中国社会各阶层人士都认识到翻译日本书籍的重要性。

从1895年开始，翻译日文书籍的热潮迅速兴起。在戊戌变法时期及20世纪初，日文新书新作被大量出版发行。据统计，从1896年至1911年，汉译日籍共958种，包括了自然科学、人文社会科学领域的绝大部分科目，极大地丰富了西学东渐的内容。

晚清翻译的日本书籍，多数是日本人翻译的西书。明治维新前后，日本人出于引进西方文化的需要，陆续翻译了大量的西文书籍。1896 年，日本大学和文部省推动了洋书翻译事业，大学设立翻译局，文部省设立编辑寮，专门编辑出版教科书。在 1871 年至 1873 年，文部省翻译出版的教科书有政法、经济、化学、物理、植物、地理、农学、地质、医学、军事学、修身学、统计学等等。西学之精华，"其要者日本皆有译本，通日文即可博览西文书籍"。为了引进西文书籍，就从日文译本转译成中文，即等于重译日本所译西书。通过翻译日文来传播西学完全能够满足社会对西学的需求。

与此同时，也翻译了一些日本学者的著作，其中包括日本近代著名启蒙思想家福泽谕吉、加藤弘之、中村正直，著名哲学家井上哲次郎、井上圆了、清野勉、十时弥、大西祝，自由民权运动理论家中江兆民，早期社会主义理论家幸德秋水等人的著作。这些日本思想家、理论家的著作深受中国青年知识阶层的欢迎。

1896 年，京师同文馆率先增设东文馆，翻译日书开始受到重视。其后，1897 年，梁启超等人"联合同志"创设上海大同译书局，作为维新派的翻译机构，明确翻译对象"以东文为主，而辅以西书，以政法为先，而次以艺学"。规定首译各国变法之书，以备取法；译学堂各种功课，以便诵读；译宪法书，以明立国之本；译章程书，以资办事之用；译商务书，以兴中国商学，挽回利权。主要翻译日文作品，曾刊印《大彼得变政考》《经世文新编》《日本书目志》《孔子改制考》《春秋董氏学》等书。梁启超还设立了译书公会，同年就翻译有 10 多册西学新书。

当时，从事编译日本书籍活动的主要由四部分人组成：一是留日学生；二是从日本返国后从事专业工作的人；三是在国内修习日文的知识分子；四是少数日本人。留日学生是翻译日文书籍的主要力量。在留日学生中涌现了一大批高水平的翻译人才，为这一时期日文中译书籍的出版奠定了人才基础。留日学生和其他学者为从日书中寻求新思想，并向中国介绍，建立译书会社 10 余个，通过翻译出版日文书籍、主办发行报刊，介绍了大量传入日本的西学和日本近代文化。据不完全统计，仅 1902—1904 年短短三年中，以留日学生为主翻译的日文书就有 300 多种，占当年中国翻译外文书总数的 60% 以上。

除了以留学生为主的翻译团体外，国内的一些官办、民营出版机构，都翻译、出版了大量汉译日籍，成为从日本转贩西学的重要出版单位。1896 年至 1911 年间，中国人创办的翻译出版日文书籍的机构多达 95 家。

在晚清大规模翻译的日文书籍中，有一大门类是日本各类学校的教科书。留日学生的翻译团体，有一些把翻译教科书作为主要任务。有学者统计，1890—1915 年汉译日本教科书书目共计 507 种。高峰期基本集中在 20 世纪初头 10 年，此后仍然持续了几年较为强劲的势头。虽然日本教科书并非唯一的译本——晚清民国还有译介欧美教本作为中国学堂教科书使用的，不过总的来说，汉译日本教科书是中国教科书的主流，汉译日本教科书遍及新知识的每一个学科门类。

这些教科书不但丰富与完备了我国现代教科书体系，而且在教科书的认知策略、编排体例、现代印刷装帧等方面，为现代教科书向制度化、法治化迈进走出了可贵的第一步，对中国新式教育起到了很大的示范作用，具有很大的影响。不仅如此，在晚清西学东渐的过程中，在各类翻译材料中，对中国思想及社会最具渗透力和持久影响力的莫过于教科书了。

大规模的日文教科书的翻译出版，适应了国内教育体制改革的需要。清末推行教育改革，兴办学堂，新式教育覆盖全国。各类学堂的教科书除了传统的《三字经》《百家姓》及"四书""五经"之外，基本是以西方传教士为主编译的西学教科书。由于西学教科书毕竟与中华文化异源，且一些编译教科书受文化表述的限制明显，教科书成为亟待解决的问题。日本于明治维新之后大量聘请西人，翻译西学教科书，经过一番磨合，形成了门类科目比较齐全的教科书体系。

日文教科书的大规模翻译，对中国的学科体系建设具有很大的意义。晚清中国人开始接受西方学术分科门类，不同学科门类的教科书及其知识体系不断建构。早期教会学校和洋务学堂引进的西学教科书绝大多数是西方相关领域的学术原著。由于缺乏明确的规定以及相应的学制做保证，当时，即使是同一概念命名的教科书，其涵盖内容也不一致，其中经历了"格致之学"的混乱到"科学之门"的系统与规范。而日本在明治维新之后大量翻译西学教科书，并经过一番磨合，形成了门类科目比较齐全的教科书体系。于是，留日学生编译（撰）的教科书站在了一个比较高的起点上，其内容结构较为清晰，名称较为规范，体系构建较为系统，知识归类与划分较为科学。许多后来虽然局部有一定的变动，但整体变化并不大。20世纪初，伴随着留日学生编译的教科书，自然科学及社会科学各学科已经在中国确立下来。如数学有代数、几何、算术和三角的划分，历史教科书有本国史与外国史的划分，地理教科书有中国地理与外国地理的划分，等等。相应的知识都统一归类到物理、化学、生理卫生等教科书之中。留日学生编译的日本教科书还启发中国学者构建了人文地理和自然地理相分野、相综合的知识结构。民国建立后，教育部已经肯定了这种知识分类方式。

汉译日本教科书还帮助完成了传统教本从内容到体例的转型，直接促成了中国近代教科书的诞生。传统舆地学过渡到地理学，朝代纪事转型为历史教科书，自然科学和其他各学科门类的建立，以及近代教育学、伦理学等新学科的形成等，无不受益于汉译日本教科书。中国人第一套较为齐备的自编教科书，是文明书局在1903年后陆续推出的"蒙学教科书"。而这套教本所受汉译日本教科书的影响极为明显。参与翻译校订日本教科书的中国学者，很多都是自编教科书的作者，他们修正日本教科书的缺陷，成为中国教科书告别传统教本、走向近代学科体系的参与者和见证人。

第十五讲

西学东渐与中国近代思想

一、另筹新局，别开生面

近代以来西方文化在中国的传播，与明清之际的西学东渐比较起来，这是一次在内容上更全面、规模上更宏大、影响上更广泛的西方文化的传播。这一时期的西学东渐，传播的主体仍然是传教士，但同时还有来自西方的殖民者、外交官、商人和其他侨民，更有中国人包括外交官、留学生以及其他文人官绅，纷纷走出国门，去主动学习西方文化。所传播的西方文化，既有西方的"坚船利炮"和"奇技淫巧"的技术文明，又有西方工业革命以后出现的工业产品；既有 19 世纪以后发展起来的近代科学知识，又有西方近代哲学思想、社会理论和政治观念，有西方的文学、音乐、戏剧、美术、摄影、电影等的艺术形式。由于新式印刷技术的引进，报刊等媒体的利用，文化传播的范围更为广泛，接受西方文化的群体不再是明清之际那样的少数知识分子和上层官吏阶层，而是深入社会的各个阶层，上至达官显贵，下至黎民百姓，都亲身感受到西方文明的影响和对日常生活的冲击。而对于西方文明的冲击，中国的知识分子们感受得更为明显、更为直接。他们面对汹涌而来的西学大潮，做出了自己的回应，与之交流与对话，形成了近代中国思想波澜壮阔的文化景观，同时以思想的力量，推动着中国社会走进世界潮流，引导着中国社会经济文化等各方面的巨大变革。

但是，对于这场大变局如何认识，西方一直存在着三种"西方中心"模式的论述，我国学术界也往往接受这样的论述模式：

（1）"冲击—反应模式"，认为近代中国历史发展中起主导作用的是西方冲击历史作用。

（2）"传统—近代模式"，强调西方的现代性作为世界的通行模式，中国在西方现代性冲击下走出传统，沿着西方现代性道路走向近代化和现代化。

（3）"帝国主义模式"，认为帝国主义是中国近代史上各种困境的原因。

以上这些模式都认为西方近代的工业化是一件促使他国发展的重要事件。这意味着中国社会的内部无法产生这种工业化的条件，只有西方的殖民才能提供这些条件，中国近代的变化只是西方式的变化，而且只有在西方的冲击下才能产生这些变化。从文明的交流与互动的观点来看，这些论述都有一定的道理，有部分的合理性。但是，这些模式并不能说明复杂的中国近代社会文化变迁的全部内容。实际上，这种复杂的历史过程更呈现出不同文化之间的对话和文化差异的互动性。我们看到，在近代，不仅是有西方文化的冲击，更有许多先进的中国人积极参与与世界文明的对话，更自觉地从事中国社会文化的变革。外来文化在中国近代社会文化的变革中起到了巨大的外部刺激的作用，而且比历史上任何一次外来文化的冲击都更强烈、更有震撼性，但同历史上一再发生的情况一样，中华文化面对这样外部冲击的重整反应，中华文化的重建与更新，则更多的是来源于中华文化内在的生生不息的生命力和强大的自我更新、自我发展的能力。

　　思想是实践的先导。近代以来，中国的知识分子们面对西方文化的冲击和传统社会文化的危机，苦苦地思考，艰辛地探索，提出了许多应对文化危机、实现中华文化变革和发展的方案。这既是积极学习西方文化、和西方文化对话与互动的重要行动，也是出自中国传统文化自我更新与发展的内在要求。

　　鸦片战争是中国近代的起点，是中国与近代西方文化接触以及后来大规模西学东渐的起点。所以，一般的史学著作都把对近代中外文化交流的起点从鸦片战争说起。在当时，也有一些上层官员和文人学者受到了强烈的心理震动，他们已经认识到外来的入侵可能孕育的巨大变局。因此，他们开始注意研究"夷情"，并且如魏源提出"师夷长技"的口号，认识到西方文化特别是技术层面的先进性，提出了学习西方文化的迫切性。

　　但是，在当时以及鸦片战争以后的一段时间里，这只是极少数人的认识和主张。当时中国朝野的看法，主流是认为鸦片战争的失败只是一

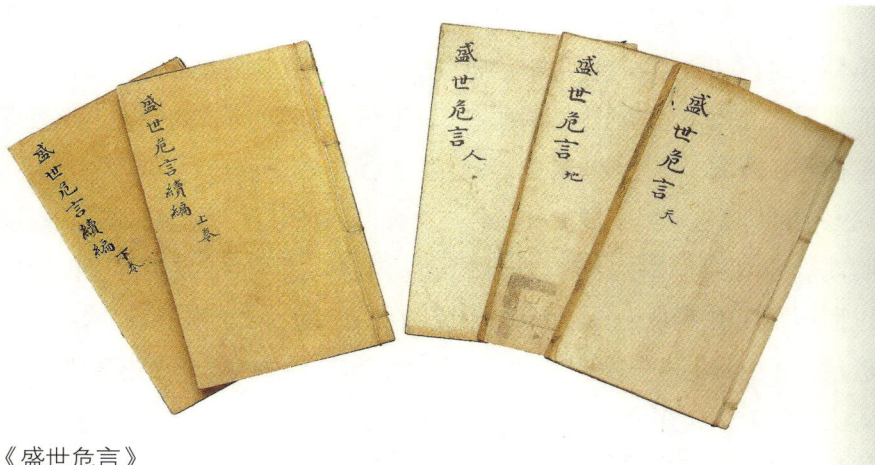

《盛世危言》

个偶然的事件，《南京条约》是一个"万年和约"，一劳永逸地解决了与西方的争端，并没有对当时的局势有认真的反思与思考，又回到原来的平静生活之中。这正如林则徐所说，"大有雨过忘霄之意"。他们拒不承认中国在军事上的劣势和在政治上的衰退，这样他们便让自己继续沉睡了 20 年。

此时，介绍世界史地的著作在国内的流传和影响也十分有限。《海国图志》《瀛环志略》等书并未引起太多震动，反而受到了一些责难。《海国图志》问世后未能及时得到社会认同而广为传播。直到 19 世纪 60 年代以后，《海国图志》《瀛环志略》等介绍世界知识的著作才开始在国内受到重视并流行起来。

但是，《南京条约》及其之后的五口通商，毕竟在一定程度上促使中国发生了改变。在新开口岸，传教士们可以自由地活动，他们除了传教事业外，还做了大量的西学传播的工作，著名的墨海书馆成为近代中国传播西学的中心，翻译出版了一批西方科学文化书籍。这一时期，西学传播虽然有限，但它涉及了包括天文、算学、力学、光学、物理、生物、地理、化学等广泛的科学领域，勾画了近代西方科学进步的大致脉络和趋势，有助于士大夫借此去理解西学。

所以，虽然多数人对于鸦片战争失败的意义并没有足够的认识，但时代已经开始变化，西学再一次传播过来，部分地改变着人们的观念。经过第二次鸦片战争的强烈刺激，形成了真正开始面对西方、学习西方的热潮，开始了颇为壮观的洋务运动。

自19世纪60年代起，士大夫们开始认真研究和思考这样的历史大变动。江南名士冯桂芬说："乃自五口通商，而天下之局大变。"70年代以后，外患加剧，更多的士大夫把它与变局观联系起来。西方列强不断入侵中国之后，引起了国际局势大变动，这样一种认识已经成为晚清士大夫们的共识。在洋务运动和戊戌变法运动时期，"古今之变局"论成为一股有广泛影响的社会思潮。

变局观是晚清士大夫在西学东渐之后对时局所做出的一种思想反应。它首先是在外敌不断入侵，打破了封建中国与资本主义世界的封闭状态下，士大夫对国际环境或时局发生变化的一种反应和积极态度；更是在西学东渐中国，并逐渐为士大夫所汲取的基础上所形成的。变局观是对当时国际形势的一种认识，是对中国所处的国际大环境以及西方列强的咄咄逼人而造成的民族危机、文化危机的一种认识，更是对西方工业革命及其技术文化成果的一种认识。而面对着这样的国际形势，面对着这样的民族危机和文化危机，面对着西方文明的蓬勃发展和自己的落后，就要寻求摆脱这种危机的出路，寻求改变落后局面的出路。正是从"千古未有之大变局"这一认识出发，进而提出"借法自强""变法自强"的口号。

正是在西方的强烈冲击下，在认识到中国正面临着国内外形势的巨大变局的基础上，从19世纪60年代开始，兴起了影响广泛的洋务思潮。在这股洋务思潮中，出现了一批洋务思想家，他们撰文著述，集中阐述自己的思想主张，在谈西学、论洋务的人们中很有影响。他们的思想集中代表了洋务思潮的最高水平，他们是这股思潮的核心人物。主持洋务活动的官僚和其他支持、参与洋务活动的知识分子则是洋务思潮的主体，他们往往受洋务思想家的思想影响，接受他们的观点和主张，并给予支持和附和。这几部分洋务知识分子，构成了洋务思潮的主流。绵延30多年的洋务思潮，孕育了思想观念方面的重大变化，以洋务知识分子为代表的中国先进知识分子，开始摆脱传统观念，萌生面向现代的新意识和新观念。

洋务思潮对于中国近代历史的意义在于，它不仅是一种思想形态，更转变为具体的实践活动，在中国开展了持续几十年的洋务运动，开始了中国现代化的起步，并在各方面改变着中国社会。

对于时局大变动的认识，是洋务思潮兴起的思想基础。面对着国内外形势的大变动，变革的呼声此起彼伏，有越来越强烈的趋势，这是进入19世纪60年代以后的新特点。首先表达这种变革要求的多是接触实际的官员、幕僚和在野文人。他们大体在同一时间以不同的方式表达了这个变革的要求。洋务思想家们纷纷论证变革的合理性。"穷变久通"就成了洋务思潮鼓吹者们的重要理论支柱。

"变"的目的在于发展自己、壮大自己，摆脱西方侵略的威胁，摆脱日益深刻的民族危机。所以，"变"就是要"自强"。洋务思潮的核心口号就是"自强"。认识到大变局及其引起的危机感，认识到西方的先进和自己的落后而产生的紧迫感，认识到"师夷"的必要性和紧迫性，归结到一点，就是要自强。"自强"是洋务思想家们反复论证和强调的核心概念。"自强"口号的提出，表明终于有这么一些人承认了西方列强与中国国力对比上强弱悬殊的事实。尽管这种认识，是在极端屈辱的国耻中得到的，是怀着痛彻心扉面对无情的现实而产生的无可奈何，但是，这毕竟是对资本主义国家和对自己国家认识上的一大进步。

"自强"口号的提出，标志着人们开始真正突破以"天朝上国"自居的观念，开始从世界范围内观察中国所处的地位与前景，在严酷的形势下稍稍清醒起来，初步具有了国家民族已处于危难关头的危机感。更重要的是，既以自强为号召，那就表明不但承认落后，而且不甘于落后，期于奋起直追，以达富强。所以，不从洋务派少数官僚的精神和品格去评判，而从一种时代思潮的兴起来衡量，以自强为号召的主张之出现，无疑是民族自救观念觉醒的一种表现。

当时中国的主流趋势是学习西方以自强，这是一批有识之士的共同思想趋向。从 19 世纪 60 年代开始，鼓吹向西方学习的知识分子明显增多。这些洋务思想家首先形成了新的西学观，他们对西方的认识进入了一个新的阶段。这一时期翻译的西学著作内容更丰富了、范围更广了，接触西学的层面也更宽和更深了。西方的经济学、归纳逻辑、进化论以及好些社会政治学说都在这个时期传进中国，从而深化和丰富了中国知识分子对西方现代文化的认识。通过他们的鼓吹，中国近代文化增添了一些新的内容和新鲜气息。这标志着中国知识分子的精英层对世界的认识已经提高到一个新的水平线上。

许多洋务思想家都已经认识到了西方先进科学技术在近代社会中的巨大作用。他们对西方科学技术的认识，已不限于坚船利炮的范围，已从"器""技"层次进到学理层次，即"西学"层次。他们不但懂得科学技术在军事上的效用，而且也认识到科学技术"有益于国计民生"，并试图从发展生产的角度来观察、评估和汲取资本主义的文明成果了。就这样，在 19 世纪 60 年代，学习资本主义世界自然科学和实用技术的文明成果这一时代课题，通过洋务自强运动而提上了中国近代文化发展的日程。在这一时期，把"师夷长技"的认识推进到较为全面地向西方学习机器大工业所需的科学技术的新阶段。

在洋务运动开始的阶段，以李鸿章等人为代表的洋务派，经过不懈的努力，第一次大规模地引进西方先进军事技术，将"师夷长技"的思想付诸了实践。然而，仅仅有军事工业还无以自强，还要"求富"。洋务派在实践中逐步弄懂了"强"与"富"的不可分割性，明白了西方列强之强是以雄厚的经济实力为后盾的，从而认识到中国也只有视富强为一体，走"寓强于富""先富后强"这条路。所以，在光绪初年发生"海防之议"前后兴起了"重商富民"思潮，重商以致富的总体经济思想逐步成为洋务派富强论的主调之一。

李鸿章等洋务派在实践中已深深意识到这一点，转而要求举办民用工业、振兴商务，他们还主张，把商务置于中心地位，整个国家的国防、外交、教育，等等，都要以保护商业为基点而制定政策，建立以通商为主导的对外开放的经济发展模式。这种以发展工商业为中心的"尚富强"的价值观念，是对世界以工业化为标志的现代化潮流的思想认同。它的产生标志着中国传统观念向现代化观念的转折。

总之，面对着千年未有之大变局，中国的出路就在于"变"。所谓"变"，就是要"师其所能"向西方学习，学习他们先进的技术与文化，即以前魏源所提出的"师夷长技"。改变传统，引进西学，这就是洋务思潮的核心内容。并且，在那个时代里，这种思想已经转变为改造社会的实践活动。

19世纪中期以后的西学东渐，不仅仅是学术和文化层面的交流，也不仅是文化人之间的对话与交往，虽然这样的交流与交往也是极有意义的。这一时期的中西文化交流，是在西方列强带着工业文明发展起来的先进技术和装备对中国进行殖民侵略的背景下展开的，是它们以强大的物质力量大举东进的。这就决定了这一时期的中西文化交流所产生的影响和以往不同，不仅仅局限在思想文化层面，而是更体现在具体的物质文化层面，体现在对中国社会的强大冲击和引起的剧烈社会变革上。这就是说，近代的中西文化交流，不仅仅是思想观念的问题，更是实践的问题。正是在强烈的西方文化的冲击下，中国从19世纪60年代开始的洋务运动，开始学习西方的先进工业技术，建立现代军事工业和民用工业，开始了最初的近代化起步。与此同时，中国的军事制度、文化教育制度以及政治制度也都发生了相应的变革。

总之，在19世纪后半期，不仅大规模地引进、学习西方的先进科学理论，同时也引进在工业革命以后逐渐发展起来的新技术，并且立即应用到发展工业生产的实践中，实现了现代工业技术从西方向中国的转移。在洋务运动及以后引进西方先进的工业科学技术，最重要的特点是与发展国内的工业企业密切相结合的。

洋务运动是中国现代化的发轫，是中国对世界现代化发展潮流的正式回应。与同时进入第二次现代化浪潮的国家相比，中国现代化的起步并不晚，比日本还要早 10 年。所以，洋务运动是一个符合时宜的运动。洋务运动的重点在于军事、科技和经济领域，同时也触及了文化、教育和社会的许多方面，且都取得了一定的发展成果。在洋务运动 30 年中，不仅兴办了一批现代军用工业，还倡导设立了中国第一批现代民用工矿企业，以及现代交通事业，实现了中国从手工制造到机器生产的起步。中国第一个现代煤矿、第一个现代纺织厂、第一条实用铁路、第一条电报线，都是在这一时期开办的，在传统的经济中形成了一种新的经济形态，成为中国早期工业化迈出的第一步。

更重要的是，洋务运动使中华文明开始具体地进入了一个向西方学习的时代。学西夷之长，兴洋务之业，日益成为社会的共识。虽然洋务派只重视学习西方的先进技术，只着重接受近代器物文明，但是，这种近代器物文明一旦进入中国，就意味着在中华文明中加入了一种不同质的新成分。这种新成分的存在和发展，必将会引起文化深层的变化。

二、中西文化观的论争

洋务运动以学习西方科学技术、实现自强为目标，是当时面对国内外大变局的必然选择。这种大力引进西学的潮流，顺应时势，利国利民，成为中国走向现代化的最初起步。但也不断地受到传统文化保守力量的抵制和干扰，有的时候这种抵制和干扰的力量是很强大的，为洋务运动的顺利发展造成了很多掣肘和障碍。历史上每一次大规模引进外国先进文化，都会遇到本土文化的排斥和抵制，都会遇到对于外来文化的种种贬低性的评论，强调本土文化的优越性，其核心是严守"夷夏之防"的界限，坚决抵制"以夷变夏"，以维护本土传统文化的价值。

面对外来文化，在近代就是面对西方文化的传播和冲击。当时，社会上有两种对待本土文化的态度：一种是坚决拒绝外来文化，以保持本土文化传统；另一种是将外来文化吸收到本土文化中，以外来文化补充和发展本土文化。这样，对"外"的问题就转化为对"内"的问题，如何对待西方文化，就是如何对待中华文化的问题。鸦片战争后举凡提倡学习西方文化的创议，都无一例外地必须回答如何对待中华传统文化的问题。洋务思想家们主要论证的是学习西方先进科学技术的必要性，魏源等人提出的"师夷长技"的思想进入实践的层面。但是，对于当时中国的文化传统来说，这样提出向西方学习，还是有很大阻力的，还很难让固守传统文化精神的士大夫们接受。解决这一精神困局的核心问题，就是如何处理"采西学"与中华传统文化的关系。

每一种民族传统文化，在对与其他民族文化交流的时候，都有其开放性和保守性两个方面。开放性保持了一种文化对外来先进文化的吸纳性，保持了生生不息的发展；保守性则对吸收外来文化的强度和态势形成制衡，保持了本土文化的核心价值和民族特性，保持了对外来文化选择的主动性。所以，在对外文化交流中，这两种倾向都是必要的、有益的以及都是不可避免的和必然的。但是，正是它们之间的交织与相互制衡和牵制，又使文化交流的历史过程充满了复杂性和各种变量，增加了积极引进外来先进文化的难度。文化保守力量对积极引进外来文化力量强有力的干扰、抵制甚至破坏，给引进外来文化造成了很大障碍，在有的时候，有的情况下，就会错失发展自己的良机，甚至造成文化的危机和灾难。

近代以来的中西文化交流，洋务派积极主张的"师夷长技""采西学""制洋器"等等有利于发展自己、实现自强的主张和实践，就遇到了这样的传统文化保守力量的抵制和干扰。他们从一开始就断然认定西学是与中学的传统不能相容的异端。对"天朝上国"的盲目自信，对域外世界的无端轻蔑，对本国典章文物古老传统的崇敬，对西方近代科学文化巨大发展的无知，使得他们偏执僵化、拒绝新知，从感情上就抱定与西学不共戴天的态度。一些守旧派人士固然没有办法从具体利弊上解释明白洋务何以不能行、西学何以不能用，但是他们直觉到"舍己从人"侈谈洋务"，必将动摇传统的纲纪法度、道义准则，必将破坏"中国数千年相承之治法"，从而使整个上层社会安身立命之所受到致命威胁，于是他们才抱着卫道的心理和认识，站出来做死守中学阵地的决斗。守旧派顽固地以坚持"先王之制""圣贤之道"的传统做理由，指斥引进西学"师事夷人"是离经叛道，弃本逐末，用夷变夏，失体丧国。这种以捍卫中学的面貌排斥西学的激烈言论，从反对林则徐"悉夷情"开始，一浪高过一浪，在整个洋务运动期间从未停息过、缓和过。他们坚守"祖宗之法"不可改变的信条，极力反对向西方学习。在洋务运动时期，出现了几次关于中西文化大的争论，使洋务运动的发展步履维艰。

在明末清初西学东渐时候，有人提出"西学中源"说，认为现在所传入的西学都来源于古代中国，那么，采西学也就是发挥中国的古老传统，以此来破除阻碍接纳西学的思想障碍，来论证接纳、学习西学的合法性和合理性。所以，"西学中源"说是当时西学东渐的一种文化策略。在晚清时期，也还有人提出"西学中源"说，虽然不排除文化中心主义的虚骄成分，但文化策略的含义仍然是很明显的。按照"西学中源"说的逻辑，西学既然是中国古已有之而后传到西方去的，可见，学西学无非是"礼失求诸野"，找回自己祖宗所创而后丢失了的文化遗产，这样一来，"严夷夏之防"的禁忌、"用夷变夏"的罪名，统统不攻自破；提倡西学也由之显得理直而气壮了。"西学中源"说，因其逻辑简洁有力，加以适应文明古国的国人的心理，所以洋务派的代表人物在与守旧派的论战中，常常据以为

19 世纪 70 年代福州船政局

论据以振声壮气。"西学中源"论为洋务派采西学之议起到了摆脱指责、争取同情的作用，同时又具有反击守旧派排拒西学言论的论辩功能。在与守旧派的争论中，"西学中源"论成为洋务派手中一种颇为犀利的武器。

洋务派主张采西学、制洋器、兴学堂、重商务，学习西方先进的科学技术文化，是顺应时势之举。但当时整个社会氛围还是文化保守主义力量占据优势，所以每一个主张、每一个举措，都会受到保守力量的抵制和干扰。为了能够证明西学对于中学有所裨益，可以与中华文化相容，证明西学之引进卞于中学乃无害而有益，洋务派再次提出早在明清之际就曾出现过的"西学中源"论，目的在于克服引进西学思想阻力，说明引进西学的合法性和可能性，将引进的西学融合到中华文化之中，以西学补充中学、以西方文化补充和发展中华文化。

但是，尽管洋务派思想家们在论证"西学中源"的时候，带有玥确的文化策略的含义，却也反映出他们在中西文化初识阶段发源于自身的文化心理矛盾。他们一方面认识到西方文化的先进性，学习和引进西方文化是必要的，是必须的；另一方面又和那些文化保守主义者一样，对自己国家民族的文化传统具有巨大的信心和信念，他们不能够彻底否定和抛弃自己的文化传统。他们不能没有这样的文化信念。那么，他们在这样的文化两难情况下，在尽力学习西方文化的同时，也在从文化传统中寻求文化资源，以传统的资源来支持他们向西方学习先进文化的合法性和合理性。所以，尽管"西学中源"有文化策略上的考虑，也有自己虚荣心理的因素，但更多的是在中西文化碰撞中，在文化交流的早期阶段，一种文化矛盾心理的反映。应该说，他们对于自己所说的"西学中源"也是真诚相信的。即既承认中学的"源"，又承认西学的先进性，这样就把两种文化相遇所造成的困境融合到一种新的文化观里面了。所以，尽管"西学中源"论者缺乏确切考究，粗疏武断，所引典籍史实均乏考证，神话、传闻、伪书之类掺杂于间，概据为信史，不能看作是严洛的学术论证，但他们似乎也并不很在意其论说的粗疏，只要解决了眼前的文化困境就可以了。

但是，这种粗疏的、武断的论说，在中西文化最初接触的时候，可以勉强解决中西文化交流的一些困难，是对中西学关系的一种解释。但是，随着中西文化交流的深入，也随着洋务运动的深入，"西学中源"论显然不能满足人们认识的需要了。要全面阐释清楚西学和中学的关系，只靠"西学中源"论是不够用的。"西学中源"这种粗疏、肤浅和牵强附会的论说，不能解释如何处理好中西文化的关系，不能解决如何引进西学为中华文化发展服务的问题。

三、"中体西用"：洋务运动的思想纲领

洋务运动的本质即在"洋务"，就是学习西方先进的科学技术，制造先进的机器，发展近代的工业，以达到富国强兵的目的。换句话说，采西学，制洋器，以洋务实现自强，是当时应对大变局，挽救民族危机的主要思路。

为了更合理地"采西学"，洋务思想家们提出了"中学为体，西学为用"的口号，作为解决引进西学与坚持本土文化矛盾的一个思路。在中国而讲求洋务，本身就包含一个必须解决的前提性问题，即所讲求之洋务是否适用于中国的问题。只有证实在"洋务"名义下所介绍的在西方行之有效的一套，如技艺、学理、经验、制度，等等，施之于中国能够同样有效，能够解决国家民族面临的重大困难，西方的这些文明成果方能为国人所接受。

冯桂芬的《校邠庐抗议》对于"中学为体，西学为用"思想的形成起了承先启后的作用。他为论证"采西学"的必要性，以"法后王"为依据，主张借鉴和中国"同时并域"的西方诸国"自治富强"的成功经验，认为如果能够"以中国伦常名教为原本，辅以诸国富强之术"，必将收到"更善之善"的效果。

后来人们把冯桂芬的这个论断概括为中学是本、是体、是道，而西

学则是末、是用、是器。冯桂芬的"本辅"说是"中体西用"思想的最早表述形式。它在中学和西学兼蓄并容的文化结构中，以突出中学的主导地位为条件，确认西学的辅助作用之价值。

换句话说，这个"中体西用"思想的问世，是在信誓旦旦地确保"伦常名教"所代表的即有政治秩序和道义信念不变的前提下，主张破除成规习见，采用西方近代文化成果以为富强之术。形式上的重点是在强调中学之为"体"，事实上的重点却在强调西学之需"用"。洋务思想家们提出"中体西用"，借用"主辅""体用""本末"这些人们用惯的字眼、术语，表示中学和西学哪个重要哪个次要、哪个是主干哪个是枝节、哪个起主导作用哪个起从属作用、哪个是最高准则哪个是应用方法，即按照主次轻重的模式评估中学与西学。在这一理论中，他们把中学和西学的关系称为"体"与"用"的关系，或称为"道"与"器"的关系、"本"与"末"的关系、"主"与"辅"的关系，进而肯定两者的相对价值，即中学具有精神价值，西学具有物质价值；更进而肯定两者的功用，即中学用来"治心身"，西学用来"应世事"。在这里，中学和西学的地位虽略有高低之分，如强调中学是"本""体"，而西学只是"末""用"，但同时这两者又被强调是相补相救、不可偏废的。

然而，洋务派主张"中体西用"，从理论上看，他们以这种思维模式将西学内容合法化，将指向现代的世俗价值目标引进传统框架内，肯定西学所指向的世俗价值，肯定其具有传统伦理价值所不能替代的实际功用。这就等于承认中学还有所不足，还有待于西学补充，西学确有超越于中学的地方，从而动摇了"礼义至上"的传统伦理价值观的绝对、唯一的权威地位。

"中体西用"论在洋务运动时期，对于传播西方近代文明，对于中华文化的近代化，起的是标新立异的积极作用。提倡西学者，要借助"中体西用"的文化观来抬高中学的地位，并在形式上适当压低西学之作用，是为减少由于重视西学所招致的重大阻力。

洋务派并不是传统文化的背叛者，而是其坚定的卫道者。他们主张学习西方文化，并不是为了颠覆传统文化，而是为了发展中华文化。"变器"是为了"卫道"，以西学为"用"，正是为了保中学之"体"。张之洞曾说："今欲强中国，存中学，则不得不讲西学。"

洋务派为强调西学之可用和当用而标榜的"中体西用"论，随着他们对于西学知识了解的加深，逐渐有所发展。当他们明白了西方富强之因是实行"重商富民"政策，并建立了相应的法度时，他们心目中的"中体西用"论式中的"西用"，无疑已迥然不同于当年所说的洋器洋技之长。他们所要学习的内容，已经不再拘守于"不师其法，惟仿其器"的狭小范围。

他们表现出对中华文化强烈的责任感。张之洞告诫国人了解西学应在通晓中学的前提下进行，他希望中国实现"朝运汽机，夕驰铁路"的局面，更希望中国人能继续保持"其心圣人之心，行圣人之行"。体用派通过"中体西用"理论首次提出了中西两种文化如何结合的大原则，提出了与社会转型相适应的一种文化模式：引进外来文化要加以选择，要以我为主。

"中体西用"这个口号逐渐为人们所接受，成为部分官方或非官方、主流派或非主流派文化人士尊奉的文化观念准则、规范，在中国文化界有着强烈影响，甚至可以认为是晚清的官方意识形态。对于晚清的文化发展来说，这是一个相当大的进步，因为有了这样的策略，就可以大张旗鼓地引进西学。"中体西用"虽以"中学为体"，但其着重点在提倡"西用"，确认西学辅助作用之价值，强调引进西学的必要。随着洋务运动的发展，"中体西用"文化观的内容也发生了变化，总的趋势是中学的内涵越来越小，西学的范围则日益扩大，层次日益深入。到1898年，张之洞发表《劝学篇》，将"中学为体，西学为用"的思想加以理论概括和系统阐发。全书贯穿"中体西用"精神，主张在维护君主专制制度的前提下接受西方资本主义列强的技艺，并以这种新技艺"补"专制旧制之"阙"，"起"清廷统治之"疾"。张之洞倡导的"新旧兼学"中的"新学"亦包括"西政"，这比早期"中体西用"论者的"西学"等于"西艺"的观点进了一步，扩及"学校、地理、度支、赋税、武备、律例、劝工、通商"诸项。张之洞的公式是："中学为内学，西学为外学；中学治身心，西学应世事。"

"中体西用"的思想成为洋务人士的共同理论纲领，在当时寻求中国富强之路的探索中，发挥了重要的作用。

四、从"西学"到"新学"

西学无可阻挡地进入中国，并建立起独立于传统中学之外的知识系统和知识空间，对传统中学形成前所未有的冲击。但是，"西学"这个称谓还带有浓厚的"外来的"色彩，虽然它已经进入了中国的知识空间，但还没有获得独立存在的价值和地位，它必须与中学相接引，为中国知识阶层所接受，才能在中国人的知识空间中获得主流的、支配的地位。这就要有一个与传统的"中学""旧学"的交涉和融合的问题。对于新来的"西学"来说，"中学""旧学"是一个巨大的存在，如何面对这个巨大的存在，是西学东渐过程中很重要的问题。

所以，晚清的思想家们把"中西"的问题转换为"新旧"的问题，把中外文化的冲突转变为本土文化内部"新旧"的矛盾，并提出了相应的解决办法。这里面包含着将外来文化、外来的知识体系本土化、民族化的努力。"西学"是外来的学问，"新学"则是中国学问之新，就是中国人自己的学问了。

把西学认定为"新学"的说法始于以推广西方文化为宗旨的所谓"广学会"。"广学会"声称："以西国之学，广中国之学；以西国之新学，广中国之旧学。"正是肩负传播推广西学的传教士们，首先确立了西学即新学、中学即旧学的判断。

"西学亦即新学，中学亦即旧学"，最早是由西方传教士做出的一种价值判断，当然也是早期中西文化冲突中立足于西学对中华文化的一种

中外文明交流互鉴十五讲

审视。

　　西学是新的，中学是旧的，在西学东渐之初好像这样说没有什么大问题。但是，随着西学的引入和逐步向中学的渗透，传统中学本身在不断被改造和更新的过程中，自身发生了不同于"旧学"的质变，即"新学"。源于早期传教士西学即"新学"的认识，就很难涵盖这一历史性的学术文化的变迁。对此，梁启超认为"洋学"（西学）不能等于"新学"，"新学"人才应是"通中西古今"者，而绝非仅通西学而已。梁启超认为，中国学术文化的更新不能走单纯崇尚西学的道路。

　　西学是引动中学趋变的重要动因，但它却不可能替代中学成为近代中国社会文化的主体。作用于近代中国社会历史，并且成为几代中国进步士人追求的新学，不可能是与中学无涉的西学本身的简单移植，它只能是在传统中学根系上的新生或者是在其主干上的"嫁接"。所谓新学，是中国本土知识分子以传统文化体系为知识背景，积极学习和引入西学知识，并且对所谓"中学""旧学"进行改造而创造的中国的新学问、新知识系统、新知识空间。

　　当时人们称之为"新学"的内容大致包括：

　　（1）有关主张学习西方、介绍世界知识、提倡社会文化变革的认识和书籍。

　　（2）专指当时一切于社会实用的算学、经济一类的"实学"，包括了当时一切关于"时务策论"的方面。

　　（3）就制度层面而言，"新学"具体化为"新学堂"之学。

　　（4）"新学"一词还用以指称不同于传统学术文化的一种"向新"的趋向。新的时代蔚成新的学术风尚，"新学"则是对其学术文化新趋向的一个最为简洁的概括。

　　正是在不断引入西学的过程中，中国近代的新学才在不同于传统旧学的意义上形成与发展起来。然而，新学的形成和发展也是重新认识和改造旧学的历史过程，而不是简单地抛弃旧学；同时，也不是以西学取代中学。在此基础上形成的新学，是中学与西学相互取舍兼容的一种学术文化类型，而绝不是排除中学的西学类型。近代新学是传统中学的转型，是旧学适应新的时代的一个学术文化新生物。

西学东渐之初，西学是作为与中国传统学术相对立的新学来看待的。随着西学东渐的深入，也随着更多的中国知识分子对西学的接触和了解的深入，并且获得了认同和接受，他们同时也开始重新审视中国的旧学，以西学的知识和方法对中国传统知识体系进行改造，出现了与中国旧学相对意义上的新学。新学是针对旧学而言的。新与旧不是一个文化体系的"内外"之别，而是一个文化体系内的"古今"之别。到了戊戌维新时期，许多接受了西学滋养的知识分子如前面提到的康有为等人，致力于重建中国学问的新学已经初具规模，特别是到了清末的学制改革，更占据了主流话语，形成了蔚然大观之势。

20世纪初，"新学"名称已广为流行，人们普遍用"新学"之名替代"西学"："居今日而欲尚西学，莫如先变其名曰新学。"